16	3	2	13
5	10	11	8
9	6	7	12
4	15	14	1

COLEÇÃO
TODOS OS
CANTOS

Ayrton Mugnaini Jr.

ADONIRAN

DÁ LICENÇA DE CONTAR...

editora■34

EDITORA 34

Editora 34 Ltda.
Rua Hungria, 592 Jardim Europa CEP 01455-000
São Paulo - SP Brasil Tel/Fax (11) 3811-6777 www.editora34.com.br

Copyright © Editora 34 Ltda., 2002
Adoniran: dá licença de contar... © Ayrton Mugnaini Jr., 2002
"Um senhor piquenique!" © Adoniran Barbosa/Revista *Realidade*/Editora Abril, 1969

Edição conforme o Acordo Ortográfico da Língua Portuguesa.

Imagem da capa:
Adoniran Barbosa e o grupo Talismã no centro de São Paulo

Imagem da 4ª capa:
Adoniran, Billy Blanco, Cartola, Nelson Cavaquinho e, ao fundo,
Ismael Silva, na quadra da Mangueira, Rio de Janeiro, em 1977

Capa, projeto gráfico e editoração eletrônica:
Bracher & Malta Produção Gráfica

Revisão:
Alexandre Barbosa de Souza, Cide Piquet

1ª Edição - 2002, 2ª Edição - 2013

Catalogação na Fonte do Departamento Nacional do Livro
(Fundação Biblioteca Nacional, RJ, Brasil)

	Mugnaini Jr., Ayrton
M386a	Adoniran: dá licença de contar... / Ayrton
	Mugnaini Jr. — São Paulo: Editora 34, 2013 (2ª Edição).
	264 p. (Coleção Todos os Cantos)
	Inclui discografia e bibliografia.
	ISBN 978-85-7326-253-7
	1. Barbosa, Adoniran (João Rubinato), 1910-1982.
	2. Artistas - Brasil - Biografias. I. Título. II. Série.

CDD - 927

ADONIRAN
DÁ LICENÇA DE CONTAR...

"O Adoniran era muito meu amigo. Quando trabalhei com ele na TV Record, saíamos sempre juntos para tomar uma cachaça. Ele propôs várias vezes fazer parceria comigo, mas não daria certo, porque ele queria que eu fizesse a melodia. Considero o Adoniran um caricaturista genial com um grande poder de síntese. Ele tinha um samba que dizia: 'Inês saiu, dizendo que ia comprar pavio pro lampião'. Você pode escrever sete volumes sobre a periferia paulista, mas dificilmente vai ser tão preciso quanto essa imagem. Onde mais alguém usaria um lampião em São Paulo?"

Paulo Vanzolini

"Adoniran Barbosa teve grande importância na música popular, pois era um perfeito repórter, o repórter dos bairros pobres de São Paulo."

Mário Lago

"Dono de um estilo único e inimitável, Adoniran é imortal, embora não tenha sido da Academia Brasileira de Letras."

Moreira da Silva

"Consagrou-se, mas continua pobre. [...] Depois de tantos anos, o homem que ganhou a vida escondido sob mil pseudônimos vê o Brasil querendo conhecer o verdadeiro: Adoniran Barbosa. Que também é pseudônimo."

Raul Duarte

"Adoniran Barbosa é um caso à parte. Foi ele quem encontrou a fórmula para o samba paulista, um tipo de melodia bonita e letra caipira, e agrado popular confirmado por tantos sucessos como 'Saudosa Maloca' e 'Trem das Onze'."

Stanislaw Ponte Preta

"Ele conseguiu dar humor e beleza a São Paulo, uma cidade bastante carente. Mais ainda, foi responsável pelo sucesso de uma geração de humoristas que atuavam em São Paulo, como Pagano Sobrinho e Zé Fidelis, que nunca foram tão bem reconhecidos pelos cariocas, que se achavam, na ocasião, os donos do humorismo nacional."

Júlio Medaglia

"Se a vida de Adoniran sempre esteve ligada ao rádio, é como compositor que sua vida em São Paulo ficará marcada para sempre. Adoniran foi o compositor de São Paulo por excelência. Ele transformou numa obra compreendida nacional e internacionalmente a linguagem e a vida paulistanas. 'Samba do Arnesto', 'Trem das Onze' e 'Saudosa Maloca' formam a trilogia suficiente para exemplificar sua obra. Uma obra engraçadíssima e tristíssima. De um boêmio/trabalhador, caipira/italiano, seco/vibrante, um gozador que sofreu. Um homem triste e alegre. Um monumental tipo popular."

Zuza Homem de Mello

"Bobo de quem não soube aproveitar as suas músicas."

Geraldo Filme

"Adoniran é, pessoalmente, um verdadeiro Zorba, O Grego em versão brasileira, com seu jeito bonachão e atrapalhado no modo de exprimir-se."

Júlio Nagib

"Adoniran adorava contar prosa, era muito divertido. Mas tinha um defeito que me preocupava na época. Ele fumava demais. Inclusive, o nome de seu personagem mais famoso no rádio era Charutinho. Gostava muito de suas canções. Até hoje, as minhas favoritas são 'Trem das Onze', 'Saudosa Maloca' e 'Samba do Arnesto'."

Lima Duarte

"Quando vinha a São Paulo sempre me encontrava com Adoniran. Sua obra ficará, assim como a de Noel Rosa, Lupicínio Rodrigues, Francisco Alves."

Joel de Almeida (ex-Joel e Gaúcho)

"Eu ouvia Adoniran desde criança e sempre adorei sua música. Sempre tive um pé no Adoniran."

Rita Lee

"O melhor que temos a fazer agora é cantá-lo cada vez mais."

Francisco Egydio

Adoniran, então simplesmente João, como se dissesse
"um dia eu chego lá", ao lado de seu irmão Francisco Rubinato,
o Chico, e outros rapazes na década de 1930.

1.
NÓIS VIEMO AQUI PRA QUÊ?

> "Se eu venci, é porque sou chato. Venci pela persistência, porque ninguém queria nada comigo."

Adoniran Barbosa é um tipo. Legítimo artista popular no melhor sentido, ele é quase uma relíquia do tempo em que a expressão "música popular" significava música feita do povo para o povo, e não aqueles "produtos" que nos perseguem no rádio e televisão, arte comercial no pior sentido, popularesca e nivelada o mais por baixo possível. Mais de uma vez Adoniran foi chamado de "Charlie Chaplin do samba", por seu humor agridoce e por ser ele mesmo sua própria logomarca; à bengalinha e chapéu-coco de Carlitos correspondem o chapéu, paletó e gravata borboleta de Adoniran — "bem francês paulista, porque eu sou um francês paulista", como ele dizia. Há outras semelhanças entre Chaplin e Adoniran: ambos sempre se promoveram como anti-heróis, daqueles para quem o pão sempre cai com o lado da manteiga para baixo, e foram mestres em valorizar a tragédia que existe no âmago de toda comédia e vice-versa — afinal, as pessoas mais sérias do mundo são justamente os humoristas, cientes de como é difícil fazer humor na dose exata e atingir o alvo certo.

E, assim como Chaplin/Carlitos, Adoniran Barbosa é atemporal em todos os sentidos, não importando se os filmes de um são em preto e branco trêmulo ou os discos do outro são em mono fanhoso. As letras de Adoniran não perdem o humor e capacidade de observação, e suas melodias continuam cativantes, dançáveis e cantaroláveis. "Saudosa Maloca", "Trem das Onze" e "Samba do Arnesto", citadas por muitos como o tríptico essencial do cânone adonirânico, são apenas três de suas obras que passaram no teste do tempo, ainda soando novas meio século depois; basta uma pequena garimpagem para revelar outras pérolas como "Iracema", "Apaga o Fogo, Mané", "Samba Italiano", "Luz da Light" ou "Tiro ao Álvaro" — esta só fez sucesso vinte anos após ser lançada. Adoniran é igualmente temporão, membro daquele clube ultrafechado que desmente o mito de que artista só tem valor quando jovem, ao lado de Clementina de Jesus, Cartola, Helena Meirelles e outros que só fizeram sucesso como intérpretes depois ou bem depois dos 40.

A irreverência, uma das mais marcantes características de Adoniran, é também um dos maiores obstáculos para a avaliação de sua obra. Muitos fãs da chamada Era de Ouro da MPB o consideram apenas um bom comediante que brincava de sambista, e talvez não o levem a sério devido à sua imagem e personalidade punk *avant la lettre*, seu humor demasiado informal. Como se não bastasse, Adoniran foi estereotipado como "cantor de malocas", temática não escapista o suficiente para boa parte do público de MPB, mais afeito ao samba-canção, bossa nova, nada além, nada além de ilusões ou barquinhos, peixinhos e beijinhos. Música popular comercial ("comercial" no bom sentido, música formatada em gravações para discos, rádio, televisão ou mesmo a internet) costuma ser sinônimo de diversão escapista, o que realmente não combina com a rudeza dos ambientes e personagens de Adoniran, por mais lirismo e bom humor que audições mais atentas possam revelar. E que ninguém se iluda com a simplicidade de sua obra, tão singela que às vezes se repete.

Falemos de sambas onde Adoniran prefere "béita" ao mais correto "baita". Isto, é claro, remete-nos à gramática toda pessoal do linguajar adoniranês. Mesmo se tivesse ignorado os erros gramaticais do povão, Adoniran ainda seria muito bom, mas tais erros dão à sua obra um charme adicional. Afinal de contas, por que "nóis vai, nóis vorta" é errado e "a boiada levantaram poeira" é figura de linguagem, silepse de número?

Como todo artista popular, Adoniran possibilita muitas reinterpretações. A gravação mais conhecida do "Samba do Arnesto", pelos Demônios da Garoa, inclui o breque "nóis não semos tatu"; durante uma roda de samba nos anos 1970, este que vos escreve cantou "o que foi que nóis fez?" e foi severamente recriminado; nem me lembro se terminamos de cantar o samba ou não. "O que é isso? O certo é 'nóis não semos tatu'!" Acontece que o próprio Adoniran cantou "o que foi que nóis fez?" ao regravar o "Arnesto" na época...

Mas, afinal, o título é "Samba do Arnesto", "O Samba do Arnesto" ou "Samba do 'Arnesto'"? Encontrei todas estas grafias ao longo de vários discos e textos sobre Adoniran. Neste e noutros casos, busquei uniformidade e continuidade; esta música será citada sempre como "Samba do Arnesto". O próprio nome de Adoniran variou ao longo dos anos: "Adoniram", "Adonirã", "Adoniran". Adotei sempre esta grafia, com "n", atualmente a mais usada — inclusive pelo próprio num LP autografado por ele que possuo. Do mesmo modo, seu personagem Zé Conversa aparece sempre deste modo, embora algumas fontes creditem "Zé Cunversa".

Infelizmente, este LP (do pianista Robledo, que interpreta "Arnesto" e "Maloca") não foi autografado por Adoniran para mim; não tive a honra e prazer de conhecê-lo pessoalmente. Procurei compensar usando todas as entrevistas de Adoniran que pude encontrar, dos anos 1950 a 1980, para que ele estivesse o mais presente possível, com todo o seu humor, suas observações da vida, sua versatilidade ao alternar os papéis de compositor, intérprete e comediante.

Comediante? De fato, quem assistia rádio ou televisão nos anos 1940 a 1970 pôde testemunhar a importância de Adoniran não só para a música popular brasileira, mas também como um dos primeiros e mais influentes humoristas, criador de dezenas de personagens: Charutinho, Zé Conversa, Giuseppe Pernafina, Barbosinha Mal-Educado da Silva... (Lembra Chico Anysio que um de seus personagens, "Bixiga", nome do bairro paulistano mais associado a Adoniran, é homenagem explícita a este — "o ator mais 'do Bixiga' que eu conheci, um colega incrível, amigo querido", resume Anysio em sua autobiografia. E lembremos que, antes de Chico Anysio se revelar o primeiro nordestino a fazer sucesso suficiente para mostrar que humorismo brasileiro não era privilégio do Sul, Adoniran foi o primeiro paulista a demonstrar que humorismo brasileiro não era exclusividade carioca.)

Tendo sido também ator de cinema, Adoniran convida a comparações com outros astros do celuloide além de Chaplin. Faz lembrar Walter Matthau, como ele um grande rabugento engraçado, e também Fred Astaire, que, tão bom cantor quanto dançarino, sempre desperta o debate: seria ele um dançarino que cantava ou um cantor que dançava? Do mesmo modo, Adoniran pode ser considerado, conforme a ocasião, sambista que atuava ou ator que compunha sambas — ou ainda, parafraseando Raul Seixas, ator que representava muito bem o papel de compositor. Para muitos, Adoniran brincava de compositor. Mas, como já dissemos, como todo bom brincalhão, Adoniran levava a sério suas brincadeiras. Não só no fato, já parte do folclore, de construir trenzinhos de brinquedo mas proibir terminantemente que outras pessoas brincassem com eles; provavelmente tentava escapar ou se vingar da pobreza material que sofreu na infância, Adoniran sempre fez questão de brincar com o próprio passado, modificando-o quase ao bel-prazer, valorizando a lenda acima da verdade.

Outro detalhe do folclore de Adoniran é seu costume de dar diferentes datas de seu próprio nascimento. Ele veio ao mundo em 1910, 1912 ou 1909? É quase uma questão de escolha do freguês. E o Joca, citado no samba "Saudosa Maloca", existiu mesmo ou não? Depende da entrevista de Adoniran que você estiver lendo. O personagem principal do "Samba do Arnesto" também foi explicado por seu autor das mais diversas formas: ora foi um Ernesto de verdade, ora se chamava Walter, ora nunca existiu. Autor de tantos personagens, intérprete de tantos tipos (convém lembrar que o próprio Adoniran Barbosa era personagem criado e vivido por João Rubinato, seu verdadeiro nome), Adoniran contém multidões.

Mais que multidões, Adoniran contém toda uma cidade, a São Paulo que sempre amou e cantou. Mais que uma cidade, a essência da obra de Adoniran, sempre fiel ao samba, marcha, xote, maxixe, valsa caipira e outros ritmos legitimamente brasileiros, contém todo o país. E, se lembrarmos que Adoniran era filho de imigrantes italianos, escolheu morar numa cidade das mais cosmopolitas e foi regravado até fora do Brasil — sem falarmos em seu elogiado desempenho como ator no filme *O Cangaceiro* —, então podemos dizer que Adoniran contém todo o mundo. Sem dúvida, mereceria ser ouvido em todo o planeta tanto quanto Caymmi, Chico ou Jobim. Mas se este livro conseguir que Adoniran seja um pouco mais ouvido e interpretado aqui mesmo no Brasil, já me darei por "sastifeito".

E o livro vai começar. Vamos imbora, João, vamos imbora, João...

2.
MINHA MÃE NÃO DORME
ENQUANTO EU NÃO CHEGAR

"Adoniran Barbosa nasceu João Rubinato em Valinhos, no interior paulista, a 6 de agosto de 1910, filho de Fernando e Emma Rubinato, imigrantes italianos."

Assim começam todas as biografias e verbetes sobre nosso herói. Mas terá a história realmente começado assim? Não que estes verbetes estejam errados, mas há alguns detalhes a observar.

Primeiro: onde nasceu Adoniran. De fato, ele veio ao mundo com o nome João Rubinato, em Valinhos. Mais rigorosamente, porém, Adoniran é tão ilustre campineiro de nascimento quanto Carlos Gomes ou Paulinho Nogueira. É que Valinhos, a 75km de São Paulo, embora desde cedo notável por sua agricultura — especialmente as figueiras, que lhe dariam justa fama nacional como "Capital do Figo" —, em 1910 ainda era apenas um bairro da cidade de Campinas, elevado a distrito de paz em 1896, e só se tornaria município autônomo em 1953.

Segundo ponto: a data de nascimento de Adoniran. Para alguns, ele nasceu não a 6 de agosto de 1910, mas a 6 de julho de 1912, precisando "envelhecer" dois anos para atingir mais cedo os 16 anos, na época a idade mínima para se trabalhar legalmente, e assim colaborar no sustento da família. De qualquer modo, 7 (não 6) de agosto de 1910 é a data que consta na certidão de nascimento e na carteira de identidade de Adoniran, além de ser a data sustentada por Maria Helena, sua única filha:

"Tenho sua certidão de nascimento, que a prefeitura de Valinhos teve a gentileza de me dar. Meu pai era muito brincalhão, às vezes ele dizia que nasceu em 1912, 1910, 1909..."

De fato, esse espírito brincalhão sempre marcou a vida e a obra de Adoniran, eterno moleque e sempre pronto para suas tiradas. Mais tarde, segundo lembra seu editor e amigo Juvenal Fernandes, para quem Adoniran afirmava ter nascido em 1912, ele teria gostado de sua "nova" data de nascimento, 1910:

> "Isso foi muito bom, porque sou corintiano, e o Corinthians foi criado em 1910!"

Em 1910, também veio ao mundo Noel Rosa, outro grande renovador do samba, tão ligado ao seu Rio de Janeiro quanto Adoniran à capital bandeirante. Ao se tornar sucesso nacional em 1955, Adoniran passou a ser reconhecido e elogiado como "o Noel Rosa de São Paulo". Por sinal, Adoniran e Noel são da mesma safra de dois outros grandes sambistas cariocas, Luiz Barbosa e, pelo menos oficialmente, Nelson Cavaquinho (que, aliás, segundo fontes limpas, também nasceu em outro ano, no caso 1911, e adotou 1910 como data oficial). Adoniran e Nelson se conheceram pessoalmente, chegando a fazer shows juntos, mas é pena que não tenha acontecido encontro entre Adoniran e Noel, falecido em 1937, quando o paulista ainda iniciava a carreira profissional de cantor. O resultado de uma parceria seria muito interessante, pois ambos, cada um em seu estilo, eram mestres em melodias simples e engenhosas, imagens poéticas surpreendentes, humor crítico e ferino, crônicas do cotidiano e rimas desconcertantes. (E, infelizmente, ambos tendiam à autodestruição lenta, gradual e certeira pelo excesso de bebida e cigarro.) Certamente, Adoniran era fã do "Poeta da Vila", tendo até iniciado a carreira cantando em programas de calouros seu samba "Filosofia" ("O mundo me condena/ E ninguém tem pena"). E muitas músicas do "Poeta do Bixiga" têm grande influência de Noel, desde uma canção menos importante como "Nem Me Deu Satisfações" (cuja melodia lembra "Palpite Infeliz"), até obras-primas como "Vide Verso Meu Endereço" (cuja letra, em forma de carta, é uma "Cordiais Saudações" à paulista).

Enfim, foi em 1910 que nasceu o ilustre caçula dos imigrantes italianos Fernando e Emma Rubinato — o que nos traz ao terceiro item a discutir quanto ao nascimento de Adoniran.

> "Nóis fumo nascendo, fumo nascendo, fumo nascendo, fumo nascendo, fumo nascendo, fumo nascendo, e eu também fui nascendo; o sétimo, contou?"

Certamente, Adoniran/João foi o caçula de sete filhos — após Antônia Helena, Francisco (falecido ainda criança), Alice, Ângelo, Francis-

Fernando (ou Francisco?) Rubinato, pai de Adoniran Barbosa.

"Vai, meu filho, Deus te abençoe, segue o teu trilho...": Emma Ricchini Rubinato, mãe de Adoniran.

co e Ainez — do casal Fernando e Emma Ricchini Rubinato, vindos de Treviso, cidadezinha do norte italiano, próxima a Veneza (ou, segundo alguns, da vizinha e também pequena Cavarzere), e que precisamente a 15 de setembro de 1895 chegaram ao porto de Santos, sem muito dinheiro, porém dispostos a trabalhar. E aqui está o tal terceiro detalhe: o nome do pai de Adoniran pode não ter sido Fernando, mas sim Francesco. É como Fernando que ele consta na certidão de nascimento de Adoniran. Mas foi com o nome Francesco que ele embarcou no *Espagne*, navio que o trouxe ao Brasil, de acordo com os arquivos do Museu da Imigração. Maria Helena, filha de Adoniran, viajou à Itália para pesquisar e tirar a dúvida, descobrindo que ele nasceu Francesco — mas ainda não se sabe por que ele mudou de nome. "Isso é um complicômetro na minha vida", comenta Maria Helena. "Até hoje quero tirar passaporte italiano e não consigo." (E Antônia Helena, por algum motivo ainda desconhecido, assinava o sobrenome como Rubinatti, não Rubinato.)

Enfim, tendo de trabalhar desde cedo, talvez Adoniran inconscientemente desejasse mudar seu passado e "apagar" as dificuldades que amargou na infância, e por isso vivia reinventando a história de seus verdes anos, a cada vez dando novas datas, nomes e fatos. Mas, no fim da vida, ao perceber que, mesmo consagrado como ator e sambista, não chegara a conhecer a riqueza (embora bem acima da linha de pobreza), sua única arma para enfrentar a realidade seria das mais eficazes: o bom humor. Assim ele mesmo se definiu em 1978:

"Eu sou um cara triste, sabe, eu faço piada, mas é tudo por fora..."

E Adoniran não perdia oportunidade de fazer graça nem com a pobreza financeira de sua própria infância:

"Não nasci, porque pobre não nasce: aparece..."

JUNDIAÍ

Adoniran tinha poucas e boas lembranças de Valinhos, sua terra natal:

"Terra boa, clima espetacular..."

Mas o jovem João Rubinato estava destinado a passar a infância na vizinha e mais desenvolvida Jundiaí, situada a 46km de São Paulo e famosa por suas indústrias têxteis.

Fernando Rubinato trabalhou no Brasil como carregador de lenha, telhas, tijolos e outros materiais de construção para a ferrovia São Paulo Railway (futura Santos-Jundiaí) e fabricante de sabão. E foi Jundiaí, maior e com mais possibilidades de trabalho, a cidade escolhida por Fernando para ir morar com a família, a fim de melhor garantir o sustento de todos, em 1918.

Mal havia se mudado para a "Cidade das Colinas", o jovem João demonstrou queda para elegância no trajar... e para o ritmo:

"Eu vim com um terninho branco de fustão, calça curta e sapatinho branco. E era gostoso o terninho de fustão porque quando eu andava e uma perna roçava na outra fazia: zpt, zupt, zpt, zupt... Eu era menininho e gostava daquele barulhinho: zpt, zupt, zpt, zupt... Eu gostava, tanto que forçava mais, fechava mais a perna no andar pra fazer mais ruidinho. Acho que é por isso que até hoje ando com as pernas fechadas."

Não é à toa que, no futuro, um dos diretores da fábrica Olivetti assim descreveria o caminhar de Adoniran:

"Lá vem ele, andar gingado, costurando a Benjamin Constant, a Quintino Bocaiuva, sede da [Rádio] Record..."

Adoniran se lembrava de que um dos primeiros índices do chamado "pogréssio" que conheceu em Jundiaí foram os cortiços, esses primeiros sinais do conflito entre a cidade e o campo na virada do século XIX para o XX.

"A minha irmã mais velha acordava cedinho, acendia a lamparina, num tinha luz elétrica em casa, no cortiço. Em Jundiaí já tinha cortiço quando fui morar lá."

A lamparina, com sua "luz que nem é luz", como dizia Monteiro Lobato, precária porém eficiente, iluminou não só a infância de João Rubinato, mas a vida inteira de muitos brasileiros menos favorecidos século XX adentro, como bem lembraria Adoniran em seu samba dos anos

1970 "Acende o Candieiro", "porque desta vez não pode acontecer o que aconteceu da outra vez... o ensaio parou porque faltou combustível". (No fim de sua primeira gravação deste samba, Adoniran esclareceria que o "combustível" não seria para o candeeiro, mas sim para os usuários: "Daquele que faz colarinho, viu?".)

Além de ajudar a sustentar a família, Helena ajudou a alfabetizar o maninho João.

> "Ela acendia a lâmpada de querosene, cedinho, pegava a cartilha e me ensinava, antes dela ir pra fábrica. Aí ela me dava a lição antes de eu ir pra escola, que era de noite, né! Quer dizer que foi minha irmã quem me ensinou as primeiras letras na cartilha. Ela entrava na fábrica às 7 da manhã. Acordava antes das 6 pra me dar a lição na cartilha do João Copic [na verdade João Köpke (1853-1926), grande educador brasileiro e um dos pioneiros da pedagogia moderna]. Num tem mais essa cartilha, linda, linda. Tinha as letras 'in colour', coloridas, a, e, i, o, u. Contava historinhas bonitinhas!"

Menos bonitinho, porém igualmente pitoresco, foi o breve período em que João estudou, totalmente a contragosto, no Grupo Escolar (hoje Escola Estadual de Primeiro e Segundo Grau) Coronel Siqueira de Moraes:

> "O meu número [de matrícula] era 245, elefante. Nunca deu esse número no bicho. Até hoje eu jogo, não dá nunca."

E a escola só serviu para Adoniran aprender, além de seu número de matrícula, noções básicas de matemática e alfabetização.

> "Fiquei lá dentro a muque, só até o terceiro ano [primário]. Lá em Jundiaí ninguém ia além disso, pois não dava..."

Na verdade, conforme admitiu em outras entrevistas, Adoniran foi expulso da escola, por ter sido o típico mau aluno, sempre matando aulas e desperdiçando material escolar.

> "Não gostava de estudar. Um dia comi os lápis que tinha — minha família não tinha dinheiro pra comprar lápis assim,

Adoniran: dá licença de contar...

a três por dois — e resolvi não aparecer mais no grupo escolar. Só que não adiantava nada tentar esconder. Quando minha irmã descobriu, levei uma surra que não foi fácil."

Ser expulso da escola foi o de menos: de tão relapso e malcriado, o pequeno João vivia tomando surras de dona Emma, sua mãe.

"Mamãe me batia pra valer! Já não tenho mais mãe... Como é bom a gente ter mãe, mesmo apanhando! Hoje em dia eu apanho do mundo! E como apanho..."

Infelizmente, dona Emma, falecida em 1939, nem chegou a conhecer o sucesso do caçula. E, certamente, Adoniran gostaria de ter sido melhor filho, a julgar pela forma como retribui o amor materno em sucessos futuros como "Trem das Onze" ("minha mãe não dorme enquanto eu não chegar") e a anterior "Deus Te Abençoe", onde ele diz que trabalha de pedreiro — "faço todo sacrifício, mas minha mãe tem que ter tudo que quiser".

Realmente, foi uma época de "todo sacrifício", ou seja, muito trabalho, para compensar o fracasso como estudante.

"Como eu não tinha queda pra intelectual, meus pais resolveram me pôr no batente."

Não demorou muito e o pequeno João começou a aprender o que tinha a lhe ensinar a escola da vida.

Mesmo durante seu breve tempo de estudante, ajudava o pai a carregar os vagões da São Paulo Railway. Mais crescido, João começou a trabalhar como entregador de marmitas do Hotel Central da cidade. Este primeiro emprego só durou até se descobrir que ele surrupiava pastéis e empadas das marmitas.

"Mas antes de fazer isso eu somava e diminuía pra ver se não ia faltar nas casas, pra alguma criança, sobretudo. Aí, não afanava, não, tinha pena, ficava com dó. Quase sempre eles botavam a mais e eu podia comer um par de bolinhos e de pastéis. Gostoso... Ficava com dó nada, eu comia mesmo, desse o que desse a conta."

Adoniran, acreditem, não roubava pastéis por mal, era malandragem de moleque aliada à necessidade.

> "[Eu] era malandrinho já. Não era malandro, era espertinho. Tinha fome. Não era malandro, era fome, não era malandragem. Sabe o que é malandragem? Malandragem não, é fome."

O amor pelos pastéis acompanharia Adoniran Barbosa até a idade adulta: "Gosto tanto de pastéis que me apelidaram de Rei da Estufa", dizia ele. O gosto pelas pequenas malandragens para defender ou contentar o estômago, ou mesmo por pura molecagem, também nunca o abandonou.

> "A primeira coisa que eu faço em restaurante, em bar, é conquistar o garçom. Eu digo: 'Quanto?'. Ele fala: 'Cinco'. Eu falo: 'Três está bom, três está bom'. Eu falo 'Quantos pastéis, três?'. 'Não, foi oito.' 'Foi três, te aguenta aí, foi três.' Entendeu? Vou comer ovo e ele pergunta: 'Quantos comeu?'. 'Comi dois.' 'Não, foi cinco.' 'Aguenta aí que é dois.' Já fico amigo deles e não tem problema."

A malandragem de Adoniran, porém, nunca passou disso. Mesmo quando já estabelecido nesse ritmo malandro por excelência que é o samba, ele fez questão absoluta de não se associar à malandragem mais barra-pesada que muitos brasileiros conheciam dos sambas de Noel, Wilson Batista ou Moreira da Silva. Zé Conversa, seu personagem de rádio e, futuramente, televisão, podia ser malandro, mas o próprio Adoniran nem mesmo aceitou vestir terno branco num desfile de escola de samba no último carnaval de sua vida, em 1982: "Sou boêmio, mas malandro, não!".

Após ser forçado a abandonar as pobres marmitas, Adoniran conseguiu emprego mais tranquilo e duradouro: na Fábrica Japir, uma tecelagem, como varredor.

> "Ainda ouço a turma me chamando: 'Ei, Joanim Barredô!'. Trabalhava das quatro da tarde às onze da noite e ganhava 400 réis por hora."

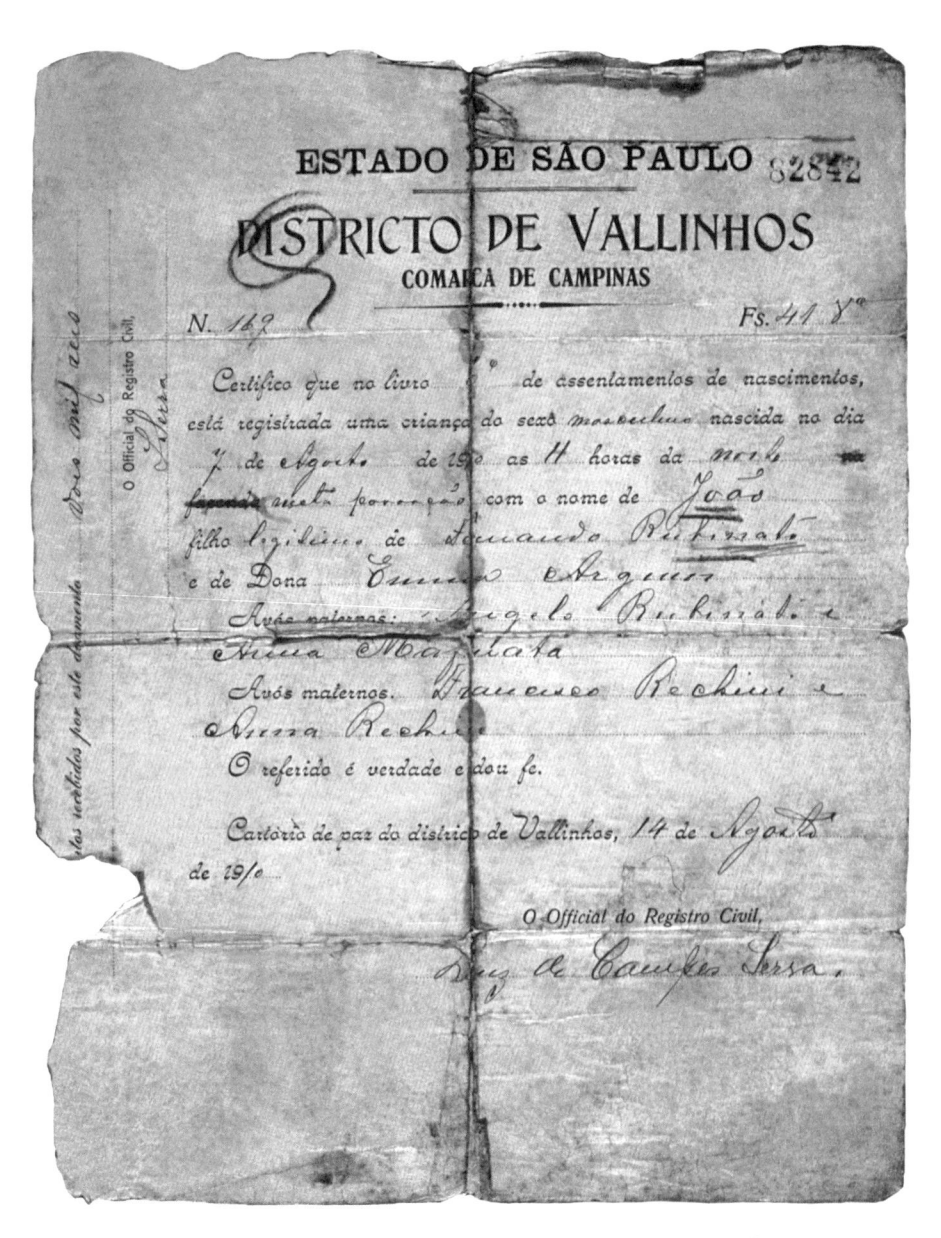

Adoniran: "Não nasci, porque pobre não nasce, aparece"
— mas tem certidão de nascimento.

Mas, mesmo em época de provações e com paga tão boa — 400 réis a hora era muito dinheiro para um garoto mal entrado na adolescência —, o vil metal não era a principal motivação para Adoniran, desde cedo um filósofo.

"Às vezes não queria trabalhar e não ia trabalhar, então pulava o muro de uma cocheira. Eu dormia nas baias, os cavalos comiam capim e eu dormia lá até as onze. Quando o pessoal passava com aquela conversa, eu acordava, pulava o muro e ia pra minha casa.

Eu fiz tudo na minha vida. Todas as profissões que você pode imaginar. Menos ladrão, só não roubei."

Santo André

Logo Jundiaí ficou pequena demais para Fernando, Emma e os filhos, e em 1924 todos se mudaram para Santo André, ainda mais perto de São Paulo, 17km.

João Rubinato, entrando na adolescência, adaptou-se logo ao novo ambiente urbano, pegando gosto por ouvir serenatas e sair atrás de bandas de música. Só não conseguia frequentar os bailes de carnaval por não ter os 15 mil-réis do ingresso, contentando-se em ouvir a música e a animação do lado de fora.

Outra pequena frustração do jovem João era não conseguir tocar em fanfarras ou blocos de rua, por elitismo dos membros da fanfarra ("filhos da gente rica da cidade") ou falta de companheirismo dos colegas de bloco (segundo Adoniran, era "inveja" mesmo). A vingança chegou com o fim dos anos 1920 e da adolescência, entre 1928 e 30, quando João chegou a tocar um pouco de flautim numa banda ao lado de seu irmão Ângelo (1904-1985), que tocava pratos. Foi de uma conversa com o mano que saiu a frase "Tocar na banda pra ganhar o quê?", mais tarde o mote de um dos sucessos de Adoniran, "Tocar na Banda".

Com dinheiro ou sem dinheiro, João Rubinato nunca parava de fazer música. A vocação de cantor e compositor revelou-se juntamente com sua profissão mais duradoura: vendedor ambulante.

"Andava o dia inteiro. Ajudava o serviço cantar um pouco. Sem querer, fui fazendo uns sambas, enquanto andava. E peguei esse jeito de compor andando, até hoje... Mas esses sambas de mascate eram na base do deixa-pra-lá, porque eu achava todos ruins e feios."

Mesmo com tamanha autocrítica, o jovem João era melhor sambista que vendedor, como ele mesmo admitia:

"Nunca aprendi a fazer negócio. Comprava um par de meia por 10 mil-réis, vendia por 8, pra acabar logo com a mercadoria e me mandar pra casa. Não dava pé, nem meia, muito menos lucro."

Logo João descobriria a vantagem de ir buscar retalhos de tecidos em São Paulo para revender com lucro em Santo André. E mais parecia fazer pregão de sua mercadoria, sempre cantarolando.

"Eu cantava minhas coisas, só minhas coisas, pelas ruas. Não eram bem ruas, eram vielas, vilas. Não tinha nem ninguém por perto. Não tem cara que anda falando sozinho, não tem? Pois eu, invés de falar, cantava."

A música acompanhava todos os muitos empregos que João exerceu em Santo André: vendedor, tecelão, pintor de paredes, metalúrgico, serralheiro, encanador...

"Quando eu trabalhava de encanador, eu batucava nos canos e cantava, sempre assim, de improviso."

Em 1926 João conseguiu seu primeiro emprego de verdade, com salário e responsabilidade dignos de nota: garçom na residência paulista de Pandiá Calógeras (1870-1934), ministro da Guerra (por sinal, único civil a ocupar tal cargo).

"'João, vai ali naquela casa. Tão querendo um garção.' Eu fui. A mocinha, filha do dono da casa, então disse: 'O senhor já trabalhou de garção em algum lugar?'. Eu menti: 'Já, sim, senhora, mas faz tanto tempo que já me esqueci como é'."

Sem dúvida, ótimo começo para um rapaz de 16 anos. João conse-

Foi do irmão Ângelo (1904-1985), o Lilo, que Adoniran Barbosa ouviu a frase: "Tocar na banda pra ganhar o quê?", mais tarde o mote de um de seus sucessos.

guiu o emprego e, segundo lembrava mais tarde, saiu-se muito bem, trabalhando seriamente, sem samba, furtos ou molecagens.

"A filha dele me ensinou: pela esquerda, sabe, tudo direitinho. No começo eu errava tudo. Aí ela me ensinava, 'pela esquerda, pela esquerda'. [...] Minha mãe também dizia: 'Cuidado que a casa lá é do home, cuidado!'. E eu trabalhava direito. De manhã eu ia pra estação buscar um táxi pra ele. Eu era educado. Abria a porta pra ele subir, quando ele entrava eu fechava a porta e ia levar ele na estação. Era um bom sujeito, eu."

Infelizmente, esta regalia terminou no ano seguinte, 1927, quando Calógeras foi transferido para o Rio de Janeiro. Mas a experiência deixaria marcas no futuro artista e eterno moleque Adoniran, que sem dúvida gostava de recordar este e outros raros bons momentos de sua infância e juventude. Como aconteceu um dia nos anos 1970, quando Adoniran estava visitando o amigo jornalista e produtor Fernando Faro na TV Bandeirantes. Subitamente o chefe de reportagem aproximou-se, aflito, dirigindo-se a Faro:

— Tem um ministro de Moçambique visitando a gente. Precisamos gravar alguma coisa com ele. O que vamos perguntar?

Faro replicou:

— Não tem ninguém aí do [departamento] internacional, nada?

— Nada.

Adoniran entrou no assunto:

— Pergunte a ele quem foi Pandiá Calógeras. Pergunte!

Faro esperava tudo menos isso:

— O que é que você disse, Adoniran?

— Pergunte a ele quem foi Pandiá Calógeras. Pandiá Calógeras.

Realmente, o jeito era encarar o aperto com bom humor. Faro comentou:

— Ora, seu Adoniran Barbosa, nós vamos perguntar isso ao ministro de Moçambique?

E Adoniran encerrou o assunto:

— Pergunta, pergunta. Aposto como ele não vai responder. Mas num vai mesmo, tô apostando!

São Paulo

Em 1932 a família de João resolveu tentar melhor sorte mudando-se de vez para São Paulo — em plena época da Revolução Constitucionalista. João arrumou uma grande encrenca ao brincar com um amigo, que se alistou como voluntário e conseguiu uma farda que não lhe caiu muito bem. João lhe disse na cara, não muito sutilmente, que ele estava ridículo com tal farda, "apesar de seu idealismo...". Os superiores do novo soldado ficaram sabendo e a piada rendeu a João um dia inteiro na cadeia.

O primeiro emprego paulistano de João foi o de metalúrgico no Liceu de Artes e Ofícios. Mas durou pouco: seus pulmões reclamaram do esmerilhamento de ferro fundido. Algumas de suas muitas funções subsequentes — João já sendo "doutor" em várias ao chegar do interior — foram: pintor de paredes, mascate, vendedor em lojas de ferragens, e entregador de uma loja de tecidos da Rua 25 de Março.

> "Vendia tecidos por atacado. E como eu era moção ainda, 22 anos, fazia entregas. Os caras vendiam e me mandavam entregar pras madames. Ia de bonde."

O comércio da região da Rua 25 de Março já era dominado por imigrantes árabes, armênios, judeus, entre outros — todos conhecidos popularmente por "turcos". O jovem João, desde sempre pessoa afável, se dava muito bem com eles, que também se divertiam com ele.

> "Achavam eu engraçado... me exploravam bastante. Pagavam pouquinho e eu trabalhava pra burro."

Tudo isso, é claro, ao som de muito samba.

> "Eu não parava em emprego. [Quando eu trabalhava como] balconista, se uma freguesa queria comprar um negócio eu dizia 'pois não' e começava a tocar. Vivia batucando. Mandavam logo embora, mandavam logo embora..."

Logo João descobriu que no Largo da Misericórdia, nº 4, no caminho de casa para o trabalho, ficava o estúdio da Rádio Cruzeiro do Sul (de propriedade da firma Byington & Co., também dona da gravadora

Columbia — não por acaso, havia um *Programa Columbia* na grade da emissora). Em 1934 a emissora havia lançado no Brasil uma novidade estadunidense daquele mesmo ano (originalmente *Amateur Hour*, apresentado por Major Bowes na emissora nova-iorquina NBC) que agradou logo de saída: um programa dedicado a revelar novos talentos, chamado *Os Calouros do Rádio* (o nome "calouro" era sugestão do grande pioneiro Capitão Furtado, por analogia com os primeiranistas do ensino superior) e apresentado por Celso Guimarães e, mais tarde, Jorge Amaral.

"Eu dizia: 'Ainda vou entrar e cantar aí'."

Não demorou para João começar a parar à porta da Cruzeiro do Sul e se enturmar com artistas e radialistas. Demorou menos ainda para o rapaz trocar seus mil empregos anteriores pela vocação de artista. Assim Adoniran resumiu sua carreira anos mais tarde:

"Tanta coisa que eu fui e só deu pra fazer samba..."

3.
MULHER, PATRÃO E CACHAÇA

Nasce Adoniran Barbosa

"Se eu soubesse que ia ser radioator, teleator e artista de cinema, não mudava meu nome, ficava João Rubinato mesmo. Mas cantar samba com nome italiano... não dá!"

Assim Adoniran Barbosa justificou a adoção de seu primeiro e mais famoso cognome artístico. Muitos de vocês já devem saber que ele homenageou o sambista Luiz Barbosa e um colega, Adoniran Alves ("já morreu, coitado", lembraria Adoniran Barbosa nos anos 1960). Foi este colega, aliás, quem tomou a iniciativa. Ao saber que João Rubinato queimava o cérebro em busca de um nome artístico incomum e marcante, foi-lhe dizendo:

"Por que você não adota meu nome, João?"[1]

E o carioca Luiz Barbosa (1910-1938), bastante famoso como cantor, compositor e percussionista, foi o primeiro a se acompanhar batucando em chapéu de palha, moda adotada entusiasticamente por Joel de Almeida, Dilermando Pinheiro e outros. Em sua lamentavelmente curta carreira, Luiz Barbosa conseguiu alcançar muitos outros triunfos: lançou em disco o compositor Wilson Batista ("Na Estrada da Vida"), cantou em dupla com Carmen Miranda (lançaram "No Tabuleiro da Baiana" de Ary Barroso), acompanhou Noel Rosa na gravação de "Gago Apaixonado" batucando com um lápis nos próprios dentes, foi um pioneiro do

---

[1] A mais antiga menção do nome Adoniran está na velha e boa *Bíblia Sagrada*, mais precisamente no Primeiro Livro dos Reis, capítulo 4, versículo 6: Adoniran — geralmente grafado "Adoniram", com "m", às vezes "Adonhiram", com "h" mudo — é nada menos que um dos ministros do Rei Salomão. No século XVIII surgiram os Ritos Adonhirâmicos, uma dissidência da Maçonaria, mas isto é outra história.

samba de breque... Imaginem o quão longe Luiz Barbosa teria ido, não fosse uma tuberculose resultante da boêmia.

DE CALOURO A PROFISSIONAL

"Ele cantava bem, era sambista e tinha muito ritmo."

Quem diz não é Adoniran, e sim Nelson Gonçalves, referindo-se a Adoniran, cujo timbre no início era bem diferente da voz roufenha com que se celebrizaria a partir dos anos 1950, devido ao excesso de bebida e cigarro. Afinado, com balanço, Adoniran dava conta do recado como cantor, não chegando a ser um Orlando Silva, mas bem acima da média dos compositores que cantavam. O estilo informal e balançado de Adoniran nessa época pode ser comparado também a Mario Reis, mas sem o verniz de sofisticação. Em suas primeiras investidas frente ao microfone, Adoniran dava preferência a sucessos do grande carioca.

Mas encontrar o nome artístico de Adoniran Barbosa foi a menor dificuldade de João Rubinato na luta para se afirmar como artista. Luta não somente contra o mundo, num meio artístico já competitivo, mas também contra si mesmo, graças à sua proverbial irreverência e seu temperamento afável porém um tanto fechado, interpretado por muitos como arredio.

Adoniran parecia não gostar de seguir o caminho mais fácil, e o papel de anti-herói sempre lhe caiu muito bem.

"Nada meu foi conseguido com facilidade. Tudo parecia com alguém que quisesse entrar num elevador e, embora havendo lugar, o cabineiro, que não ia com a minha cara, logo dizia: 'Tá lotado'..."

Profissionalizando-se em São Paulo naquele período, Adoniran ingressou na esfera de cantores como Paraguassu, Neyde Fraga, Januário de Oliveira, Isaura Garcia, Laïs Marival, Hélio Sindô, Arnaldo Pescuma, Roberto Amaral; compositores como José Roy, Oswaldo França, Avaré, Jorge Costa, Jucata, Hervê Cordovil; músicos e maestros como José Nicolini, Enrico Simonetti, Sylvio Mazzucca, Antonio Sergi, Poly, Gaó, Antônio Rago, Peruzzi, Xixa, Portinho, Elcio Alvarez e Mário Zan; conjuntos como os Demônios da Garoa e Grupo X; humoristas-compositores

Barbosinha Mal-Educado da Silva, personagem de Adoniran no programa
Escola Risonha e Franca, da Rádio Record. Não estranhe a caracterização
para um programa de rádio: naquele tempo as irradiações eram feitas
de auditórios e podiam ser assistidas pelo público.

como Zé Fidelis, Irvando Luiz e Oswaldo Molles; artistas versáteis como Capitão Furtado e Raul Torres...

"Eu achava que cantor tinha uma vida folgada..."

Em 1934, João havia se tornado participante assíduo de *Os Calouros do Rádio*, cantando sambas como "Se Você Jurar", de Ismael Silva e Nilton Bastos, sucesso de Francisco Alves em dupla com Mario Reis. Mas, talvez por nervosismo e inexperiência, João não desempenhava tão bem quanto poderia e quase sempre era gongado.

"Era só eu começá e lá vinha o gongo. Mas eu não desistia."

Até que, num dos últimos sábados de 1934, Adoniran participou interpretando "Filosofia", de Noel Rosa, lançada naquele mesmo ano por Mario Reis... Mas dessa vez o mundo não condenou Adoniran, que conseguiu chegar ao fim do samba e foi aprovado.

"O homem do gongo devia estar dormindo..."

A primeira apresentação pós-calouro de Adoniran aconteceu graças ao violonista Antônio Rago (1916-2008), cujo grupo regional acabava de assinar com a Rádio Cultura de São Paulo, a famosa PRE-4. Em fins de 1934 Adoniran atuou no rádio pela primeira vez como cantor, acompanhado por Rago e outro grande violonista, Laurindo de Almeida (1917-1995). No futuro, Rago seria parceiro de Adoniran em algumas músicas e tocaria na primeira gravação do "Samba do Arnesto".

Adoniran, em algumas entrevistas, refere-se à Rádio Cultura como uma certa "Rádio Fontoura" que funcionava sem autorização oficial — ou seja, uma das primeiras rádios piratas. Na verdade, Fontoura era a família proprietária da emissora (e a mesma do laboratório químico Fontoura, do fortificante Biotônico). A Rádio Cultura de São Paulo, então situada à Rua Padre João Manuel, realmente iniciou como emissora não oficial, transmitindo de uma garagem e se anunciando como "DKI, A Voz do Juqueri", em 1933. A polícia interveio e a emissora se legalizou como Rádio Cultura de São Paulo — "A Voz do Espaço", lembra Rago — precisamente em 16 de junho de 1936. Rago começou a trabalhar regularmente na Cultura logo em 5 de setembro; porém, menos de um ano depois, mudou-se para a Record, e dois anos depois transferiu-se para outra

O compositor Jorge Costa, um funcionário da SBACEM, Adoniran
e o grande músico Antônio Rago em foto dos anos 1970.

emissora recém-inaugurada, a Tupi, cujo dono, Assis Chateaubriand, viria a adquirir a própria Cultura em 1958.

Mal terminou o ano de 1934, o cantor Paraguassu (1894-1976) convidou Adoniran para cantar num programa semanal de 15 minutos da novíssima Rádio São Paulo, inaugurada no ano anterior, na Rua 7 de Abril.

Adoniran relata como foi o teste para ser admitido na emissora:

> "Fui lá fazer um teste com ele, sábado à noite, com outro samba [não mais "Filosofia" de Noel]. Ele na técnica, com fone e tal, aquela banca de técnico. Acabei de cantar, ele falou assim: 'Tua voz é bom [*sic*] pra acompanhar defunto'. Na minha cara ele falou, não tinha medo, falou na minha cara. Mas não desisti, não. Estava mentindo pra ele mesmo, coitado."

(Segundo algumas fontes, o autor desse veredito teria sido Jorge Amaral, e não Paraguassu.)

O salário de 150 mil-réis mensais não era dos maiores, mas suficiente para Adoniran ser considerado cantor profissional — e se divertir um pouco à moda paulistana. "Dava pra comer uns pastéis na Rua Direita, pastéis benfeitos, cachaça...", comentou o cantor (que nessa época chegou a formar um trio de música e humor, o Mosqueteiros da Garoa, com Alvarenga e Ranchinho).

Só que este emprego de Adoniran durou apenas um mês. Um dia o diretor da emissora lhe disse: "Barbosa, amanhã você passa no meu escritório que tenho um negócio para você". E lá se foi Adoniran, esperançoso por uma promoção ou outra boa notícia. "Fiquei contente imaginando só coisas boas..." Mas tudo o que ouviu foi: "Já acabou o Carnaval e não precisamos mais de cantor de samba, pode passar no caixa".

É claro que por esta Adoniran não esperava, nem gostou muito. Mas conseguiu sobreviver. "Me virei que nem charuto na boca de bêbado. Peguei bico em todas as estações."

O rádio não era o único ganha-pão de Adoniran nessa fase de vacas esqueléticas. A salvação maior foi um quebra-galho de despachante informal, que aprendeu com um colega sambista:

> "Fiquei amigo do pessoal da prefeitura, onde a turma ia pagar imposto, e por uma notinha eu quebrava os galhos do pessoal que queria andar mais ligeiro."

Realmente, qualquer salário era nababesco em comparação com o da Rádio São Paulo, ainda mais para um iniciante. Sem falar que, segundo Nelson Gonçalves, muitas vezes ele, Adoniran e outros cantavam em troca de passes de bonde! Guardar lugar em filas revelou-se um bom negócio:

"Ganhei tão bem que até mudei de um quartinho michuruco da ladeira Porto Geral para uma pensão na Rua Liberdade."

É claro que, de morada em morada, de fila em fila, de rádio em rádio, Adoniran não parava de cantarolar e compor andando. Por volta de 1932 já havia composto seus primeiros sambas, hoje pouquíssimo lembrados: "Minha Vida Se Consome" (parceria com Pedrinho Romano e Verídico), "Teu Orgulho Acabou" (com Viriato dos Santos), "Socorro" (mais uma com Pedrinho Romano). E, devagar e sempre, ainda em 1935 Adoniran estrearia no mundo do disco, justamente como compositor.

"Dona Boa": surge um compositor

"Era uma porcaria de marcha, uma porcaria de marcha, mas ganhou o primeiro lugar do Carnaval. Uma porcaria de marcha. Na época era um espetáculo, mas hoje seria uma porcaria."

Adoniran nunca foi mais elogioso que isso ao comentar sua primeira composição gravada, "Dona Boa", parceria com J. Aimberê:

Dona Boa
Dona Boa
Vem pro cordão
E não fique assim à toa

Quando você aparece
Na Avenida São João
Até o Sol enlouquece
Se esquece da obrigação

CARNAVAL

A COMMISSÃO JULGADORA DO CONCURSO DE MUSICA ESCOLHEU AS MARCHAS — BAILE DOS ESTUDANTES

Prosegue em nossas asociações, com notavel enthusiasmo, os preparativos para o Carnaval que se approxima.

Os bailes e passeatas se intensificam com grande concorrencia e animação.

Não ha distincções a clube: todos juntos trabalham febrilmente para um só objectivo: apparecer com o maior destaque nos festejos de Momo.

O CONCURSO DE MUSICA

Já terminou a segunda parte do concurso de muscas.

Hontem foi procedida á escolha dos melhores oito sambas e oito marchinhas carnavalescas. As marchinhas escolhidas foram: — "Sae fela!", "Rainha do Carna-

O director da séde attenderá diariamente, das 19,30 ás 22 horas, a todos os socios e filhos de socios, que desejarem regularizar sua situação.

G. D. M. LUSO-BRASILEIRO

Nos proximos dias 9 a 16 do corrente, a mais antiga entidade bomretirense promoverá dois excellentes bailes á fantasia no salão de sua propria séde, á r. da Graça n. 141, onde como todos sabem, os seus bailes se tem revestido de invulgar successo, motivo por que esses dois ultrapassem todo o exito até hoje alcançado por aquella conhecida sociedade, que é a maxima expressão do bairro.

Alem dos bailes marcados para os dias 9 e 16, o G. D. M. Luz

mo dia 16 do corrente, os Garotos Olympicos farão realizar no enorme salão de sua séde social, á rua Anhaia n.º 35,2.º andar, um grande baile carnavalesco, que será o primeiro grito de "Alertas Foliões" dado no bairro bomretirense, sendo certo que marcará época.

LIGA ACADEMICA

Dando inicio aos festejos carnavalescos a Liga Academica promoverá no proximo dia 14, das 20 horas em diante, um vesperal dansante no Palacio Teçayndaba. Secundando os esforços da directoria, os socios da Liga já estão formando numerosos blocos e cordões, que muito irão concorrer para maior brilho da festa. Aos socios servirá de ingresso o recibo do mez. Outras informações poderão ser obtidas, diariamente,

Um dos desenhos do convite para o baile dos estudantes

val", "Morena Paulista", "Sorriso Paulistano", "Dona Boa", "E' no duro", "Moreninha Brasileira" e "Rainha da Trinca interia".

Os sambas melhores são estes: — "Só para machucar", "Ei-lá-lá" "Sonhando acordado", "E' de mais" "Vagabundo", "Saberei me vingar", "Briguei com meu amor", e "Não é..."

O BAILE DA RAINHA DOS ESTUDANTES

"Folha Paulista", jornal editado por diversos estudantes de nossas escolas, promoveu, ha pouco tempo, o concurso da Rainha dos Estudantes.

Agora, vae ser realzado um baile carnavalesco, em homenagem á eleita.

Foi encarregado o sr. Edgard Cardoso para tratar desse baile que se realizará no proximo dia 27 no salão Ramos de Azevedo.

CARNAVAL DA CRIANÇA

Como foi noticiado, será realizada no proximo dia 23, organizada pela Cruzada Pré Infancia, uma linda festa carnavalesca infantil, sendo escolhido, como local o Trianon. A sociedade paulistana está concorrendo, com grande interesse e enthusiasmo para uma boa organização daquele "matinée mascarada" na qual serão prendadas as fantasias das crianças pelo estylo, belleza, originalidade, etc., bem como os cordões que se apresentarem com melhor harmonia e originalidade,

Brasileiro, parece que prepara alguma surpreza aos paulistas, e daquellas bem grandes, nos dias de carnaval, porquanto até á presente data, não se "abriram" a respeito da organização que vão dar ao brilhante "cordão" alvi-celeste, que no anno passado foi um dos bons collocados em varias provas em que tomou parte. Motivo por que os seus congeneres devem estar prevenidos, pois o Luzo Brasileiro costuma pregar daquellas boas...

ROMA F. C.

Como todos sabem o Roma F. C. é uma das agremiações mais enthusiastas do bairro da Agua Branca, motivo por que está preparando grandes festividades em commemoração ao carnaval paulista, que promette ser um dos melhores do paiz. Pelo bloco feminino "Ahi vem a marinha" foi organizado para o proximo domingo, em sua séde social, uma matinée dansante á fantasia, sendo certo que esta se revestirá de invulgar brilhantismo, porquanto visto ser o Roma F. C. a principal entidade daquelle bairro.

Acham-se adiantados os preparativos para a adaptação do Cine S. Carlos, isto é, do enorme salão do cinema, onde serão realizados os innumeros bailes patrocinados pelo Roma F. C., nos dias de carnaval. A matinée de domingo proximo será realizada no salão de sua séde social, á rua Guaycurus n. 121, sob., sendo que os bailes

na séde social, das 15 ás 18 e das 20 ás 21 horas ou pelo telephone, 3-2813.

O CARNAVAL NO TERMINUS

Os salões do Terminus vão ser transformados num maravilhoso "Reino de Pinguins", para nelles serem realizados dois formidaveis bailes carnavalescos, nos dias 4 e 5 de março vindouro. A decoração foi confiada a Romulo Lombardi.

CLUBE S. BENTO

Iniciando a série de seus bailes carnavalescos, o Clube S. Bento realizará na noite de 16 do corrente, em seu amplo gymnasio, á rua alette, 100, em Sant'Anna, um grandioso festival das 21 ás 4 horas. Aos socios servirá de ingresso o recibo deste mez. Os convites podem ser procurados desde já na secretaria do clube, diariamente, das 20 ás 23 horas.

NA OPERA NACIONALE DOPO-LAVORO

Attendendo aos innumeros pedidos de seus associados, a directoria da Opera Nacionale Dopolavoro resolveu promover no proximo sabbado, dia 9, na Riqueza S. Paulo, á rua Martinho Prado, 75, um interessante baile á fantasia.

Dado o grande programma que a commissão organizada pela directoria organizou prevê-se que o proximo baile alcançará um successo sem precedentes.

Abrilhantarão a festa de sabbado proximo o optimo jazz "Benedetto Marcello" e a banda do Dopolavoro. Os convites podem ser procurados diariamente na séde social, das 10 a

A *Folha da Manhã*, de 7/2/1935, noticia a classificação de "Dona Boa" entre as finalistas do concurso de marchas de carnaval.

CARNAVAL

Resultado dos concursos de musica carnavalesca — Em São Paulo classificaram-se nos primeiros lugares: "Dona Bôa" e "Sae Feia" — No Rio, o samba "Implorar" e a marcha "Coração ingrato — Os bailes de sabbado e domingo

Os preparativos para a recepção de Momo em nossa capital proseguem animadissimos.

A tarefa organizadora das festas e os bailes que se succedem em todos os recantos da cidade estão provando eloquentemente.

Por outro lado o trabalho de propaganda e os concursos revelam que esse enthusiasmo augmenta.

Portanto, officialmente o Carnaval está iniciado em S. Paulo.

RESULTADO DO CONCURSO DE MUSICAS

Realizou-se domingo no Th. Boa Vista, que se achava com enorme assistencia, a parte final do concurso de musicas de carnaval, tendo ellas sido cantadas por Januario, Alzirinha Camargo e Nuno Roland.

A mesa que presidiu os trabalhos compostas pelos srs. professor Miguel Archangjo, director do Conservatorio, Milano Netto, do Syndicato Musical, Casabona, do Centro Musical de S. Paulo, e Camargo Guarnieri, do Conservatorio. Representando a C. O. C. P. achavam-se o sr. Eduardo Simões e o poeta Corrêa. Junior.

No concurso de marchas, o primeiro lugar coube a "Dona Bôa", de Adoniro Barbosa e J. Aymberé. O segundo lugar coube a "Sai féra", tambem de Aymberé. Classificou-se em 3.o lugar "Sorriso paulista".

No concurso de sambas, obteve o primeiro lugar "Vagabundo" de Paraguassú', tendo obtido o segundo lugar "Saberei me vingar" foi "Só pra machucar".

"Dona Bôa" obteve 40 pontos e "Vagabundo" 38 pontos.

Dentro de poucos dias teremos as composições premiadas gravadas em discos.

DESPESAS

Até hontem as despesas feitas pela C. O. C. P. são, mais ou menos, as seguintes:

126:000$000 para prestitos
65:000$000 para ornamentação e decoração
80:000$000 para illuminação
40:000$000 para auxilios a cordões, ranchos, blocos e para premios.
50:000$ para a feitura de 100 mil cartazes, e sua diffusão por todo o interior do Estado.

Sommando-se a isso mais uns 10:000$000 para despesas geraes, teremos uma somma de 380:000$000.

SAMBAS E MARCHAS CARIOCAS

RIO, 11 (H) — Perante enorme assistencia realizou-se domingo á noite, no Theatro João Caetano, o concurso de sambas e marchas para o carnaval deste anno.

O resultado foi o seguinte: sambas — 1.o lugar — "Implorar"; "Foi ella"; 3.o "Agradeças a mim".

Marchas — 1.o lugar — "Coração ingrato"; 2o — "Cidade maravilhosa"; 3.o — "oia falsa".

A platéa recebeu bem o julgamento dos sambas. Quanto ás marchas, porem, o mesmo não aconteceu.

poeta da Sorocabana. A Mogyana e a Paulo Railway já deram suas respostas propondo directamente a redução das passagens. A Paulista entregou o caso ao Tribunal de Tarifas.

Quanto á estadia dos forasteiros em S. Paulo, o Centro dos Proprietarios de restaurantes e hoteis officiou ao Touring Clube, dizendo ser impossivel a pretenção, em vista de terem sido as estadias em hoteis bastante diminuidas ultimamente.

BAILE DOS ARTISTAS

Os pintores e esculptores de nomeada que tomaram o encargo da adaptação do Cine Republica, para o "Baile dos Artistas" do dia 23, já se encontram em franca actividade na grande casa de diversões.

Vae tudo numa azafama febril, porque o empreendimento é de folego e faltam poucos dias. O que se tem dito sobre o assumpto, dá apenas uma descolorida imagem do que será o scenario grandioso que os artistas estão preparando para offerecer ao publico de gosto apurado, que se disponha a ir ver amplamente no curtissimo reinado da folia, que já está iniciado.

Mas a sugestão é admiravel do ambiente, não bastaria para garantir o successo de um baile carnavalesco. Existem outros factores poderosos que autorisam uma prophecia animadora. Os artistas

CARNAVAL!

FANTASIAS
ECONOMICAS

CASA
FUCHS

RUA SÃO BENTO, 54

do Syndicato do Theatro vão dar á festa uma nota majestosa, formando um cortejo pomposo, caracterisados como os principaes personagens das peças consagradas de autores patricios. Assim evocaremos "Flores de Sombra", "Deus lhe pague", "A casa do coração", "Amor", etc...

Será interessantissimo recordar momentos que docemente nos emocionaram, revendo as figuras humanissimas que os nossos theatrologos crearam para deleite de nosso espirito. Veremos, talvez, antigos conhecidos que suppunhamos condemnados a uma tristeza perpetua apparecer irradiando alegria, incitando o enthusiasmo geral, num soberbo desfile.

Promette ser um espectaculo estonteante. Aliás, quanto ao "Baile dos Artistas", vae-se de surpresa em surpresa e cada qual mais tentadora.

Considere-se portanto, assegurada, a victoria de Momo na Paulicéa. Para isso os artistas batalham aguerridamente, como perfeitos subditos do Deus buffão.

Nesse baile, para o qual ha uma grande curiosidade em S. Paulo, tomarão parte nada menos de 3 orchestras de 16 figuras cada uma. O "Syndicato dos Trabalhadores do Theatro, em S. Paulo", está trabalhando, activamente, afim de que o baile se revista de muito brilho. No cortejo organisado figurarão 30 automoveis, doze lanceiros, 6 clarins e um sequito com perto de 100 figuras, fantasias de formas as mais extravagantes, cantando a marcha da victoria. Momo, o Rei do Radio e a Rainha do Theatro irão á frente do cortejo, com todas as pompas, exigidas.

CONVOCAÇÃO DE ARTISTAS

A directoria do "Syndicato dos Trabalhadores de Theatro, em S. Paulo", á Avenida S. João, 473, sobrado, convida todas as "girls" em activa ou em disponibilidade, a comparecer, amanhã, sem falta, ás 17 horas, na séde social.

Outrosim, chama todos os artistas que queiram tomar parte no "Baile dos Artistas", a ser levado a effeito, no dia 23 do corrente, no Theatro Republica, a deixarem os seus nomes, no gabinete da Presidencia do Syndicato, todos os dias uteis das 17 horas ás 18, com as respectivas photographias.

INAUGURAÇÃO DA GRANJA S. PEDRO

As autoridades presentes — O seu funccionamento — Outras notas

A mortandade infantil que o nosso obituario regista, na sua maior parte é devida ao pessimo leite que se encontra na praça. Para resol-

borracha, com os mesmos movimentos da mão, succção essa produzida pelo vaccuometer. O leite assim ordenhado é collocado no filtro

---

Matéria da mesma *Folha da Manhã*, de 12/2/1935, registra
o primeiro prêmio concedido à marchinha de Adoniran.

Dona Boa
Dona Boa
Vem pro cordão
E não fique assim à toa

Vejo você em toda parte
Quero você no meu cordão
Pra ser a porta-estandarte
Carregar meu coração

Dona Boa
Dona Boa
Vem pro cordão
E não fique assim à toa

J. Aimberê (1904-1944), paulista de Anápolis (futura Analândia, não confundir com a Anápolis goiana), foi compositor e maestro, e sua mais famosa contribuição para a história da MPB foi "No Quilômetro 2", sucesso de Orlando Silva. Há outras obras suas dignas de nota, como "Bahia", lançada por Francisco Alves — enfim, como diz o grande pesquisador Abel Cardoso Jr., "J. Aimberê, em sua curta existência, só fez coisas boas". Adoniran pediria licença para discordar, apontando como exceção "Dona Boa" — cuja iniciativa partiu de Aimberê:

"O J. Aimberê fez uma melodia e me disse: 'Vamos ver se nosso sangue combina'. Fiz essa música na Rua Direita."

"Dona Boa" foi composta na hora certa, para participar de um concurso de músicas carnavalescas (o termo "festival de música" só se tornaria de uso corrente no fim dos anos 1950, mas a essência era a mesma) promovido pela Prefeitura de São Paulo.

Foram escolhidas para a final oito marchas e oito sambas (o samba vencedor foi "Vagabundo", de Paraguassu). O júri deste concurso era bem mais leniente que o implacável e autocrítico Adoniran, e "Dona Boa", defendida pelo cantor Januário de Oliveira (1902-1963), foi a marcha vencedora; além da menção como compositor na *Folha da Manhã* de 12 de fevereiro (embora com o nome escrito "Adoniro Barbosa"), Adoniran ganhou a pequena fortuna de 500 mil-réis, dos quais só ficou com 300 para si.

Façanha ainda mais incrível que vencer o concurso foi torrar todo o dinheiro numa única noitada.

> "Deram [o prêmio] em cheque, no Teatro Boa Vista [onde se realizou a finalíssima]. Eu tinha dois amigos naquela noite. Quando ganhei o prêmio, que recebi o cheque, arranjei 20 amigos, rápido. Tudo atrás de mim: 'Adoniran, você é o maior, salve ele' e tal. E 'troca o cheque, troca o cheque'. Eu troquei o cheque na marra e foi birra, birra, birra [cerveja]. E eu tinha mandado fazer um paletó, escuite essa aqui, pra ir buscar no outro dia. Não fui buscar o paletó, porque o dinheiro não deu, acabou na mesma noite, rapaz. Mas bebemos tudo. Fui a pé pra casa, na Rua Vergueiro, fui a pé pra casa."

Da "porcaria de marcha" só restou o valor histórico de primeira música de Adoniran a ser gravada, não por Januário de Oliveira, que a defendeu no concurso, mas por Raul Torres (1906-1970), ele mesmo, um dos pioneiros da música caipira feita na grande cidade — e que anos depois gravaria outra música de Adoniran, a eminentemente sertaneja moda de viola "Tô com a Cara Torta".

Surge um radialista

O sucesso — ou melhor, a vitória — de "Dona Boa" rendeu outros dividendos além do efêmero meio conto de réis. Ainda em 1935 Adoniran começou a trabalhar na Rádio Cruzeiro do Sul, como discotecário e cantor num programa diário de 15 minutos, cantando sambas de outros autores, com acompanhamento de Garoto no violão-tenor, Aymoré e Petit nos violões, Pingo no pandeiro, Pinheirinho no cavaquinho e Ernesto na flauta. De vez em quando Adoniran incluía um samba de sua própria autoria. Daí seu comentário anos mais tarde:

> "Eu era disc-jóquei à minha moda."

Em 1936 sua participação na Cruzeiro do Sul tornou-se menos frequente. Por exemplo, a antiga *Folha da Manhã*, de 8 de fevereiro desse ano, noticiou que uma das atrações da Cruzeiro do Sul naquele sábado seria o programa *Cordão dos Bambas*, às 20h, destacando Adoniran. Ele

"Agora Pode Chorar", "Se Meu Balão Não Se Queimar" e "Não Me Deu Satisfações": as três primeiras gravações do cantor Adoniran Barbosa não obtiveram sucesso.

"Cordão dos Bambas com Adoniran": a *Folha da Manhã*, de 8 de fevereiro de 1936, trazia uma das primeiras menções do nome do cantor na imprensa.

Das 20 ás 21 horas

Educadora - 20,00, Canto com orch. a cargo de Marion; 20,15, Musicas americanas por E. Patané e sua orchestra moderna; 20,30, Canto regional a cargo de Pilé; 20,45, Musicas hungaras.

Record - 20,00, Jornal — Canto pela sra. Cesarina Dori (que presta seu gentil concurso) e trechos de operetas pelo Conjunto de Salão; 20,30, O Carnaval em Revista; 20,45, Procopio Ferreira; 20,45, Carmen e Aurora Miranda e Custodio Mesquita.

Cruzeiro - 20,00, No reinado de Momo — Cordão dos bambas com Adoniram; 20,15, Trechos de operetas; 20,30, Prog. da Vovó - D. Sinhá Braga e Netinha; 20,45, Prog. argentino.

Cultura - 20,00, Trechos de operetas; 20,15, Musica de salão; 20,30, Solos de violino pelo sr. Clemente Capella, ao piano a senhorita Wilma Baraldi; 20,45, Rachel Valentino em numeros de canto.

Cosmos - 20,00, Prog. Italiano; 20,30, Hora H de Luiz Peixoto e Ary Barroso com Del Rio — Madelu' — Orchestra Columbia.

S. Paulo - 20,00, Impressões de Napoles; 20,30, Mosqueteiros da Garôa; 20,45, Orch. moderna PRA-5 — Direcção B. Rossi.

Diffusora - 20,00, Prog. com Dallla Cesar de Barros, Rodolpho Lima Martensen e Armando Peixoto; 20,15, Olyntho de Moura e Orchestra; 20,30, Commentario politico; 20,35, Mlle. Dubois, Mario Graccho e Orchestra.

Excelsior - 20,00, Saudade d' alem mar.

permaneceu na Rádio Cruzeiro do Sul até 1940, quando deu o maior salto de sua carreira radiofônica: mudou-se para a Rádio Record, onde se firmaria como ator e humorista.

Mas, nesta segunda metade dos anos 1930, a carreira profissional de Adoniran ainda se restringia à música. Só que, depois de três meios--discos (um lado de três 78 rpm), sua carreira de cantor entraria em hibernação por mais de uma década, hibernação tão profunda que, ao falar de sua obra, Adoniran muito raramente mencionava esses primeiros discos; após esculhambar "Dona Boa", ele costumava passar diretamente para "Saudosa Maloca" e "Samba do Arnesto".

Os primeiros discos

Nada aconteceu muito depressa, por acaso ou de repente para Adoniran, bom rapaz do interior que era. Em 1936, um ano após a estreia em disco como compositor, foi a vez de sua primeira gravação como intérprete, na gravadora Columbia (que, como a Rádio Cruzeiro do Sul, pertencia às Organizações Byington e utilizava o mesmo estúdio), que ele vivia rondando com um samba de sua autoria, "Agora Pode Chorar", parceria com o maestro e compositor José Nicolini (o mesmo que colaboraria na inauguração da Rádio Bandeirantes em maio de 1937). Letra, melodia, arranjo, a voz ainda límpida de Adoniran, tudo neste disco soa correto e interessante, embora ainda com muito pouco do Adoniran Barbosa que todo o Brasil conheceria e amaria quase duas décadas depois:

> Chora, chora
> Quem te ensinou a sofrer não fui eu
> Chora, chora
> Porque o nosso amor morreu
>
> Andas por aí
> Dizendo que a culpa é minha
> Nada disso é verdade
> Pois fizeste a tua vontade
> Perdeste a linha
> Com tanta desconfiança
> Hoje está arrependida
> Lamentando a própria vida

O disco, como se diz, despontou imediatamente do anonimato para o esquecimento, assim como o seguinte, "Se Meu Balão Não Se Queimar", lançado em março de 1936 dentro de um novo gênero que começara a fazer sucesso três anos antes, a marchinha junina:

> [...] Vai subindo meu balão
> Vai subindo meu balão
> Suavizando a minha dor
>
> Se o meu balão
> Na imensidão não se queimar
> A dor que eu estou sentindo agora
> Irá-se embora para nunca mais voltar

A terceira tentativa, "Não Me Deu Satisfações", completou a trilogia de fracassos.

Ouvindo hoje estas três gravações, fãs de Adoniran dificilmente reconhecerão o inventivo e bem-humorado cronista, ainda por florescer, oculto atrás de um meramente correto discípulo paulista de Noel Rosa, Luiz Barbosa e Mario Reis, cantando inclusive em volume baixo, quase se escondendo por trás dos rebuscados arranjos samba-jazzísticos de José Nicolini, como que envergonhado do lugar-comum das próprias letras e melodias:

> Tenho vontade de chorar
> Sei que tenho as minhas razões
> A mulher que eu amava
> Resolveu me abandonar
> Não me deu satisfações
>
> Retirou-se à francesa
> Para mais me castigar
> Ela pensa que é uma beleza
> E tem a certeza
> De que eu vou me humilhar
>
> Tenho vontade de chorar
> Sei que tenho as minhas razões
> A mulher que eu amava

Adoniran: dá licença de contar...

Resolveu me abandonar
Não me deu satisfações

Pode ser que eu a procure
Pode ser também que não
Pode ser que esta dor não perdure
Por mais que ela jure
Não terá perdão

Os discos seguintes de Adoniran — estes, sim, mostrando um sambista maduro e original — também seriam lançados pela Columbia, mas tiveram de esperar tanto (até 1951) que então a gravadora já havia mudado de nome para Continental.

Mas se nesses 15 anos o cantor hibernou, o compositor jamais interrompeu atividade, continuando a ter músicas gravadas por artistas os mais diversos, incluindo Emilinha Borba ("A Louca Chegou"), Déo ("Um Amor Que Já Passou" fez algum sucesso), Leny Eversong, Joel de Almeida e Hélio Sindô.

"Sempre compus, para não perder o costume..."

A década de 1940, porém, pertence ao Adoniran ator, lançador de Charutinho, Zé Conversa, Jean Rubinet e outros tipos quase tão numerosos quanto suas dezenas de empregos antes de se revelar artista.

Surge um radioator

"Eu sou um bom ator, modéstia à parte, pois eu tenho consciência do que sou..."

Adoniran Barbosa era tão talentoso e versátil que, para começar, era duas pessoas em uma: o ator e o cantor-compositor. Primeiro surgiu o cantor-compositor, que fez pouco sucesso; depois revelou-se o ator, fazendo um sucesso tão grande que, nos anos 1960, muita gente se surpreenderia ao descobrir que Adoniran era também cantor-compositor. Vejam só o título que a revista *Intervalo* deu a uma nota de junho de 1964 em que comentava o lançamento do "Samba Italiano": "ADONIRAN FAZ SAMBA".

ZÉ CONVERSA e CATARINA
(ADONIRAN BARBOSA e MARIA AMELIA)
OS 2 BLACK-OUT DA RECORD
— A QUÉ É POR QUE ÉI —
Creação de OSWALDO MOLES

"Eu sô preto, sô brasileiro e passeio na Rua Direita quando quisé, me batê ninguém vai!": dizia Zé Conversa, o malandro criado por Oswaldo Molles, que aparecia no programa *Histórias das Malocas*, da Rádio Record, interpretado por Adoniran, um dos brancos mais negros do Brasil.

Sim, hoje em dia esse título parece pleonástico, mas nos anos 1960, para o grande público, soava inusitado, já que Adoniran era mais conhecido como ator de rádio e televisão. Muito mais conhecido, aliás. Basta lembrarmos também que o selo de sua primeira gravação do "Samba do Arnesto", de 1951, trazia um esclarecimento entre parênteses: "Adoniran Barbosa (Zé Conversa)".

Na mesma época, mais precisamente na edição de 15 de outubro de 1955, a *Revista do Rádio* noticiava uma grande revolução: Adoniran Barbosa, o popularíssimo ator, era também compositor. Vejam o título da matéria: "Só faltava fazer sambas... e Adoniran também fez". E Adoniran estava tão estabelecido como ator que a referida nota da revista *Intervalo*, quase nove anos depois, ainda soava como grande notícia.

Dissemos que Adoniran era duas pessoas em uma? Na verdade, várias, se lembrarmos Zé Conversa, Charutinho, Mr. Richard Morris e os tantos outros personagens que viveu no rádio e televisão. Não foi à toa que, em julho de 1954, a revista *Astros* referiu-se a Adoniran como "o Fregoli do microfone" — numa alusão ao italiano Leopoldo Fregoli (1867-1936), cantor, ator, dançarino e imitador dos mais versáteis, que chegava a representar 60 papéis num único espetáculo.

Com o tempo a situação se inverteu e Adoniran tornou-se mais famoso como sambista; a partir dos anos 1970, muitos se surpreendem ao descobrir que ele também era ator de cinema, rádio e televisão. Mas, como dissemos, a carreira musical de Adoniran nos anos 1940 contabiliza zero discos e várias músicas lançadas com pouco sucesso por outros intérpretes — foi uma década do Adoniran ator.

> "Uma vez falei assim pra mim: não dá mais pra cantar samba, num dá mais. Aí passei a ser intérprete de teatro."

De teatro radiofônico, para sermos mais exatos. Um dos primeiros programas, se não o primeiro, de que Adoniran participou como ator foi *República de Estudantes*, ao lado de Blota Jr. (1920-1999) e Vicente Leporace, ainda na Rádio Cruzeiro do Sul. Mas Adoniran nunca deixava de visitar outras emissoras, e logo chamou a atenção de Octavio Gabus Mendes, um dos diretores da Rádio Record. De tanto visitar a Record e, como dizia, ficar "bagunçando o corredor da rádio" com piadas e brincadeiras, Adoniran foi chamado por Gabus Mendes para trabalhar como comediante do programa *Palmolive no Palco*.

Radioator, antes e depois do sucesso: a foto nos dois documentos é a mesma, mas o nome artístico é diferente — Barbosinha em 1932, Adoniran Barbosa em 1949.

"Octavio Gabus Mendes, pai do Cassiano. Muito amigo meu. Bom amigo. Me deu a mão, e me deu terno, sapato, até um apartamento pra morar."

E, em 1941, o radioator Adoniran Barbosa (ou "Barbosinha", como está em alguns documentos) assinou seu primeiro contrato com a Record. Randal Juliano (1925-2006) trabalhou com Adoniran de 1945 a 1971, como narrador e apresentador dos programas *Histórias das Malocas* (do qual também seria diretor na TV Record) e *Universidade Record*, além de redigir *Escola Risonha e Franca*. Após estrear na Record como comediante, Adoniran trabalhou no programa *Serões Domingueiros*, das 8 às 10 da manhã, com adaptações de Gabus Mendes para clássicos da literatura brasileira e mundial. Um exemplo, testemunhado por Juvenal Fernandes (1925-2010), editor de boa parte das músicas de Adoniran e seu grande amigo, foi a vida da Marquesa de Santos, cujo elenco incluiu Randal Juliano como Dom Pedro II e Adoniran no papel de Chalaça.

"Eu fazia sempre uma pontinha de bom sujeito, sempre. Eu tenho cara de bom sujeito. Sou bom cara. Não gosto de fazer o mau caráter. Mesmo agora [década de 1970] em novela, não quero fazer o mau caráter. Eu sou bom, pra que fazer o mau sujeito?"

Embora tivesse mais estabilidade e satisfação na Record que na Cruzeiro do Sul, Adoniran não se orgulhava muito de seu salário inicial: 20 mil-réis por mês.

"Eu não recebia nada pra fazer de tudo..."

Até que um dia, em 1942, Adoniran estabeleceu contato com um colega da Record, Barreto Machado, que, este sim, ganhava bem: um conto de réis por apenas um programa semanal. Primeiramente, queixou--se de seu magérrimo salário a Teophilo de Almeida Sá, diretor da Record, que lhe sugeriu, talvez de brincadeira:
— Fala com o Barreto, vê se ele quer dividir o dele com você.
Adoniran não teve dúvida em se aproximar de Barreto Machado e lhe perguntar à queima-roupa:
— Vamos rachar o teu ordenado?

Pois Adoniran teve sorte: Barreto Machado aceitou a proposta, passando ele e Adoniran a ganhar 500 mil-réis cada um, salário devidamente registrado em contratos oficiais da Record. (Curiosamente, o folclore de Charlie Chaplin, com quem Adoniran tem tanto em comum, inclui caso semelhante, em que o ator e cineasta, quando iniciante, propôs a um amigo já veterano que os dois dividissem a renda de ambos em partes iguais para sempre; naturalmente o amigo recusou essa proposta ridícula, mas hoje poucos se lembram de quem ele era.) Não é à toa que Adoniran só tinha elogios para Barreto Machado: "O maior cara do mundo!". Só um colega da Record mereceu ser mais elogiado por Adoniran que Barreto Machado: o redator Oswaldo Molles.

O mestre Oswaldo Molles

"Oswaldo Molles, o maior do munnnnndo!"

Assim Adoniran resumiu o talento de Oswaldo Molles, se não o melhor redator radiofônico do mundo, certamente um dos melhores. Grande observador dos usos e costumes do povo, Molles foi insuperável na arte de transformar migalhas em banquetes, usando o folclore urbano como matéria-prima para arte comercial da melhor qualidade, tornando frases populares em bordões infalíveis e pessoas reais em personagens marcantes. Sem dúvida, Molles exerceu grande influência sobre Adoniran. Além de criar para ele, sob medida, Charutinho, Zé Conversa e outros tipos que se tornaram clássicos do rádio, foi Molles quem despertou sua vocação de grande cronista e satirista musical. Antes de Molles, Adoniran era apenas um cantor e compositor versátil e competente, mas ainda longe de se tornar um dos maiores e mais distintos. Faltava aquele "algo mais", um fator catalisador, para que Adoniran encontrasse estilo próprio e se tornasse grande mestre do samba. Tal papel coube a Oswaldo Molles. E Adoniran não se cansava de louvar a criatividade do amigo:

"Eu chegava da rua e dizia: 'Vi um negão agora que falava assim, assim'. Ele, na hora, pegava e inventava um tipo!"

Oswaldo Molles nasceu em Santos a 14 de março de 1913, e descobriu cedo sua própria grande vocação com as palavras. Aos 15 anos já trabalhava como jornalista, a princípio repórter do paulistano *Diário*

A *Revista do Rádio* traz Oswaldo Molles na Rádio Bandeirantes
em 1955 com suas colegas de emissora Maria Estela Barros,
Saula Maria, Dulcemar Vieira e Luzia.

Nacional, e logo em seguida cronista do *São Paulo Journal*. Tão inquieto quanto talentoso, aos 19, mudou-se para a Bahia, mas se meteu em encrenca pois, enquanto acontecia na cidade um congresso eucarístico, Molles participava de um Congresso dos Homens Sem Deus! A solução foi voltar à capital paulista, começando pelo *Correio Paulistano* e logo enveredando por muitas outras publicações.

Uma dessas publicações foi a revista *Bom Humor*, surgida nos anos 1940 e uma das mais importantes publicações humorísticas brasileiras, cuja equipe de redatores incluía ninguém menos que Walter Forster, Zé Fidelis e Pagano Sobrinho (estes dois também foram parceiros de Adoniran, em músicas cujas melodias se perderam e hoje só restam as letras) — além de Oswaldo Molles. Enquanto Forster se especializava em crônicas bem-humoradas, Pagano satirizava usos e costumes e Zé Fidelis praticava o mais puro *nonsense*, o brilho de Molles estava justamente em fazer graça a partir de fatos reais, citando nomes ou não. Confira estas amostras de uma edição de *Bom Humor* de dezembro de 1946:

> "A Suécia é a terra do bacalhau. Tanto é assim que foi lá que nasceu Greta Garbo. Se bacalhau é um peixe passado a ferro, Greta Garbo é um feixe de ossos passado na prensa."

Sobre o voyeurismo:

> "E na noite em que Lady Godiva atravessou, esplendorosamente nua, no seu cavalo branco, a cidade de Coventry, todos fecharam suas portas... mas as lojas de ferragens esgotaram seus estoques de puas e verrumas."

E se Adão e Eva tivessem sido expulsos do Paraíso no século XX, mais precisamente no Brasil de 1946, que aos poucos se recuperava da Segunda Guerra Mundial?

> EVA — E agora? Que será de nós?
> ADÃO — É fácil, filhinha. Você vai para o taxi-girl, a serpente vai ser vendida ao Butantã... e a maçã vai para o câmbio negro, a 4 cruzeiros.

Molles também imaginou a rainha egípcia Cleópatra e Pedro Álvares Cabral transpostos para a mesma época e lugar:

CLEÓPATRA — Uma cobra? Que ótimo! Será que ela pode substituir o filé?... Assim, não precisarei entrar na fila.

CABRAL — Quê? Descobrir uma terra em que vai haver filas, câmbio negro, falta de açúcar e dificuldades para morar? Eu não!...

E a revista *Bom Humor* foi apenas parte da história, pois muito antes, em 1936, Molles havia encontrado seu veículo ideal: o rádio. Assim Molles relembrou em 1955 a época de seu início de carreira:

> "Era aquela época em que as moças, ainda cloróticas e românticas, se apaixonavam pelas vozes dos locutores. Mas também era o tempo do rádio que vinha evoluindo para as grandes realizações. Depois veio o programa de auditório e estragou muito a carreira ascensional do rádio. Mas as moças continuaram se apaixonando pelas vozes... E de uma delas ouvi um dia, falando do locutor Oswaldo Luís, que fazia a *Cortina de Veludo*: 'Ai... se eu pudesse, me casaria com essa voz...'"

Ao ser inaugurada a PRG-2, ou seja, a Rádio Tupi de São Paulo, Oswaldo Molles foi um de seus primeiros redatores. No início dos anos 1940, passou para a Rádio Record, onde se consagrou de vez (embora desse uma escapada para a Bandeirantes em 1955), redigindo programas como *Teatro do Povo* (versões populares de clássicos do teatro), *História da Literatura Brasileira* (produção tão ambiciosa que sua irradiação precisou esperar 12 anos por falta de anunciantes), *O Crime Não Compensa*, *A Vida Através do Para-Brisa* e três que mais nos interessam no momento: *Conversa no Ponto, São Paulo, Nossa Cidade* e *Histórias das Malocas*.

Nesses programas, Molles satirizava o povão paulistano, especialmente a fusão Itália-Brasil do Brás, Bixiga e Barra Funda. E contava com comediantes de talento, que logo conseguiram sucesso, como Simplício (ainda mais famoso depois dos anos 1960, com bordões como "Maior é Itu" e "Ô, Homem!"), Djalma Amaral, Maria Amélia, Maria Tereza e Adoniran Barbosa.

Em *Histórias das Malocas*, Maria Amélia vivia a Pafunça, namorada de Charutinho, citada em dois sambas de Adoniran, "No Morro do Piolho" e "Pafunça" (em parceria com Oswaldo Molles: "Pafunça, que pena, Pafunça, que nossa amizade virou bagunça...").

Terezoca, Pafunça e Gerarda: três personagens do programa *Histórias das Malocas* que aparecem em músicas de Adoniran. "Segura o Apito" foi gravada por Charutinho (Adoniran) e Terezoca (Maria Tereza).

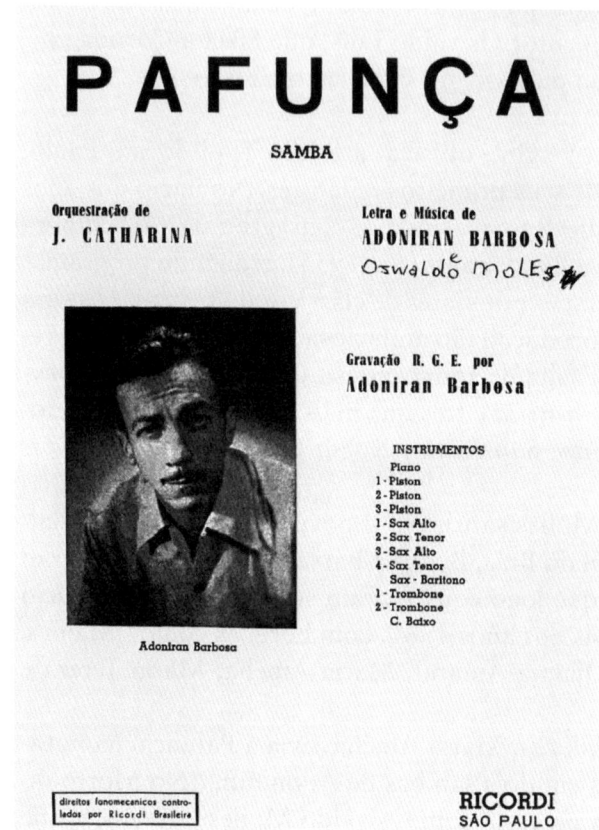

Parceria de Adoniran com Oswaldo Molles, o samba "Pafunça" retratava a namorada de Charutinho, vivida pela comediante Maria Amélia.

E "Aqui, Gerarda!", bordão de Adoniran nas *Histórias das Malocas*, não só virou marchinha de sucesso no carnaval de 1960, como também entrou para o vocabulário popular, como vemos na flâmula acima.

Ícone nota dez: Adoniran, com a mesma foto da partitura de "Pafunça", em uma cédula da série "Coleções Astros".

Maria Tereza interpretava Terezoca, assim lembrada por Adoniran:

> "Eu gostava da Pafuncinha e ela de mim. Mas a veia Terezoca não queria nosso namoro, não. Então a veia chutava eu, judiava de mim, sabe? Quando ela fazia virado lá no morro, e eu chegava perto por causa do cheiro, né, ela me chutava: 'Sai, crioulo safado...' e me enxotava."

Terezoca chegou a gravar uma marchinha de carnaval em parceria com Charutinho, "Segura o Apito", outra parceria de Molles e Adoniran ("Ai, Dito Cabrito, segura o apito que eu vou dar um grito").

Outra personagem, Gerarda, ganharia de Adoniran um bordão que virou marchinha, "Aqui, Gerarda!", sucesso no carnaval de 1960 ("Gerarda saiu de casa, onde será que Gerarda foi parar? Aqui, Gerarda!").

No programa *Conversa no Ponto*, Adoniran Barbosa fazia o taxista Giuseppe Pernafina, obviamente o arquétipo do italiano radicado na Pauliceia:

> "Estò aqui no ponto desde cinco della matina, e ainda num virei a chave, e tenho uma dor no amolar esquerdo, que não sei se abstraio ele, ou se faço uma anistia gerar... por isso te digo que vai mar..."

Sem falar no crioulo Charutinho, seu tipo mais famoso:

> "O que é que nóis faz? (pausa) Nóis num faz nada, porque dispois que nóis vai, dispois nóis vorta!"

A origem do nome Charutinho é tão interessante quanto o próprio personagem. Na verdade, graças às ocasionais contradições biográficas de Adoniran, o nome Charutinho tem várias origens, a escolher. Por volta de 1945, Molles teria criado o personagem ao ver Adoniran fumar um charuto que ganhou de um amigo. Outra versão nada tem a ver com o próprio Adoniran fumando charutos, segundo ele mesmo:

> "Não porque eu fumasse charuto, mas porque eu sou corintiano — e ainda sou — e na época o Corinthians estava 'pras cabeça'. O presidente do Corinthians [Alfredo Ignácio Trindade] fumava charuto, e daí o nome."

SECRETARIA DA SEGURANÇA PÚBLICA
DO ESTADO DE SÃO PAULO

DELEGACIA DE ORDEM POLÍTICA
E SOCIAL

SERVIÇO DE SALVO-CONDUTO

SALVO-CONDUTO

BRASILEIRO

Válido somente para fins de viagem

Nome:

Pai:

Mãe:

Lugar do nascimento:

Data do nascimento:

Estado civil:

Residência:

T. G. I. Série C Nº 960818
Interior

OBSERVAÇÕES

Este documento tem valor restrito e pode ser cancelado sem prévio aviso, por isso a Delegacia de Ordem Política e Social aconselha o seu portador a providenciar a obtenção da sua Carteira de Identidade.

Cidade:

Data: de de 19

(Autoridade)

(CARGO)

"É uma ordem superior": em 1944, durante a Segunda Guerra,
o direito de ir e vir era garantido a quem portava salvo-conduto.

Segundo ainda outra entrevista de Adoniran, Ignácio Trindade estaria fumando não um charuto, mas uma cigarrilha, e Adoniran lhe perguntou: "O que é esse charutinho?".

Pernafina e Charutinho compareciam também ao programa *Histórias das Malocas*, onde Adoniran vivia ainda outros personagens criados por Molles. Um era o malandrão Zé Conversa:

> "Num posso cum essas pestes desses brancos... Achá que nóis os preto devia de arranjá um outro lugá para passeá nos domingo... Eles vão querê me enganá que a Rua Direita é deles! Né não! A rua é livre! Eu sô preto, sô brasileiro e passeio na Rua Direita quando quisé, me batê ninguém vai!"

Outro é o ainda mais malandro Mata-Ratos, inimigo mortal de qualquer atividade que se assemelhe, por pouco que seja, a trabalho.

> "Nóis não temos pirconceito nenhum. Nem de cor, nem de roupa, nem de nada. Só temos um pirconceito, é contra o trabalho. Aqui drento é assim: trabalhou, tá sujo!"

Ainda outro era o comerciante judeu Moisés Rabinovitch, personagem que, por sinal, ganhou uma caracterização completa, pois Adoniran também o interpretou em alguns filmes: "Eu vende barrato parra senhor [...] eu vende à vista e a prrestaçon...".

E o Dr. Sinésio Trombone, "o gostosão da Vila Matilde", bairro da Zona Leste.

> "Sua incelença chegou num momento intramuscular propedêutico impróprio, porque, dentro das congeminências hiperbólicas, posso afirmar que ele não se encontra neste ambiente filarmônico e holocáustico. Tenho dito!"

Gozando de si mesmo como ator, Adoniran interpretou também o teatrólogo latino Dom Segundo Sombra ("del Teatro Pisca-Pisca, rápido como un rayo de luna") e o ator francês Jean Rubinet (diretamente traduzido do verdadeiro nome de Adoniran)...

O programa *Escola Risonha e Franca*, redigido por Randal Juliano e antepassado das muitas "Escolinhas" da televisão (embora, por sua vez, fosse inspirado na *Escolinha* do humorista Nhô Totico), destacava o moleque Barbosinha Mal-Educado da Silva. *São Paulo, Nossa Cidade* trazia os já mencionados Pafunça e Charutinho.

Não é à toa que Molles e Adoniran ganharam da revista *It* os apelidos de "O Milionário Criador de Programas" e "O Milionário Criador de Tipos". Notam-se os dois sentidos com que era usado o termo "criador": 1) inventor, idealizador; 2) lançador, primeiro intérprete. Exemplo: "Cinco Letras Que Choram", samba de Silvino Neto, criação de Francisco Alves. O próprio Adoniran não perdia oportunidade em dar o devido crédito a Molles, como numa entrevista à TV Cultura em 1972:

> "O Charutinho criou muita coisa engraçada. Tudo do Oswaldo Molles. Não pense que é meu, não, que é só criação minha: 'dispois que nóis vai, dispois que nóis vorta; chora na rampa, negão; aqui, Gerarda; chora na rampa, vem aqui, o que é que há?'"

Se não "o melhor do mundo", Molles foi, com certeza, um dos melhores profissionais do rádio. "Dotado de uma inteligência poliforme, grande sensibilidade e um bom gosto que ninguém poderá negar, Oswaldo Molles constitui, atualmente, o mais cobiçado elemento do 'broadcasting' paulista." Assim o definiu em 1951 a revista *Foco*, que não resistiu a dedicar a Molles mais um superlativo, este sem dúvida zombeteiro: "O indivíduo mais feio do rádio paulista".

O talento de Molles não se limitou à imprensa e ao rádio. Além de coescrever o roteiro do filme *Mulher de Verdade* (dirigido por Alberto Cavalcanti, estrelando Inezita Barroso e incluindo Adoniran num pequeno papel), Molles brilhou também na televisão e na música popular. Nos anos 1950, escreveu letras musicadas por um colega da Rádio Record, o maestro e compositor Hervê Cordovil (1914-1979): "Os Mimoso Colibri", "Céu", "Nastacinho", "Chico Linguiça", entre outras.

Bem resumiu Hervê: "Todos nós sofremos a influência do Oswaldo Molles, e Adoniran mais do que nós".

De fato, os dois sempre se deram muito bem — Adoniran até afirmou que Molles era seu melhor amigo — e o grande parceiro musical de Molles seria mesmo Adoniran: o sucesso da dupla foi além do rádio e da televisão.

Assim como o redator influenciou o ator, não demorou para o compositor influenciar o ator. Em fins dos anos 1950, cada vez mais produtivo e bem-sucedido musicalmente, Adoniran começou a compor em

Tiro ao Álvaro

SAMBA

Letra e música de

ADONIRAN BARBOSA e OSWALDO MOLES

Gravação CEME de

CHARUTINHO e seus MALOQUEIROS

CHARUTINHO

ANTONIO MARCHI

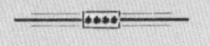

ARRANJO PARA

ACORDEON

DE

ANTONIO MARCHI

SEM - 28

SERESTA EDIÇÕES MUSICAIS

Av. Ipiranga, 1123 - São Paulo - Brasil

Partitura e selo original de "Tiro ao Álvaro", samba lançado
pelo próprio Adoniran em 1960 e destinado a fazer grande sucesso...
vinte anos depois, gravado por Elis Regina.

dupla com Molles: "Pafunça", "Chora na Rampa", "Tiro ao Álvaro", "Casamento do Moacir", "Mulher, Patrão e Cachaça"... Sem falar que o próprio programa *Histórias das Malocas* foi inspirado no samba "Saudosa Maloca" (embora, curiosamente, nos anos 1960 tenha sido lançado um LP inspirado no programa, intitulado justamente *Histórias das Malocas* e com repertório composto por Molles e Cordovil — e Adoniran comparece apenas como intérprete de textos humorísticos escritos por Molles).

Infelizmente, em 13 de maio de 1967 Molles matou-se com um tiro na cabeça, em São Paulo. O fato causou surpresa a todos que o conheciam, exceto Adoniran, que anos mais tarde contou a seu sobrinho Sérgio:

> "Ele se matou por causa de uma mulher. Ela armou demais com ele, que sempre foi forte, mas um dia ele fraquejou e deu cabo da vida..."

Mas a obra de Oswaldo Molles continua viva. *Histórias das Malocas* não pode faltar em nenhuma antologia do rádio brasileiro. O samba "Tiro ao Álvaro", mais que um sucesso póstumo, tornou-se um clássico da MPB. Em 1982, a TV Cultura produziu a minissérie *Piquenique Classe C*, de Walter Negrão, que assim a descreveu:

> "Foi uma minissérie baseada nas crônicas de Oswaldo Molles. Falava de um piquenique numa praia de Santos, cheia de farofeiros. Eu achava o nome engraçado..."

Talvez Negrão tenha confundido os autores, já que sua inspiração mais direta parece ter sido a crônica "Um Senhor Piquenique!", de Adoniran, publicada na revista *Realidade* em 1969. De qualquer modo, nota-se nesta crônica de Adoniran grande influência de Oswaldo Molles... (que, por sinal, escreveu diversas crônicas nessa linha reunidas num livro intitulado *Piquenique Classe C*, lançado em 1963).

HISTÓRIAS DAS MALOCAS

> "E a Rádio Record, estação PRB-9 de São Paulo, passa a transmitir, neste momento, como em todas as sextas-feiras, às 21 horas... *Histórias das Malocas*!"

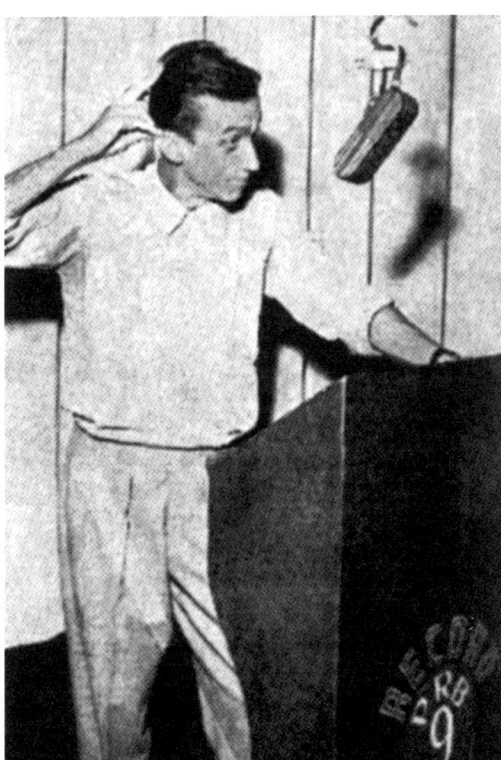

Oswaldo Molles (acima) —
aqui em foto da *Revista do Rádio*
com o sambista Popó, em 1955
— foi o genial produtor do
programa humorístico *Histórias
das Malocas* na Rádio Record,
grande sucesso que consagrou
"O Milionário Criador de Tipos"
Adoniran (foto à esquerda).

Entra Adoniran:

"Esta é a minha maloca, manja? Mais esburacada que tamborim de escola de samba em quarta-feira de cinza. Onde a gente enfia a mão no armário e encontra o céu. Onde o chuveiro é o buraco da goteira. Às veis a gente toma banho em bacia e se enxuga com a toalha do vento. E quando não tem água a gente se enxuga antes do banho. Maloca tão pequena que a gente dorme lá dentro e tem que vim puxá o ronco aqui fora... não cabe os dois. Maloca tão miserável que só acende o fogo pra fazer churrasco quando pega fogo. Maloca onde na guerra contra os mosquito os mosquito é que ganharam a guerra. Maloca onde a riqueza é uns pedaço de fome e um pacote de gemido. Maloca... maloca onde eu cresci de teimoso que sô."

Misturando humor e crítica social, *Histórias das Malocas* — no ar desde junho de 1955 e até novembro intitulado *Bangalôs e Malocas* — tem como cenário a favela fictícia do Morro do Piolho, na Rua Tamandaré, no bairro da Liberdade, colado ao centro de São Paulo. O personagem principal é Charutinho, um crioulinho avesso ao trabalho; Adoniran, com seu talento de ator aliado ao timbre de voz cada vez mais carregado devido à cachaça e ao cigarro, era ideal para interpretá-lo (inclusive em música, compondo e gravando o samba "No Morro do Piolho" em 1958). E o programa só deixou de ser um dos campeões de audiência em 1967, com a morte de Oswaldo Molles, quando decaiu até sair do ar no ano seguinte.

O que falta para sair uma coletânea de esquetes de *Histórias das Malocas*? Um bom exemplo é "Rico Só Conhece Pobre em Dia de Eleição", transmitida em 2 de maio de 1959, na qual Charutinho se envolve num escândalo eleitoral, com os candidatos Gerarda e Venâncio apelando para a compra de votos e o roubo da urna. Noutro programa, de 25 de janeiro de 1963, os maloqueiros do Morro do Piolho saem em busca de emprego, encontram somente uma vaga e Charutinho, justamente o mais preguiçoso, é o escolhido para ocupá-la; Charutinho nem chega a iniciar o primeiro dia de trabalho, pois seus amigos da maloca fazem questão de entrar na fábrica com ele, dando um clima de festa ao emprego. Assim justifica Charutinho:

"Trabaio é boca? Trabaio num é boca. É sepultura, é tumo."

Sexta-feira, 8/11/63
Hora - 21 horas
Patrocínio : ORNIEX
Produtor: OSVALDO MOLES

oOOOOoooOOOoooOOOoooOOOoooOOOoooOOOoooOOOoooOOOoooOOOoooOOOoooOOOooo

H I S T Ó R I A S   D A S   M A L O C A S

Técnica	Prefixo do programa - Saudosa Maloca - c/ Adoniran Barbosa - alto e,depois, vém lentamente descendo a BG.
LOCUTOR	É a Rádio ^Record - estação PRB 9 de São Paulo, passa a apresentar, nêste momento..
LOCUTORA	Histórias das Malocas.
LOCUTOR	Um programa escrito por OSVALDO MOLES.
LOCUTORA	Viagem costeira pela vida dos humildes.
LOCUTOR	Histórias das Malocas - um programa que, há mais de oito anos, vem conquistando o primeiro lugar nas pesquisas de rádio audiência.
LOCUTORA	É Histórias das Malocas.
Técnica	PREFIXO DO PROGRAMA - alto e, depois, vai sumindo lentamente.

M E N S A G E M   C O M E R C I A L   O R N I E X

Técnica	Prefixo sobe e some.
LOCUTORA	Em Histórias das Malocas, os maiores cartazes comediantes do Rádio e da TV
LOCUTOR	MARISA TERESA
LOCUTORA	RAQUEL MARTINS.

Roteiro de um episódio de novembro de 1963 do programa
Histórias das Malocas, com Adoniran Barbosa.

E uma das *Histórias das Malocas* preferidas do próprio Adoniran é a do "velório do crioulo Dija", conforme relembrou ao *Pasquim* em 1977:

"Nesse dia o Dija morreu. Então foram me avisar: 'O Dija morreu'. Aí eu fui no velório. Ele tava na mesa. Num era caixão, não, naquele tempo, era na mesa. Aí eu fiquei lá perto do meu amigo, todo mundo chorando, falando coisinhas de velório, relembrando, né? 'Lembra, Dija...', falando com o morto. Coitado, um dia o Dija alugou um burro e eu roubei o burro dele... assim. Já era tarde da noite, entón a Gerarda falou assim: 'Nóis vamo drumi e você fica aí velando, toma conta dele. Mas num vai beber, hein, Charutinho?'. Aí tava todo mundo roncando — parecia barulho de aeroporto, sabe? — rrrrrommmmm. E eu tomando conta dele. Ele já tava cinzento, que preto quando morre fica cinzento, sabe? Aí eu falei: 'Dija, você tá bonito. Você morreu, Dija, que pena, não? Você tá lindo, lindo'. Nisso, olho pra ele, abro uma garrafa de pinga. 'Cê quer um gole. Dija?' Aí dava um gole pra ele, outro pra mim, outro pra ele, dois pra mim, outro pra ele, três pra mim. Fiquei de fogo. Falei pra ele: 'Dija, você já bebeu muito, eu também, tamos lotado. Agora tem uma coisa: cê tá com os pés muito xujo. Xujo de barro. E assim São Pedro num vai querê você no céu, de jeito nenhum'. [...] E São Pedro ia falar mal de mim também: 'Que amigo você tinha lá na cidade que num cuidô de ocê?'. Aí vai, peguei ele no colo e levei ele pra beira do rio lá embaixo, no córrego. Hoje é poluído, mas naquele tempo num era, não. Então eu tava no córrego lavando os pé dele pra deixá bonitinho, ele escapa do meu colo e a correnteza leva ele embora. Fiquei doido. 'Dija, volta, Dija, vem cá, Dija, volta, volta...' E ele neca de voltar. Tava morto, né? Perdi a esperança e deitei na grama pra dormir. Aí o pessoal passou lá onde ele deveria estar, né, e num viram nem eu nem ele, saíram à procura da gente. Foi aquele carnaval. Foram me encontrar dormindo. Aí veio a polícia, o Trabucão: 'Tá em cana. Cadê o nêgo?'. Eu disse: 'Sei não, manda chamar os bombeiros'."

Histórias das Malocas, grande sucesso que foi, inspirou várias músicas, até um LP inteiro, e chegou à televisão. Bem mereceria ter sido

Adoniran Barbosa nas filmagens da comédia *Carnaval em Lá Maior* (1955),
com Renata Fronzi, o diretor Adhemar Gonzaga e Walter D'Ávila.
O filme tinha roteiro de Oswaldo Molles e contava
com vários nomes do elenco da Record.

transformado em peça musical. Na mesma época, sob a influência do programa (e, indiretamente, de "Saudosa Maloca", sua grande inspiração), várias produções passariam a levar a favela e o morro para a ribalta, como *Orfeu da Conceição*, de Vinicius de Moraes (estreada em 1956), e *Pedro Mico*, de Antonio Callado (1957). E, num belo pingue-pongue de influências, *Histórias das Malocas*, programa inspirado por um samba de Adoniran, inspirou o próprio a fazer sua última parceria com Oswaldo Molles, "Mulher, Patrão e Cachaça", de 1968.

A IMAGEM DO HUMORISTA: CINEMA E TELEVISÃO

"O Molles saiu da Record e foi para a Bandeirantes, e eu fui fazer cinema."

Em 1945, Adoniran fez sua estreia cinematográfica, vivendo seu personagem Moisés Rabinovitch na comédia musical *Pif-Paf*. Segundo o crítico Sérgio Augusto, Adoniran e a cantora Marlene roubam todas as cenas de *Pif-Paf* em que aparecem. Por sinal, o desempenho de Adoniran no cinema sempre foi elogiado, não só em chanchadas inconsequentes, mas também em trabalhos mais sérios como *O Cangaceiro*, primeiro filme brasileiro a conseguir sucesso no exterior, inclusive premiado em Cannes como melhor filme de aventuras de 1953. Adoniran nunca escondeu seu orgulho por participar de *O Cangaceiro*:

"Fiquei tão contente que se encontrasse Lampião na rua eu me acendia com ele!"

Curiosidade: Adoniran quase trabalhou em *O Cangaceiro* ao lado de um colega da Rádio Record, Lima Duarte. Ambos foram convidados para atuar no filme, mas apenas Adoniran acabou indo.

E, embora gostasse de teatro, Adoniran nunca se atreveu a encarar o palco, consciente de que seu talento como ator estava no cinema, rádio e televisão, como resumiu em 1976:

"Fazer teatro é difícil. Esse negócio de enfrentar o público, eu tenho medo. E se esquecer o texto, tem que voltar e aí não dá. [...] Nem morto faço teatro, prefiro cinema."

Adoniran como nordestino em O *Cangaceiro* (1953),
premiado filme com direção de Lima Barreto.

Na verdade, Adoniran trabalhou em teatro, mas somente como autor de trilha sonora, compondo o samba "Nóis Não Usa as Bleque Tais" para a peça *Eles Não Usam Black-Tie*, de Gianfrancesco Guarnieri, de 1958 — samba que faria sucesso em gravação do próprio Adoniran.

A partir de 1950, o público passa a conhecer melhor o Adoniran Barbosa ator de televisão, em novelas e comerciais.

Segundo o produtor Pelão (que nos anos 1970 produziria os dois primeiros LPs de Adoniran), Adoniran nunca foi de decorar textos, seu forte eram improvisos ou falas curtas porém marcantes. Daí Adoniran ter-se saído muito bem em telenovelas, apesar de as gravações lhe parecerem cansativas:

> "Novela [...] é uma parada, pois a gente tem que chegar cedinho, 5, 6 horas da manhã e não se sabe a que horas sai, nem se almoça ou janta. É trabalho pra leão. Ainda mais pra mim que sempre gostei da madrugada, não dá certo, pois assim eu não durmo..."

Mas o resultado e o sucesso compensavam.

> "Novela dá muita mão de obra, mas vale a pena."

Adoniran Barbosa começou a aparecer na televisão em 1958, justamente quando o programa *Histórias das Malocas* foi adaptado para o ainda incipiente meio de comunicação. Os resultados das primeiras investidas foram tão improvisados e primitivos quanto a própria televisão da época — afinal, eram tempos heroicos, nem se falava em videoteipe, quanto mais em "padrões globais de qualidade" —, ao menos segundo Valter Krausche em seu livro sobre Adoniran (1985): "Imaginem só o diretor Randal Juliano pintando Adoniran de preto para interpretar Charutinho...".

Melhores devem ter sido as telenovelas cômicas da TV Record de 1965, 1966. Numa delas, *Ceará Contra 007*, Ronald Golias apresentou a estreia mundial de seu personagem Bartholomeu Guimarães, cientista louco sempre de capa plástica e guarda-chuva e cujo assunto preferido é o alívio resultante de frequentes idas ao sanitário ("eu quero ir ao banheiro!"), além de estar desenvolvendo a fórmula do "jabá sintético", muito disputada por espiões e agentes secretos da lei (Jô Soares trabalhou no papel de Jaime Bonde). Outra mania de Bartholomeu é distribuir

"Novela é trabalho pra leão": Adoniran Barbosa e Rolando Boldrin atuando na novela *Ovelha Negra*, da TV Tupi, em 1975.

guarda-chuvadas em quem estiver por perto, uma delas no Comendador, personagem de Adoniran em *Ceará Contra 007* — e daquelas tão fortes que Adoniran chegou a ficar com um "galo" de verdade.

A imagem mais marcante que muitos têm de Adoniran é a dos comerciais de televisão para a cerveja Antarctica, nos anos 1970. Muitos destes comerciais eram marcados pelo bordão "Nóis viemos aqui pra beber ou pra conversar?", dito por Adoniran (e que inspiraria sua marchinha "Nóis Viemos Aqui Pra Quê"?, gravada em 1972).

> "Eu gosto de fazer publicidade, quando me pagam direitinho. Aquela da cerveja, a empresa de propaganda Alcântara Machado tirou de uma anedota de um casal que foi para um motel e deu de conversar, conversar... Até que o homem falou: 'Nóis viemos aqui pra conversar ou pra...'"

Adoniran cantou ainda *jingles* para as cigarrilhas Talvis, o conhaque Palhinha e a caderneta de poupança Unibanco; seu último trabalho em publicidade foi aparecer em filmes dos carros Volkswagen.

Constituindo família

> "Você não vai fazer eu chorar falando de meu pai. Você faz eu chorar, eu não quero chorar. [...] Já morreram os dois. Morreram em 1939, já faz algum tempo [entrevista de 1972]. Eu não quero lembrar pra num... sabe? Eu não posso chorar muito, porque sou muito 'cuidado: frágil'."

Se Adoniran, talvez traumatizado por sua infância pobre e necessitada, já era vago e reticente ao falar de sua carreira profissional, a reconstituição de sua vida pessoal é tarefa de fazer um Champollion arrancar os cabelos. Adoniran falava muito raramente de sua família, e quase sempre de forma superficial, dando informações incompletas ou mesmo erradas.

Para começar, ele não perdeu ambos os pais no mesmo ano. Emma Rubinato faleceu realmente em 1939, mas Fernando viveu até 1943. E só após a morte de Adoniran o grande público ficou sabendo que, antes de se unir a Matilde de Lutiis, o grande amor de sua vida, ele tivera uma esposa, Olga Krum, e uma filha.

O casamento de Adoniran e Olga começou precipitadamente, durou pouco mais de um ano e terminou em desquite litigioso (consta que Adoniran chegou a contratar um detetive para verificar se Olga tinha condições de ficar com a menina). Maria Helena foi criada por Ainez (1909-1992), irmã de Adoniran, que era casada com Eurico Corrêa Salgado (1900-1992): "Eu até me arrepio quando os chamo de tios, são meus verdadeiros pais", embora se orgulhe de Adoniran.

Adoniran tanto escondeu esses detalhes que, nos anos 1970, uma repórter da *Folha de S. Paulo* perguntou-lhe se ele tinha filhos. E Adoniran não perdeu a oportunidade de mais uma tirada: "Não tenho filho, vou comprar na feira!".

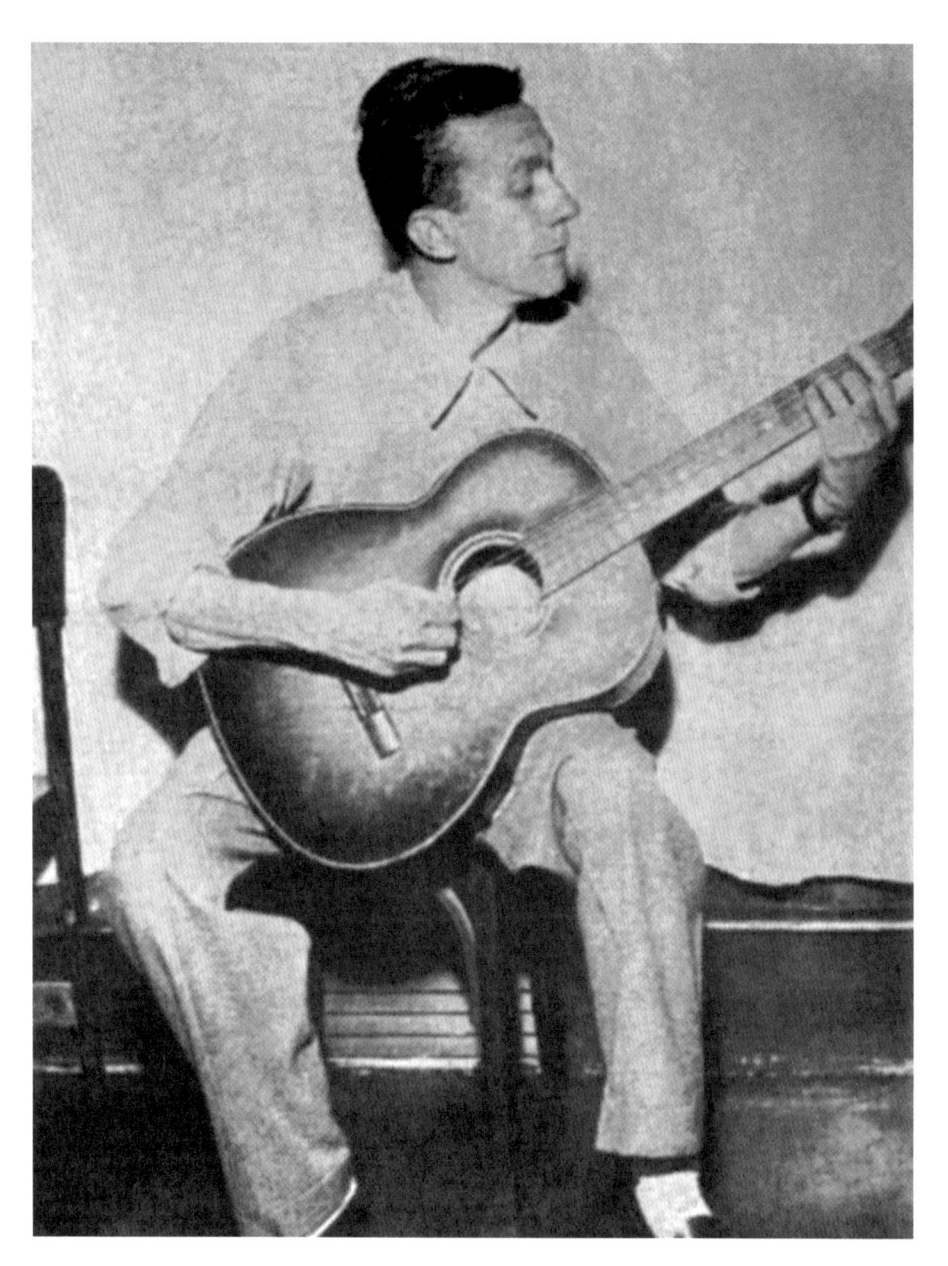

Adoniran ao violão em 1955: se não exatamente um Dilermando Reis,
aprendeu acordes suficientes para compor sambas como "Malvina".

4.
EU VOU PRO SAMBA

"Malvina": o primeiro sucesso

Graças à influência de Oswaldo Molles, ao fim dos anos 1940 Adoniran havia encontrado seu estilo. Deixando de tentar imitar Noel Rosa, sua maior influência agora era ele próprio — mais exatamente, as melodias, frases e situações que captava em seu ambiente natural, as ruas e malocas. Os anos 1950 nasceriam com os primeiros frutos dessa nova orientação de Adoniran, começando pelo samba "Malvina".

Alguns consideram "Malvina" uma das obras-primas menores de Adoniran, com a letra um tanto aquém da melodia simples e cativante (feita a partir de uns poucos acordes que Adoniran aprendera ao violão), embora já trazendo muitas das características adonirânicas, como as rimas caindo onde menos se espera e a economia de palavras ("Tá fazendo mais de dez anos que nóis tamos juntos e daqui você não sai, minha vida sem você não vai!").

Adoniran não perdeu a oportunidade de inscrever "Malvina" num concurso de músicas carnavalescas promovido pelas Lojas Assumpção; defendido pelos Demônios da Garoa, o samba ganhou o primeiro prêmio, a respeitável quantia de 10 mil cruzeiros.

Respeitável, mas não para Adoniran. Dinheiro que vem fácil, vai fácil, e Adoniran, tal como fizera com a bolada que ganhara com a marcha "Dona Boa", torrou todo o dinheiro ganho com "Malvina" em uma noitada, em maio de 1951. Só que dessa vez escolheu o local, a Pizzaria Tito Schipa, e se cercou de verdadeiros amigos:

> "Eu, minha mulher [Matilde], eles [os Demônios da Garoa], as senhoras deles, a família toda."

Os 10 mil cruzeiros se transformaram em pizza e vinho, e Adoniran pagou em dinheiro vivo, "uma nota em cima da outra". E dessa vez não precisou voltar a pé para casa, graças a um anjo da guarda, o jornalista Egas Muniz.

"O Egas Muniz, que já morreu, estava comigo e falou assim: 'Segura a gaita do automóvel, segura a gaita do carro, [senão] vai a pé pra casa. Eu segurei o dinheiro do carro, senão ia a pé pra casa."

Os Demônios da Garoa

Uma das melhores coisas que aconteceram a Adoniran Barbosa foi estabelecer contato com o grupo vocal-instrumental paulistano Demônios da Garoa — e vice-versa.

Adoniran e os Demônios da Garoa têm muito em comum: paulistanismo, bom humor e grande talento. Daí formarem uma das melhores uniões compositor-intérprete, realmente feitos um para o outro, no melhor estilo corda e caçamba — exatamente como Noel Rosa encontrou sua melhor voz em Aracy de Almeida, idem Sinhô e Mario Reis, Lupicínio Rodrigues e Jamelão, Adelino Moreira e Nelson Gonçalves, entre tantos.

Outra característica que une Adoniran aos Demônios da Garoa é que ambos conheceram o sucesso já veteranos — e graças um ao outro, quando o grupo passou a incluir composições de Adoniran no repertório, começando pelo samba "Malvina" em 1950.

Os Demônios são, pura e simplesmente, o grupo vocal-instrumental de música popular de mais longa carreira ininterrupta (de 1943 até hoje!) em todo o mundo, assim reconhecidos pelo *Guinness Book of Records*. Tendo iniciado as atividades em serestas e aniversários com o nome Grupo do Luar, ainda em 1943 se apresentaram na Rádio Bandeirantes e resolveram mudar de nome, por sugestão de Vicente Leporace. (Corre até hoje o mito de que o novo nome do grupo saiu de um concurso que Leporace instituiu entre os ouvintes da emissora — mas, na verdade, o nome foi proposto por Helvetia Ciampi, então namorada e futura esposa de Waldemar Pezzuol, um dos integrantes originais do grupo).

Em 1945 o grupo assinou contrato com a Record, onde conheceram Adoniran pessoalmente. A emissora promovia muitos jogos de futebol, e Adoniran e os Demônios chegaram a formar uma bandinha para animar as torcidas. Não raro, artistas da Record e convidados organizavam-se em times — uma das escalações do time da Rádio Record foi Blota Jr., Lula, Gabriel Migliori, Mirabelli, Zé Fidelis, Manezinho Araújo, os cinco integrantes dos Demônios, Borges de Barros e Adoniran.

"Malvina", lançada pelos Demônios da Garoa em 1950, foi o primeiro, e "Joga a Chave", de 1953, o segundo sucesso da parceria entre autor e intérprete que consagraria os Demônios e Adoniran Barbosa.

Há quem considere que os Demônios da Garoa, com seus arranjos cheios de "cariguduns" e quais-quais-quais, exageram o lado gaiato das obras de Adoniran, neutralizando o aspecto trágico de músicas como "Saudosa Maloca" e "Iracema". Outros acham que, pelo contrário, Adoniran é mais Adoniran quando interpretado pelos Demônios, que sempre souberam vestir suas composições da forma mais adequada e comunicativa — e, afinal, tratar das tristezas da vida com humor é justamente uma das características de Adoniran. São raras as interpretações de músicas de Adoniran superiores às dos Demônios — exceto talvez "Tiro ao Álvaro" com Elis Regina e "Trem das Onze" com Gal Costa. Segundo Toninho, violão-tenor do conjunto, nos anos 1970 eles convidaram Adoniran para integrar os Demônios, mas ele não se contentou com um sexto do cachê.

"Joga a Chave": o segundo sucesso

Segunda música de Adoniran gravada pelos Demônios da Garoa, lançada em janeiro de 1953 e grande sucesso no carnaval paulista desse ano, "Joga a Chave" é baseada num fato real. Uma vez Adoniran chegou em casa de madrugada, algumas pingas acima do resto da humanidade. Ao tentar abrir a porta, viu que havia perdido a chave. O jeito foi acordar Matilde aos berros; ela jogou-lhe a chave, mas Adoniran deu azar.

> "Eu morava na Rua Aurora, nessa época, e inventei essa música na farra. Chegava tarde e gritava pra minha mulher: 'Joga a chave!'. Abriam um monte de janelas e jogavam um montão de chaves. A minha caiu no bueiro."

Após a briga da manhã seguinte, Adoniran percebeu a solução em forma de samba. Lançado pelos Demônios, "Joga a Chave" foi um sucesso instantâneo. Na letra, o marido insistia para a mulher: "Faça um furo na porta, amarre um cordão no trinco pra abrir do lado de fora".

São Paulo antes de Adoniran

A música popular paulistana nasceu imitando a música de vizinhos e imigrantes, só encontrando personalidade própria quando passou a

DEMÔNIOS DA GAROA
gravaram em discos
ODEON

Os paulistaníssimos Demônios da Garoa, talvez os melhores intérpretes de Adoniran, em foto promocional da Odeon, na segunda metade dos anos 1950.

refletir a personalidade de seu povo. E como São Paulo era cantada além-fronteiras? Até se revelar como polo industrial e cultural por excelência nos anos 1930 e 40, a cidade era vista como pouco mais que uma rota de passagem para o transporte de ouro de Minas Gerais ou um enorme cafezal. Na primeira metade do século XX, mesmo após o reconhecimento de São Paulo como a maior cidade sul-americana, "falar de Brasil" significava falar principalmente do Rio de Janeiro, capital federal até 1960, ou da Bahia, o chamado "berço do Brasil".

Músicas de sucesso falando de São Paulo feitas por não paulistas eram poucas e boas, como "Feitiço da Vila" (1934), melodia do paulistano Vadico, letra do carioca Noel:

> São Paulo dá café,
> Minas dá leite
> E a Vila Isabel dá samba...

Também em 1934, Assis Valente compôs um dos maiores sucessos para o grupo vocal Bando da Lua, o divertido samba "Não Quero, Não":

> A paulista é muito boa
> Mas não quero ela, não
> A paulista põe café
> Dentro do meu coração
> Não quero, não
> Não quero, não

Em 1944, a cidade ganhou dois cartões postais musicais. Um foi "Ê, São Paulo!", buliçoso samba-cateretê da dupla caipira Alvarenga e Ranchinho:

> Ê, São Paulo!
> Ê, São Paulo!
> São Paulo da garoa
> São Paulo, que terra boa!

O outro é o samba "Você Já Foi a São Paulo?", de Wilson Batista e Jorge de Castro. "Você Já Foi à Bahia", de Dorival Caymmi, inspirou quase tantas imitações quanto "Trem das Onze" anos mais tarde; uma delas foi esta, sucesso com os Anjos do Inferno, citando o recém-inaugurado Estádio do Pacaembu, a garoa, o algodão, o café e "a morena lá do Largo da Sé", culminando com o refrão:

> Se você nunca foi a São Paulo,
> Deve ir!

E sempre se podia contar com Francisco Alves para aumentar o potencial de letras e melodias já contagiantes por si sós, como "São Paulo, Coração do Brasil", dele próprio em parceria com David Nasser, sucesso de 1951:

> Um dia o Senhor apontou o farol das estrelas
> Para uma terra bonita, feliz e selvagem
> [...] São Paulo,
> Estrela do céu de minha pátria
> Revelaste ao bandeirante audacioso
> O segredo do Brasil maravilhoso
> [...] São Paulo,
> És o coração do Brasil!

Uma boa crônica da cidade que se moderniza mas não perde o encanto é "Perfil de São Paulo", de Francisco de Assis Bezerra de Menezes, um sucesso de Sylvio Caldas que seria mais tarde revivido por Inezita Barroso:

> Aonde estão teus sobrados
> De longos telhados e teus lampiões
> E os moços da academia
> Na noite tão fria cantando canções
> E Sinhazinha delgada
> Pisando a calçada na tarde vazia
> O tempo tudo mudou
> Mas não apagou a tua poesia
> Não mudou, não se apagou
> A tua sedução
> A garoa cai à toa
> Pra guardar a tradição
> São Paulo um só minuto
> Brás, Tietê, viaduto

Barracas de flores
E a multidão

Em 1936, o grande Capitão Furtado aproveitou o mote da Revolução de 1932 para compor um clássico da marchinha, "Mulatinha da Caserna", parceria com Martinez Grau, vencedora de um concurso de marchas carnavalescas e oficializada trinta anos depois como Hino do Carnaval de São Paulo:

Alerta! Alerta!
Vamos fazer revolução!
Nossa trincheira vamos ter, mulata,
Na Avenida São João!

O segundo lugar nesse concurso coube à marcha "Paulistinha Querida", onde o mineiro Ary Barroso não só brinca com a vaidade da charmosa personagem-título, mas elogia sua disposição em se engajar na revolução, pois "32", que poderia ser o código de uma cor num catálogo de cosméticos (sistema que deu origem à brincadeira de dar números a determinados olhares e sorrisos, exemplificada mais recentemente por "Olhar 43" do grupo pop RPM), refere-se justamente ao ano em que ocorreu a revolta:

Paulistinha querida,
Qual é a tua cor
Que tanto disfarças
Com teu pó de arroz?
Não és loura nem morena
Não tens nada de mulata
Paulistinha querida,
A tua cor é 32!

E ao completar 400 anos de fundação, em 1954, a cidade ganhou dois dobrados, "Quarto Centenário", de Mário Zan, e "São Paulo Quatrocentão", do grande violonista Garoto, com letra de Avaré (por sinal, parceiro de Adoniran em "Grande Bahia"):

Oh! São Paulo, meu São Paulo,
São Paulo quatrocentão

Oh! São Paulo, meu São Paulo,
Você é o meu torrão
Oh! São Paulo, meu São Paulo,
São Paulo das tradições,
Oh! São Paulo, o seu nome
Vive em todos corações!

Parte da importância de Adoniran Barbosa foi justamente cantar a cidade de São Paulo sem demagogia ou estética de cartão-postal, mas sempre com muito amor pela cidade que adotou e por isso mesmo apontando-lhe afetuosamente os defeitos. O marco inicial seria justamente "Saudosa Maloca".

SURGE "SAUDOSA MALOCA"

O reconhecimento devido pode demorar, mas sempre chega. Adoniran é um bom exemplo de artista temporão. Do mesmo modo, algumas de suas músicas mais conhecidas tiveram de esperar para serem reconhecidas como clássicos de nossa música popular. Uma delas é "Saudosa Maloca". Adoniran havia percebido que um velho hotel da Rua Aurora, o Albion (não "Odeon", como dizem outros trabalhos sobre Adoniran), estava abandonado e logo seria demolido, mas havia sido ocupado por marginais — "marginais na boa expressão da palavra", frisava Adoniran, para diferenciá-los dos bandidos que não hesitam em matar por qualquer trocado. Adoniran acabou fazendo amizade com um destes sem-teto (ou, como se dizia então, "maloqueiros", moradores de malocas, residências toscas e malcuidadas) "residentes" do antigo Albion. Seu nome era Mário, bem mais conhecido como Mato Grosso.

Uma noite, Adoniran saiu para um passeio com Peteleco, seu cachorro de estimação. Passando em frente às ruínas do Albion, encontrou-se com Mato Grosso, que lhe deu a notícia: logo perderiam o lar, pois o prédio seria demolido. (De fato, hoje em seu lugar está o Cine Áurea.) Condoído com a sorte de Mato Grosso e seus companheiros de maloca, Adoniran, ao voltar para casa, compôs o samba todo, de uma vez só ("Se o sinhô não tá lembrado dá licença de contá...")

"Eu só conheci dali o Mato Grosso, pois o Joca foi imaginação minha, servia pra rimar com maloca..."

Num dos muitos contrastes da história de Adoniran, em outras declarações ele diria que Joca realmente existiu — era um dos amigos com quem Adoniran foi visitar outro amigo no episódio que inspirou o "Samba do Arnesto". Segundo alguns, Joca seria o próprio Mato Grosso, que Adoniran chamou na letra de Joca para rimar com "maloca". Joca é citado também em outros sambas de Adoniran, como "Abrigo de Vagabundos", continuação de "Saudosa Maloca". E há um Joca (nome verdadeiro: Felisberto Jordão) constante da parceria de "Aqui, Gerarda!", sucesso de Adoniran no carnaval de 1960. E o Joca de que fala o samba, fictício ou não, deve ter inspirado o corintiano Joca, famoso personagem do *Show de Rádio* do humorista Estevam Sangirardi.

Muita gente a quem Adoniran mostrou "Saudosa Maloca" adorou, inclusive Hernani Dantas, ex-cantor e atual diretor artístico da Continental, que propôs a Adoniran gravá-lo. O disco saiu em novembro de 1951, embora no selo constasse "Saudades da Maloca", conforme Hernani entendeu erroneamente o título que Adoniran lhe ditara por telefone; sim, naquele tempo os serviços telefônicos eram ainda piores que hoje.

Infelizmente, "Saudades da Maloca" completou um quarteto de gravações interpretadas por Adoniran que não aconteceram. Só que a esta altura Adoniran já estava em contato com os Demônios da Garoa. Eles também gostaram muito do samba, fizeram novo arranjo (inclusive criando aqueles "din-de-donde") e, anos depois, o submeteram à Continental. Mas a recepção da gravadora foi curta e direta: "Quantos discos vocês compram? O Adoniran não vendeu dois!".

Os Demônios foram então bater à porta da Columbia, que só faltou chamar os seguranças, por causa dos erros gramaticais da letra: "Isso é uma vergonha para a música brasileira". Convém lembrar que esta Columbia é a mesma CBS que nos anos 1960 faria fortunas com a "correção gramatical" de boa parte das letras da Jovem Guarda...

Inabaláveis, os Demônios da Garoa procuraram a Odeon, conseguiram sinal verde do diretor artístico Oswaldo Gurzoni e gravaram a música em maio de 1955. O disco não só fez grande sucesso (90 mil cópias nos primeiros três meses), como também foi um dos raros 78 rotações a fazer sucesso com os dois lados — o outro lado de "Saudosa Maloca" traz os Demônios em nada menos que "Samba do Arnesto"... Clássico instantâneo, "Saudosa Maloca" foi gravado por muita gente ainda em 1955. Marlene emplacou com o samba e seu disco foi gravado e lançado em apenas oito dias. Meio século depois, "Saudosa Maloca" continua merecendo interpretações as mais diversas, incluindo João Gilberto, em

"Saudosa Maloca" foi lançada em novembro de 1951 pelo próprio Adoniran, mas ela só alcançou o sucesso em maio de 1955, quando foi gravada pelos Demônios da Garoa. Note que na primeira versão até o título saiu errado...

vários de seus shows desde os anos 1980, e a cantora pop Rebecca Matta, em 2001.

Sem dúvida uma das mais influentes e inovadoras composições de toda a MPB (daquelas que soam tão simples para quem nunca tentou fazer igual), "Saudosa Maloca" funciona também como hino dos habitantes das malocas, os "maloqueiros", nome genérico criado nos anos 1950 para designar a massa de excluídos da capital paulista surgida a partir da Segunda Guerra Mundial, sem escolaridade ou profissão definida, um degrau abaixo do proletariado brasileiro. Os "maloqueiros" tinham de sobreviver numa cidade que precisou se industrializar quase de repente, já que durante a guerra os EUA se preocupavam em produzir armamentos e os submarinos nazistas bloqueavam nosso litoral, dificultando as importações. Oswaldo Molles e Adoniran Barbosa souberam retratar muito bem a nova situação social.

"Saudosa Maloca" não só inspirou o programa radiofônico *Histórias das Malocas*, como também teve duas continuações do próprio Adoniran, ambas lançadas pelos Demônios da Garoa. Uma delas é "Abrigo de Vagabundos" ("Por onde andará Joca e Mato Grosso? Aqueles dois amigos que não quis me acompanhar...").

A outra, menos marcante, é "Arranjei Outro Lugar", uma marchinha carnavalesca ("Falei com Mato Grosso a noite inteira pra ele se aguentar... Ele chora feito criança, não quer se conformar...").

Um dos maiores sucessos de 1955, "Saudosa Maloca" rendeu a Adoniran bons direitos autorais. Dessa vez, em seus maduros 45 anos de idade, ao contrário do que fizera com a renda de "Dona Boa" e "Malvina", não promoveu nova "festa de Babette", adquirindo uma pequena chácara perto do Aeroporto de Congonhas, mais precisamente à Rua Francisco Júlio César Alfieri, 378. Adoniran utilizou esta chácara para passar os fins de semana até meados dos anos 1960, quando transformou-a em sua residência definitiva. Mas desde sempre ele se referiu à chácara com o apelido carinhoso de — o que mais poderia ser? — "maloca".

SURGE O "SAMBA DO ARNESTO"

Um dos mais curiosos temas para debate do repertório adonirânico é: o "Arnesto" do samba existiu mesmo? É que, ao ser perguntado sobre isto, Adoniran nunca deu a mesma resposta duas vezes. Ora afirmou que o Arnesto sempre existiu, e se chamava Ernesto; ora seu nome verdadei-

Partitura de "Samba do Arnesto", uma das mais famosas obras de Adoniran e um clássico de nossa MPB: a música teve trajetória similar à de "Saudosa Maloca", só emplacando na interpretação dos Demônios da Garoa, dois anos após seu lançamento pelo compositor.

O 78 rpm lançado em abril de 1953 com a versão original de Adoniran. O samba foi o lado B de "Saudosa Maloca" na gravação de 1955 dos Demônios.

ro era Walter; ou simplesmente "nunca fui à casa dele, nunca existiu". Talvez decidido a criar uma mitologia para si mesmo — como se sua personalidade e sua obra já não fossem tão interessantes por si mesmas —, Adoniran caprichou ao elaborar cada uma dessas versões.

Em 1990, o jornal *Diário Popular* publicou uma matéria sobre Ernesto Paulelli, violonista e advogado, residente no Brás e na época com 75 anos. Paulelli chegou a ser acompanhante da cantora e humorista Nhá Zefa na Rádio Bandeirantes, mas foi bem antes disso, nos idos de 1938, que fez seu primeiro contato com Adoniran, na porta da Rádio Record. Adoniran foi logo lhe dizendo: "Vou fazer um samba com o teu nome, aduvida?".

Segundo o *Diário Popular*, Adoniran não só cumpriu a promessa, 14 anos depois, como ainda presenteou Ernesto com o exemplar número 001 da partitura do samba, devidamente autografado, em 1957. (Desde então, Ernesto tem sido entrevistado outras vezes, inclusive para a televisão, e toda entrevista termina com ele cantando e tocando, é claro, o "Samba do Arnesto", no arranjo dos Demônios da Garoa, incluindo os "quais-quais-quais".)

Quanto à história contada na letra do samba, deixemos que Adoniran a explique — pelo menos é uma de suas muitas explicações:

"Um dia saí da [Rádio] Record e fui à procura do Joca e do Mato Grosso. Eles tinham me convidado para um samba na casa de um amigo do Joca que morava no Brás. O amigo do Joca se chamava Ernesto, mas a turma o chamava de Arnesto. Apanhamos o bonde na Praça Clóvis e rumamos para o Brás. Descemos na Rua Bresser e caminhamos até a terceira travessa, onde morava o Arnesto. Era um cortiço, e quando chegamos lá ficamos sabendo que o Arnesto não tinha recebido o dinheiro que esperava pra fazer o baile. Envergonhado, fechou a maloca e se mandou pra Penha. Decepcionados, voltamos para a cidade e dentro do bonde veio a vontade de fazer este samba."

Nota-se que "Samba do Arnesto" é assinado por Adoniran em parceria com um certo Alocin. Trata-se do pseudônimo de Nicola Caporrino, amigo de Adoniran e que, segundo alguns, era o próprio Arnesto do samba, só que morador da Mooca, não do Brás, e nem tinha o hábito de abrir sua casa para reuniões de sambistas. Nicola era músico e compositor, tendo passado por vários grupos de choro e seresta, e filiado à União

Brasileira dos Compositores (UBC). Para assinar parcerias com Adoniran, sócio da rival SBACEM, Nicola teve de apelar para um pseudônimo, e escolheu Alocin, que — já percebeste? — é "Nicola" ao contrário. O nome artístico foi sugerido pelo próprio Adoniran, segundo o sobrinho Sérgio Rubinato. Outras composições de Alocin incluem "Viaduto Santa Ifigênia", sua segunda parceria com Adoniran, e "Canoeiro", sucesso da dupla sertaneja Cacique e Pajé. Alocin/Nicola também apresentou programas radiofônicos como *Carinhoso* e *Aperitivo Musical* na Rádio Notícias (ex-Difusora). Mais tarde, Nicola abandonou a carreira artística e se mudou para Tatuí, onde trabalhou como sapateiro até morrer, em 18 de outubro de 1998, aos 71 anos.

Em 1972, Adoniran disse que o "Arnesto" era Ernesto Caporrino, irmão de Nicola, e que realmente morava no Brás:

> "Ele convidou a gente para o samba. Eu fui lá com os meus maloqueiros, com fome. Disse que tinha comida, chegamos lá e não tinha nada. Você quer que eu diga uma coisa? Ele tinha marcado meio-dia, eu cheguei lá à uma hora. Estava uma panela de arroz só com a casca do arroz embaixo. Eu raspei porque cheguei com fome, raspei a panela. E o feijão? Não tinha mais nada. Eu raspei o caldeirão de feijão. Foi muita pinga no caminho. Muita cana no caminho, chega lá com fome, é claro."

O primeiro a gravar o "Samba do Arnesto" ("O Arnesto nos convidou prum samba, ele mora no Brás...") em disco foi o próprio Adoniran Barbosa, na Continental, precisamente a 23 de julho de 1952, com arranjo do velho amigo Antônio Rago, que incluiu uma grande novidade da época: violão elétrico. Os outros músicos foram os componentes do regional de Rago, incluindo Orlando Silveira (acordeão), Siles (clarinete), Esmeraldino (cavaquinho), Zequinha (pandeiro) e Silvio Correia (contrabaixo).

O disco esperou para ser lançado até abril de 1953 e, como diria Charutinho, sabe o que aconteceu? Não aconteceu nada! Nem a explicação no selo do disco de que Adoniran era o famoso Zé Conversa do rádio ajudou a vender, e os divulgadores da gravadora até atrapalharam. Afinal, começava o reinado do intimista e sentimental samba-canção e seu primo mais velho, o bolero — a própria Aracy de Almeida estava regravando sambas de Noel Rosa em andamento mais lento do que vinte anos antes —, e o amor da indústria cultural por caipirismos muito

O histórico LP *Saudosa Maloca*, lançado em fevereiro de 1957, além de ser o primeiro dos Demônios da Garoa, é o primeiro só com composições de Adoniran.

MODB. 3.065

SAUDOSA MALOCA

com os
DEMONIOS DA GAROA
nos sambas de
ADONIRAN BARBOSA

Lado 1	Lado 2
1. SAUDOSA MALOCA	1. O SAMBA DO ARNESTO (A. Barbosa — Alocin)
2. APAGA O FOGO, MANE	2. QUEM BATE SOU EU
3. IRACEMA	3. AS MARIPOSAS
4. UM SAMBA NO BIXIGA	4. PROGRESSIO ("CONSELHO DE MULHER") (A. Barbosa - Oswaldo Moles - J. Belarmino dos Santos)

A surpresa foi grande: aqueles versos dramaticamente engraçados, numa linguagem característica do ambiente em que foram inspirados os sambas, o andamento gingado, a interpretação curiosa daquele conjunto vocal, tudo chamou a atenção do público. Com "SAUDOSA MALOCA" e o "SAMBA DO ARNESTO" alcançavam os Demônios da Garôa um dos pontos mais altos da nossa fonografia, tanto na repercussão do estilo das composições de Adoniran Barbosa como pela vendagem excepcional dos seus discos. Neste "long-playing" estão reunidas as oito melodias que formam o cancioneiro pitoresco do famoso conjunto. No ritmo bem brasileiro do samba, ouçam e conservem com carinho as páginas que trouxeram um novo marco nos vários estilos de nossa música popular.

GRAVAÇÃO LONG PLAYING MICROSULCO ▪ **ODEON** ▪ 33 1/3 ROTAÇÕES POR MINUTO

INDÚSTRIA BRASILEIRA

INDUSTRIAS ELÉTRICAS E MUSICAIS FÁBRICA ODEON S. A. - RIO DE JANEIRO - SÃO PAULO - PORTO ALEGRE

evidentes, que não fossem guarânia, toada ou baião, andava em baixa. Que interesse poderia causar um samba gaiato cheio de erros de português já a partir do título?

Em fins dos anos 1940, a gravadora estadunidense Capitol era a primeira a fornecer discos gratuitos para jornalistas e radialistas, e não demorou para outras gravadoras de vários países seguirem o exemplo. Esta primeira gravação do "Samba do Arnesto" foi um daqueles discos que as assessorias de imprensa das gravadoras costumam empurrar para jornalistas novatos ou a serviço de pequenas publicações, de modo que estes, embora impedidos de ganhar as últimas novidades dos artistas mais renomados, não saíssem de mãos vazias. Na época do "Samba do Arnesto", o chefe do departamento de imprensa da Continental era o jornalista Bento Gonçalves Ferreira Gomes, assessorado por Raul Moreno, futuro cantor de sucesso (primeiro a gravar clássicos da MPB como "A Fonte Secou", de Monsueto, e "A Flor e o Espinho", de Nelson Cavaquinho e Guilherme de Brito). Raul lembraria anos mais tarde que todo jornalista "mala", para usarmos uma expressão mais atual, que aparecesse pedindo discos de Emilinha Borba, Jorge Goulart e outros grandes nomes da época era "consolado" com "essa gravação formidável do 'Arnesto'"...

Já os Demônios da Garoa gostaram tanto do samba que o incluíram em seu repertório, criando um de seus arranjos mais característicos (incluindo os "quais-quais-quais" que se tornariam sinônimo dos Demônios e do próprio Adoniran). Sua gravação saiu no mesmo 78 rpm de "Saudosa Maloca", e o disco vendeu tanto que hoje pouca gente sabe qual dos dois sambas estava no lado A do disco original (era "Saudosa Maloca").

"Saudosa Maloca" voltou a fazer grande sucesso nos anos 1970, regravada pelos Originais do Samba, e o grupo de pop-rock Os Incríveis não perdeu tempo em gravar uma continuação, "Forró do Brás", composta por José Luis Armenteros, Pablo Herrero e o radialista Alf Soares, produzida por Tony Campello e com direção musical de Pepe Ávila (e que bem poderia ser revivido pelos Falamansas da vida). Por sinal, Pepe Ávila, produtor, maestro e compositor argentino, radicado no Brasil e ex-integrante do grupo pop Los Bronces, tem algumas parcerias com Adoniran. Infelizmente, devido às atividades de Pepe e Adoniran, as músicas não saíram do ineditismo e hoje Pepe mal se lembra dos títulos.

"As Mariposa"

Lançado pelos Demônios da Garoa em 1955, o samba "As Mariposa" é mais um bom exemplo do que um poeta/cronista do povo pode fazer com um simples detalhe. Como mariposas voando durante a demolição de um prédio na Avenida São João, segundo Adoniran:

> "Do cascalho saíam mariposas tontas — você sabe, aquele bichinho que parece borboleta — que caíam na calçada. Olhei, fiquei com tamanho nojo de tudo aquilo e pensei, pensei, resolvi fazer a música, associando as mariposas às lâmpadas, já que são atraídas pela luz."

Na segunda parte da letra, Adoniran aproveita para usar as mariposas como metáfora ("Eu sou a lâmpida e as muié é as mariposa..."). A partir do impulso inicial dado pelo próprio Adoniran na segunda estrofe, não foi difícil para muita gente pensar que a letra inteira se refere a prostitutas, já na época chamadas de "mariposas", por "voejarem" em volta da luz noturna dos postes. Um dos sucessos de Nelson Gonçalves é justamente "Mariposa", composta por ele mesmo em parceria com seu inevitável parceiro Adelino Moreira e lançada em 1959 ("Mas nunca te esqueças, mariposa,/ Que toda luz se apaga...").

Adoniran negou ter composto "As Mariposa" com esta intenção: "Sabe como o povo é, tem uma língua...". Se bem que, supomos, Adoniran iria gostar da coreografia que Abelardo Figueiredo idealizou para o samba num musical estreado em 2001, no qual Eduardo Conde faz o papel de "lâmpida", cercado pelas mais típicas "meninas" de cabaré — isso mesmo, "mariposas"...

"Bom Dia, Tristeza"

> "A tristeza é como um bichinho. E como rói, a danada, parece rato em queijo parmesão..."

À primeira vista, o samba-canção "Bom Dia, Tristeza", com letra de Vinicius de Moraes (1913-1980) e melancólico já desde o título, pode soar totalmente atípico dentro da obra de Adoniran, mais famoso por seus sambas alegres e esculhambados. Mas numa audição mais cuidado-

Partitura de "Bom Dia, Tristeza" (1957), um dos primeiros sucessos
de Adoniran (embora alguns contestem a autoria da melodia) —
e um dos últimos sucessos da grande Aracy de Almeida.

sa notamos que a melodia, em tom menor e se estendendo por vários compassos sem repetição, segue a mesma linha de "Trem das Onze", "Iracema" e outros sambas similares de Adoniran (embora haja quem conteste a autoria da melodia). Até a letra, sóbria e sucinta, soa como se fosse do próprio Adoniran ou tivesse sido escrita especialmente para ele por Vinicius ("Se chegue, tristeza, se sente comigo, aqui nesta mesa de bar...").

Para alguns, esta melodia é "pouco original" e "inspirada num acalanto folclórico". Bem, só Deus cria a partir do nada. E, por este parâmetro, o próprio mote "Bom Dia, Tristeza" também tem como ponto fraco a originalidade, pois já havia sido lançado em 1932 pelo poeta francês Paul Éluard (1895-1952), em "A Peine Défigurée", trecho de seu poema "La Vie Immédiate" (Adieu tristesse/ Bonjour tristesse/ Tu es inscrite dans les lignes du plafond/ Tu es inscrite dans les yeux que j'aime).

A frase se tornaria ainda mais famosa a partir de 1954, quando a escritora francesa Françoise Sagan (1935-2004) lançou seu primeiro romance, justamente intitulado *Bom Dia, Tristeza* e contando a trágica história de Anne, namorada do pai da narradora. Brega ou não, o livro de Sagan inspirou um filme de muito sucesso, *Bonjour Tristesse*, de 1958, dirigido por Otto Preminger e estrelando Deborah Kerr, David Niven e Jean Seberg.

No entanto, o filme só foi lançado depois do samba, tendo Vinicius, literato que era, se inspirado em Éluard ou Sagan. Outro sucesso sobre o mesmo tema foi "Buongiorno, Tristezza", bolero de Mario Ruccione e Giuseppe Fiorelli, vencedor do Festival de San Remo de 1955.

Mas o que nos interessa é a muito melhor (sem patriotada) composição brasileira, lançada por Aracy de Almeida (1914-1988) em maio de 1957 (embora ela, grande intérprete mas sempre pouco atenta a letras, invertesse dois versos, cantando "Me dê o seu ombro/ Beba do meu copo"). Vinicius de Moraes e Adoniran Barbosa nem se conheciam pessoalmente; quem intermediou a parceria foi Aracy. Vinicius e Aracy estavam no bar do Hotel Comodoro, em São Paulo, e Aracy pediu a ele que escrevesse um poema especialmente para ela. Ele escreveu "Bom Dia, Tristeza" em minutos e deu o papel a ela dizendo "Faça o que bem entender". Dias depois, Aracy esteve na Rádio Record, onde trabalhava Adoniran, e resolveu desafiá-lo, dando-lhe a letra de Vinicius para musicar. Alguns dias mais tarde — assim lembrava Matilde, esposa de Adoniran —, Adoniran começou a assobiar e a melodia veio de repente. Adoniran recordava a gênese de "Bom Dia, Tristeza" com uma diferença:

Vinicius teria mandado a letra a Aracy pelo correio, e Adoniran fez a música imediatamente, na frente de Aracy.

Já o cantor e compositor Noite Ilustrada (1928-2003), que lançou sucessos como o samba "Volta Por Cima" (de Paulo Vanzolini) e "O Neguinho e a Senhorita" (de Noel Rosa de Oliveira), tem uma terceira versão, com uma diferença crucial: a melodia seria dele, não de Adoniran, que lhe teria pedido para musicar a letra de Vinicius.

Noite Ilustrada conta que entregou a música pronta a Adoniran gravada numa fita de rolo. Ao sair o disco, Noite não gostou muito ao ver a música creditada somente a Vinicius e Adoniran. A explicação dada foi falta de espaço no disco para mais de dois autores! (Curiosamente, muitas composições de Adoniran estão justamente assinadas por mais de dois nomes, incluindo sucessos como "Aqui, Gerarda!".) Noite conta que tentou resolver a situação conversando com Adoniran, mas ele sempre fugiu. E Noite Ilustrada não gostava de comentar o assunto:

> "O Adoniran, na minha cabeça, não foi muito correto comigo. A melodia [de 'Bom Dia, Tristeza'] é minha. Eu não quero lembrar, não. Se ele estivesse aqui para retrucar, tudo bem, mas ele não está."

Totalmente alheio à polêmica da autoria da melodia de "Bom Dia, Tristeza", Vinicius de Moraes chegou a criar outra polêmica, contra o samba paulistano. Após condenar os erros de português de "Samba do Arnesto", lançou a famosa *boutade* "São Paulo é o túmulo do samba", em protesto contra pessoas que resolveram iniciar conversa durante um show de Johnny Alf em São Paulo. De qualquer modo, Adoniran e Vinicius se encontraram uma única vez, em 1979, após um show deste com Toquinho no auditório da PUC, em São Paulo. Sérgio Rubinato, que testemunhou o encontro, relembra que eles mal trocaram uma palavra:

> "Foi comunicação via olhos..."

"Trem das Onze"

> "Não se pode fazer sempre um 'Trem das Onze'. Aliás, eu só farei outro igual quando morrer..."

Além do próprio Adoniran, muitos consideram "Trem das Onze" sua melhor composição. Certamente, é uma de suas mais famosas obras e a de maior repercussão mundial.

Mas, seguindo a tradição dos próprios trens brasileiros, "Trem das Onze" saiu com atraso. Toninho, dos Demônios, sempre diz que Adoniran tentava lhes ensinar a música desde 1961, mas, pessoa de muita musicalidade e nenhum conhecimento musical, não conseguia transmitir ao grupo a letra e música igualmente extensas. "Todo ensaio dava briga..."

Ainda segundo Toninho, os Demônios tiveram de fazer um grande trabalho de edição, cortando quase metade da letra (além de acrescentar os "pascalingundum" — não "faz carigundum" como muitos ouvem — da introdução e do final). Adoniran não gostou de ver sua obra tão modificada, chegando a brigar com o grupo. "Quando a música fez sucesso, Adoniran parou de reclamar, ficou quietinho."

"Trem das Onze" foi lançado em agosto de 1964 e, curiosamente, ao contrário dos sucessos carnavalescos anteriores de Adoniran Barbosa — "Malvina" e "Joga a Chave" —, começou a fazer sucesso não em São Paulo, mas no Rio de Janeiro. Mais que isso, tornou-se o grande sucesso do carnaval do Quarto Centenário do Rio (e Adoniran chegou a ganhar um prêmio de 2 milhões de cruzeiros do governador do Estado do Rio, Carlos Lacerda). Sem dúvida, fato inusitado: uma canção paulistana ser o maior sucesso na terra do samba! A mensagem universal do proletário que depende de transporte público e se revela um bom filho e um amante que ao menos dá satisfações à amada falou mais alto ("E além disso, mulher, tem outra coisa: minha mãe não dorme enquanto eu não chegar...").

Na Itália, a música foi lançada como "Figlio Unico", nas vozes da cantora Mina e do autor da versão, Riccardo del Turco. Adoniran contou para *O Pasquim* uma história interessante sobre este cantor:

> "Me mandou uma carta: 'Signor Adoniran Barbosa, mi dispiace sapere che lei non ha guadagnato tutto com questa musica. Io ho fatto fortuna.' [...] a carta continua, veja só: 'Se ha qualcos'altro che puó mandarmi, per favore, me lo mandi, che ne ho bisogno'.
>
> Mas eu mandei... uma banana pra ele. E ele deu uma entrevista, a revista eu tenho, dizendo assim: 'E una volta, in una certa occasione, io stavo in Brasile, e stavo lucidando le mie scarpe e ho ascoltato (aqui ele diz que a música é dele, o des-

graçado!) un burattino cantare questa musica. E allora ha fatto questa historia'. Dizer que foi ele que fez... malandro!"

"Trem das Onze" foi gravada também em iugoslavo e em castelhano, pela cantora argentina Ceumar Rios e o cantor espanhol Erasmo Mochi. A interpretação deste último não foi exatamente do inteiro agrado de Adoniran:

"Rrruuuuuuuuimm! Como canta mal! E ainda diz: 'Vivo en Maringá'!"

A renda de "Trem das Onze" propiciou a Adoniran o ensejo de reformar sua chácara na Cidade Ademar:

"Comprei uma bomba para o meu poço, mandei pintar a casa, mandei erguer o telhado que estava muito baixo. O diabo é que o operário ergueu um pouco mais do que eu queria. Mas ficou bom."

Adoniran se comprazia em mostrar cada etapa da reforma para quem se interessasse, inclusive a revista *Intervalo*:

"Ói lá aquele pedaço que ainda não terminei. Tá tudo uma bagunça. Sabe por quê? É o tutu do 'Trem das Onze', que vai chegando e vai virando casa, morou? Logo acaba e fica tudo bonitinho, com flores e com um lugar na sala, pra pôr a lanterna que o chefe da estação de Jaçanã me deu. Foi por ter tornado a estaçãozinha conhecida em todo o Brasil."

Como muitos sabem, o bairro do Jaçanã entrou na letra só para rimar com "amanhã de manhã". E, ao ser lançado o disco, as linhas de ferro já nem serviam mais o Jaçanã. Mas a essência da mensagem e o teor contagiante da melodia permanecem. Assim como o cigarro de marca Yolanda, certamente muito apreciado por ele na juventude e já extinto de longa data (e equivalente a "do Onça", na expressão "no tempo do Yolanda e do Liberty Ovais") quando ele lançou seu maxixe "Tocar Na Banda".

Mas o fim do trem para Jaçanã impeliu os Demônios, já em 1965, a lançarem uma atualização, "Adeus, Cantareira", de Frederico Rossi

("Adeus, Cantareira, adeus, nunca mais ouvirei o apito teu..."). Doze anos depois os Demônios voltariam com "Último Trem", de Claudio Rosa (na época integrante do grupo) e Itamar Aguiar ("O trem das onze partiu, não volta mais..."). Estas foram as únicas sequências "oficiais" de "Trem das Onze", que, como quase todo grande sucesso, inspirou uma infinidade de imitações. Outra é "Desculpe, Mãe", de Enock Figueiredo, e atenção para o nome do grupo intérprete: Anjos do Sol (qualquer semelhança com Demônios da Garoa é meramente proposital)!

> Desculpe, mãe,
> Não é por isso que vou lhe esquecer
> Perdi o trem das onze hora
> Sei que irá compreender
> Papai também amou a você

Sem falar nos Quatro Azes e Um Coringa, um dos grandes grupos vocais brasileiros e um dos mais imitados pelos próprios Demônios, e que não resistiram a imitar seus imitadores, embora com sutileza, em "Reza Por Mim", de Roberto Faissal:

> Mamãe, você fique sossegada
> Não faz mal se eu chegar depois da hora
> Dorme com Deus, reza por mim que viajo de trem
> Deixe o jantar no fogão e a chave no portão
> Tô namorando moça direita, de família
> Moça prendada, sabe lavar e cozinhar
> Mas se você continuar me protegendo
> Quando é que eu posso me casar?

E em 1968 Stanislaw Ponte Preta (1923-1968), um dos melhores humoristas do Brasil e compositor bissexto, lançou o "Samba do Crioulo Doido", excelente sátira à complicação das letras dos sambas-enredo, e cujo título acabou virando sinônimo de coisa malfeita ou situação confusa a ponto de ser incompreensível ou insolúvel. O "Samba do Crioulo Doido" foi lançado pelo Quarteto em Cy e regravado, com muita propriedade, pelos Demônios. O samba termina assim:

> Ô, ô, ô, ô
> O trem tá atrasado ou já passou

Tamanha é a semelhança da melodia desse final com o "Trem das Onze" que, além de engraçado por si mesmo, só poderia ser uma paródia. Mas foi inconsciente, e, ao ser lembrado de que cometera um plágio acidental, Stanislaw não se apertou:

"A minha música não fala em trem? Fiz de propósito, pra lembrar mesmo."

Mais que plágio não intencional, Stanislaw havia feito uma homenagem a Adoniran, a quem elogiou na revista *Intervalo* em março de 1965, aproveitando para defender todo o samba paulista do ataque de Vinicius de Moraes:

"Além de 'Saravá' que foi, sem dúvida, a melhor música do carnaval que passou, cantou-se muito o 'Trem das Onze', do nosso mui querido Adoniran Barbosa, o que serve para lembrar ao mui querido Vinicius de Moraes que São Paulo não é exatamente 'o túmulo do samba'. (O túmulo do carnaval sim, mas do samba, não)."

E, pelo seu tom de despedida, "Trem das Onze" revelou-se a música ideal para encerrar os shows de Adoniran, dos Demônios da Garoa e de qualquer artista ou roda de samba. Um dos mais interessantes sambas-resposta a "Trem das Onze" foi justamente uma homenagem a Adoniran quando este partiu, "Véio Mestre", de Bráulio de Castro e Paulo Elias, gravada em 1983 por Osvaldinho da Cuíca (integrante ocasional dos Demônios):

Ô mestre,
Você partiu, foi embora
Mas bem que podia
Ter perdido esse trem das onze hora...

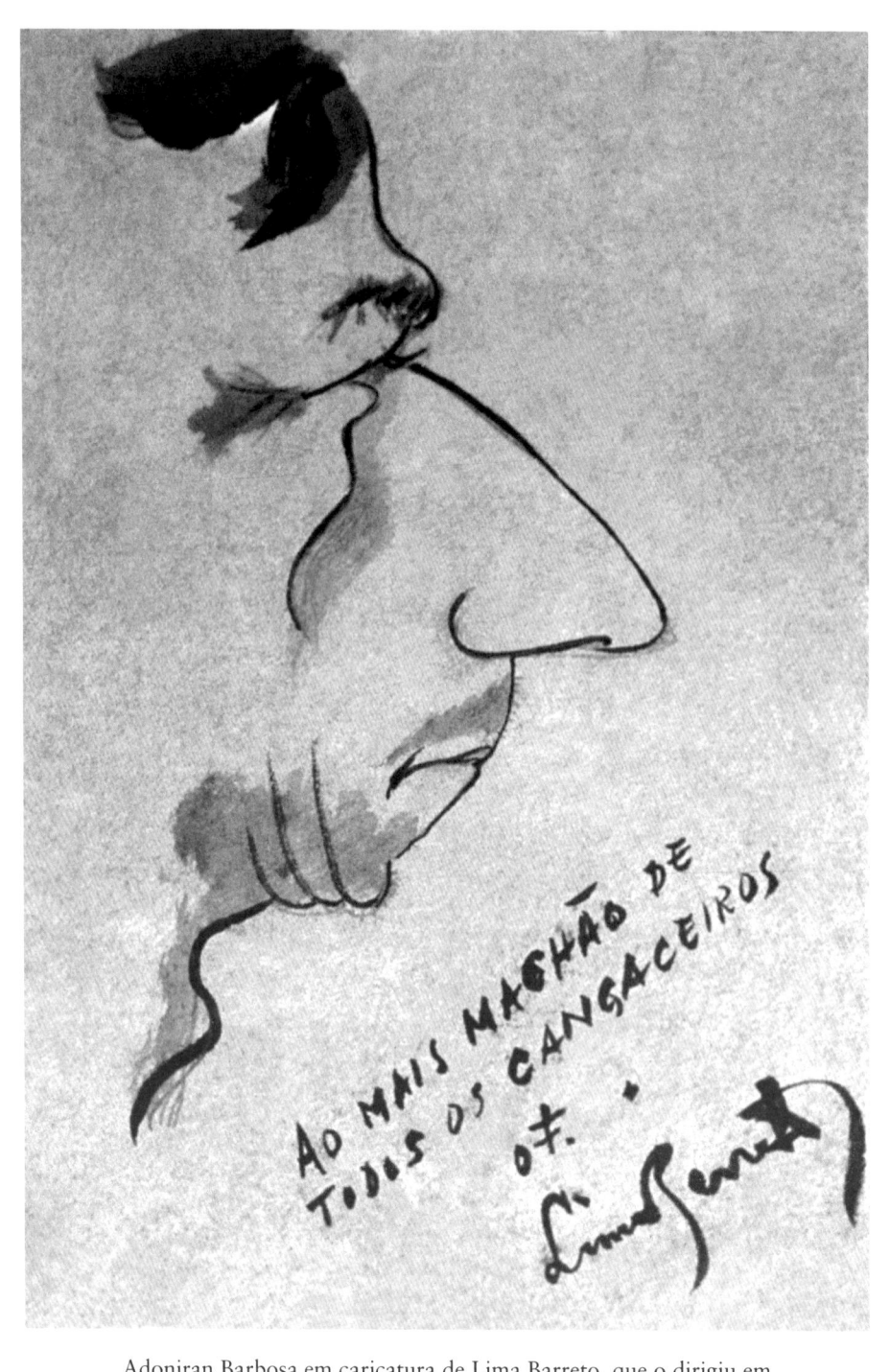

Adoniran Barbosa em caricatura de Lima Barreto, que o dirigiu em
O *Cangaceiro*, primeiro filme brasileiro de sucesso mundial.

5.
EU SOU A LÂMPIDA

Adoniran Barbosa, sempre convém lembrar, é o mais ilustre personagem criado por João Rubinato. Um personagem dos mais ricos e, consequentemente, repleto de contrastes.

Adoniran nasceu, ou, como queiram, foi criado (ou ainda, como diria o próprio Adoniran, "apareci, pobre não nasce, aparece") na capital paulista, viveu em quase todos os bairros da cidade e seu linguajar era uma mistura de todos eles, do "nóis vai, nóis vorta" ao "mezza notte o'clock", com a fala italianada, cantada. Já o cidadão João Rubinato nasceu no interior paulista, nunca esteve em vários bairros que cantou em suas músicas, residia não no Bixiga que ajudou a celebrizar, mas na Liberdade, no centro e, finalmente, na Cidade Ademar, e confessou mais de uma vez que incluía erros gramaticais em suas letras para imitar o povo e, conforme admitiu, "só pra fazer graça".

Como já lembramos, não são incomuns pequenas contradições de Adoniran sobre determinados assuntos ao longo dos anos. Numa entrevista para a TV Cultura, contudo, ele assegurou só compor sobre o que conhecia, especialmente sua querida São Paulo:

"Eu falo da minha cidade, eu conheço a Mooca, o Jaçanã, Bela Vista, os meus bairros, Praça da Sé, Brás..."

Mas, afinal, Adoniran esteve no Jaçanã, bairro da Zona Norte celebrizado em "Trem das Onze", uma única vez, nos anos 1950, ou várias? Ele afirmou ambas as coisas em entrevistas diferentes. (Existe uma foto sua nesse bairro.) Sua experiência do bairro devia ser tão pouca que foi esquecida: anos mais tarde, outro repórter, cismado com a letra de "Trem das Onze", perguntou a Adoniran por que cantou "moro em Jaçanã" em vez do mais usado "no Jaçanã", e a resposta foi tão punk quanto se poderia esperar de Adoniran:

"E eu sei lá onde fica essa porcaria?"

Adoniran nunca comprava cigarros, mas "filava" a ponto de fumar o equivalente a dois maços por dia. O vício do tabagismo mereceu até um samba, ou melhor, um maxixe de Adoniran, "Tocar na Banda", cuja letra, aliás, satiriza também a obsessão bem urbana da pontualidade ("Num relógio é quatro e vinte, no outro é quatro e meia: é que dum relógio pro outro as hora vareia...").

Mariola, mencionado na letra, é um doce de banana, em formato de tijolo, como rapadura, e enrolado em papel, e Yolanda, também citado, era uma marca de cigarro muito popular na primeira metade do século XX — alguns cronistas se referem a esta época como "o tempo do Yolanda e do Liberty Ovais" —, famoso por ser cigarro dos mais fortes, típico "estoura-peito" e, segundo se dizia, capaz não só de espantar mosquitos, mas também de exterminá-los a distância!

Vício de Adoniran muito mais saudável era o de construir enfeites de metal e brinquedos, especialmente trens elétricos (usando o motor de um toca-discos velho, por sugestão do sobrinho Sérgio Rubinato), e uma miniatura de parque de diversões, incluindo carrossel e roda-gigante, tudo funcionando a eletricidade, além de utensílios como uma chaleira feita de lata de queijo palmira. Certamente, herança de seu tempo de metalúrgico. Ao ser elogiado por seu artesanato, o próprio Adoniran se divertia:

> "Alguns chamam isso de higiene mental, mas eu acho que não passa de higiene de débil mental..."

Como quase todos os grandes artistas, Adoniran não hesitava em mudar a verdade de acordo com a rima, valorizar a versão acima do fato. "Iracema" é baseada numa notícia de jornal sobre um atropelamento que realmente aconteceu, só que "não foi na São João, foi na Consolação". E a aliança de "Prova de Carinho" também existiu, mas sua matéria--prima foi uma corda de banjo, não de cavaquinho.

E se houve artista para quem o sucesso não subiu à cabeça, foi Adoniran, que, mesmo após a consagração como compositor, mantinha a mesma rotina, pelo menos conforme publicado em 1955 pela *Revista do Rádio*: acordar às 9h, fazer a barba, chegar à Record às 10h, almoçar às 13h, tirar uma soneca, voltar à rádio às 16h, jantar, ir com Matilde (se houvesse tempo) ao cinema ou teatro e dormir — ou, como diria seu personagem Mata-Ratos, "agarrar as carças de Morfeu" — após a 1h da manhã, não esquecendo uma ida à chácara na Zona Sul todos os sábados.

Tão fã de
bicicletas quanto
de trens, Adoniran
não as incluiu em
suas músicas, mas
construiu várias,
de diversos tipos e
tamanhos, que
podem ser
apreciadas no
Museu Adoniran
Barbosa, em
São Paulo.

Adoniran deve ter cumprido tal cronograma muito a contragosto, pois, em entrevistas dos anos 1960 em diante, sempre declarou preferir a vida noturna, até ser forçado a abandoná-la devido aos excessos de cigarro, bebida e boêmia:

> "Escurecia, aí eu gostava. Na noite, sim, eu começava a viver."

GRAMATICALMENTE INCORRETO

> "Não é fácil escrever errado como eu escrevo, pois tem que parecer bem real. Se não souber dizer as coisas, não diz nada..."

A gramática totalmente estropiada de Adoniran, inaugurada com o "Samba do Arnesto" e quase inventando novo idioma, soa tão espontânea e natural que muita gente chega a pensar que Arnesto é um nome próprio de verdade, em vez de corruptela de "Ernesto".

Adoniran chegava a se orgulhar de ser citado nas escolas como exemplo de como *não* se devia escrever.

> "Sou o único compositor que cria polêmica nas escolas; os professores ficam discutindo com os alunos as minhas letras e ensinando que é assim que se fala mas não é assim que se escreve."

Podemos argumentar que os "erros gramaticais" de Adoniran são análogos aos das letras de outros gêneros populares, como a Jovem Guarda ou o *blues* estrangeiro, cheios de contrações e concordância toda particular. Além disso, gramática é mera questão de uso, o que é errado hoje pode ser regra amanhã.

Adoniran ainda tem mais a dizer em defesa própria:

> "Pode vir vinte Mobral, todos continuarão a falar errado. O povo fala assim. A maioria fala errado. De vez em quando, ao falar com um doutor, eu posso até falar 'nós devíamos...' Mas é raro, é esquisito."

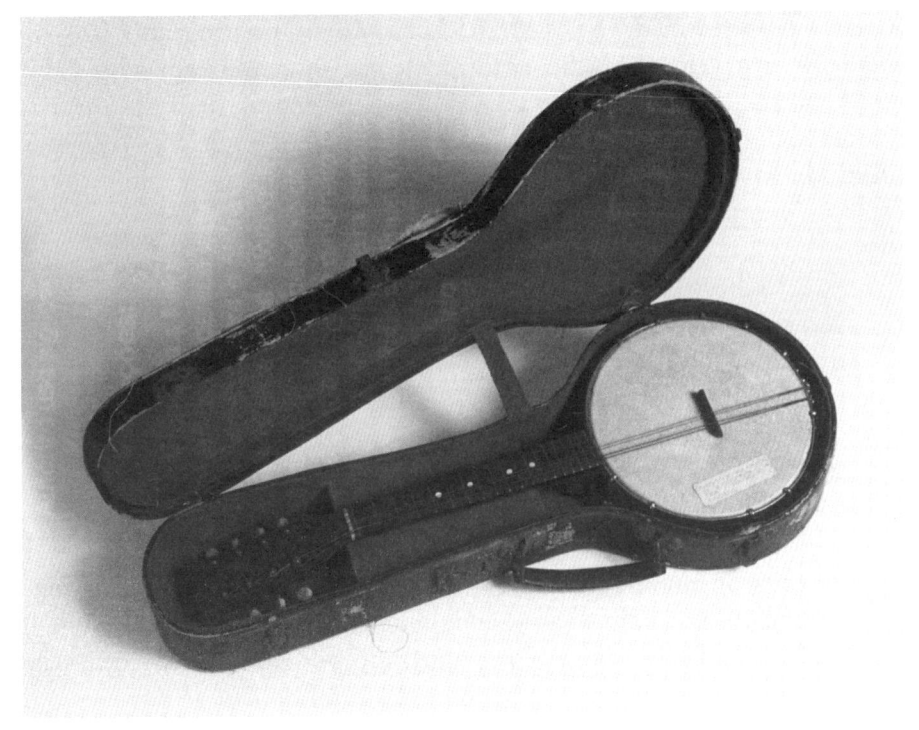

"Prova de Carinho": sim, este samba de Adoniran em parceria com Hervê Cordovil, lançado pelo Trio Marayá, inspirou-se em fato real. O poeta fez para sua amada Matilde a tal aliança com uma corda deste banjo com braço de bandolim, e não de um cavaquinho. E que Matilde sempre guardou.

Ou, como ele resumiu em outra ocasião (ao interpretar no LP *Histórias das Malocas* um texto de Oswaldo Molles que bem poderia ser do próprio Adoniran):

"Pra escrevê uma boa letra de samba, sentida, humana, a gente tem que sê, em primeiro lugá, narfabeto."

ADONIRAN E A MÚSICA ESTRANGEIRA

Muito antes do início da chamada era do rock nos anos 1950, o Brasil já adorava seguir indiscriminadamente modas musicais estrangeiras. Tal alienação — ainda mais condenável que a imposição cultural — sempre foi um prato cheio para os humoristas, inclusive Adoniran. Um dos muitos tipos interpretados por ele no rádio (por sinal, um dos poucos não criados por Oswaldo Molles, mas, neste caso, por Armando Rosas) é o professor de inglês Mr. Richard Morris, no programa *Universidade Record*, ótima gozação (equivalente paulistano do Lamartine Babo da "Canção Pra Inglês Ver") com a crescente mania de macaquear o idioma inglês. Mais preocupado com a pronúncia do que com o significado, Mr. Morris misturava trechos de músicas e marcas de automóveis, cigarros, companhias de energia elétrica e muito mais:

"'Chesterfield Sereneide chatanooga chu chu, end mai réveri six chevrolet laite and páuver'. Oh yes — a traduçon deste frase que eu disse é a seguinte: 'Tromba de elefante não serve para regar as flores do jardim'."

A invasão do pop-rock e a Jovem Guarda foram brindadas com duas gozações de Adoniran em ritmo de samba.

A primeira, "Já Fui Uma Brasa", em parceria com Marcos César (grande redator humorístico da TV Record), glosa a dominação da música estrangeira no rádio — problema mais antigo do que parece — e o bordão "É uma brasa, mora!", popularizado por Roberto Carlos e seus companheiros ("Eu gosto dos meninos desse tal de iê-iê-iê porque com eles canta a voz do povo. Mas eu já fui uma brasa, se assoprarem posso acender de novo...").

Por sinal, em uma de suas entrevistas Adoniran glosou outra expressão de gíria típica da jovem guarda, "é uma lenha, mora!", ao falar de sua própria infância, quando ajudava o pai a carregar vagões com lenha e outros materiais de construção:

"Naquele tempo eu já dizia: 'Vamo, João, tem muita lenha pra carregar'. Pra você ver que esse negócio de dizê 'tem muita lenha', 'é uma lenha', não é coisa tão nova assim."

Além de "Já Fui Uma Brasa", outro samba em que Adoniran aborda o rock e a Jovem Guarda é "Rua dos Gusmões" ("Mas deixar meu samba pelo iê-iê-iê, não pode ser...").

Em sua deliciosa crônica "Um senhor piquenique!", publicada pela revista *Realidade* em fevereiro de 1969, Adoniran se permitiria uma esculhambação com o iê-iê-iê ainda maior — e mais sutil — ao descrever a cantoria a bordo de um ônibus a caminho da Praia Grande:

"... E as mocinha canta:
'Eu te amo! Eu te amo!' [Adoniran cita 'Eu Te Amo, Te Amo, Te Amo' de Roberto Carlos, grande sucesso de 1968.]
Vem a bronca do Riccieri:
— Mas até aqui? Já não chega o dia inteiro em casa?
Mas as moça dão o troco:
— Eh, tio, vê se num enche. Seu tempo já passô.
— Passô? Gardelito, dá o tom maior aí.
[Canta 'É da Banda de Lá', de Adoniran e Irvando Luiz, sucesso com a Dupla Ouro e Prata.]
— Velho, hein? Todo mundo cantou com nóis. E o teu 'ti amo' alguém cantou?"

Ainda em 1969 lhe perguntaram o que achava da Tropicália, e ele não se demorou muito na questão:

"O que 'vô dizê' sobre Tropicália? Muito melhor fazer samba do que pensar o que é Tropicália."

Em 1975 ele foi ainda mais sucinto ao responder sobre o assunto para o *Diário de S. Paulo*:
— O que você acha do pessoal do rock?
— Não acho nada.

Interessante é que Adoniran chegou a compor um rock (o hoje esquecido "Vem, Amor", em parceria com Geraldo Blota) e, segundo Sérgio Rubinato, a maior coroa de flores do velório de Adoniran foi enviada por um de seus mais famosos colegas da TV Record: Roberto Carlos.

O *BLUES* DE ADONIRAN

> Foi só voltar pra casa e encontrar *baby* tão cheirosa
> Na vitrola um *blues* do Adoniran Barbosa...

"*Blues* do Adoniran Barbosa"? Sim, é isso mesmo o que diz a letra de "Sem Whisky e Sem My Baby", *blues-rock* do paulistano André Christovam, lançado por Kid Vinil em 1986. Irônico, mas nem tanto: o *blues*, gênero musical estadunidense, à primeira vista pode não ter muito a ver com Adoniran Barbosa, eminentemente dedicado a sambas e marchas. Mas vejamos: se o *blues* pode ser definido como válvula de escape ideal para transformar grandes dores em alegrias — o velho e bom "quem canta seus males espanta" —, então Adoniran também pode ser considerado emérito *bluesman* à brasileira (por sinal, o gaúcho Lupicínio Rodrigues também foi chamado de mestre do *blues* brasileiro). Sem falar que Adoniran começou a compor andando, para espantar a contrariedade por ter de andar muito na ida e volta do trabalho — exatamente a mesma função das *work songs*, *field hollers* e os primeiros *blues* para os negros dos EUA dos séculos XVIII e XIX.

Para fortalecer a analogia de Adoniran com o *blues*, lembremos que ele, Adoniran, era o último de sete rebentos do casal Fernando e Emma Rubinato — ou seja, um "sétimo filho", condição bem cara à mitologia popular, inclusive a do *blues*.

> Sonhei que Memphis era Sampa
> Adoniran o B. B. King...

Sim, mais um *blues-rock* ("Blues Para o Brasil") associando Adoniran ao estilo, desta vez de Nuno Mindelis, angolano radicado no Brasil. Não deixa de ser simpática a comparação do Poeta do Bixiga com o ilustre guitarrista e cantor estadunidense. Mas, com o devido respeito a todos os envolvidos, outra comparação parece mais adequada: Adoniran se assemelha mais a John Lee Hooker (1917-2001), cujas composições e estilo interpretativo são tão enganosamente simples e desconcertantes quanto os do sambista. Tanto Adoniran quanto Hooker não hesitavam em interromper solos de seus acompanhantes ou atravessar o ritmo com breques sem a menor cerimônia; no caso do *bluesman*, isso se nota até em muitas de suas gravações de estúdio.

Embora fosse pessoa bastante musical, Adoniran tinha alguma dificuldade em transmitir suas ideias a outros intérpretes; cantava afinadamente, apesar do timbre rouco, mas seu problema era a divisão rítmica. É por isso que, como já mencionamos, o mundo precisou esperar três anos para conhecer o "Trem das Onze", conforme lembra Toninho, dos Demônios da Garoa: "O Adoniran não tocava instrumento nenhum, todo ensaio dava briga".

Mas e daí que Adoniran não passasse de alguns acordes no violão ou poucas notas no flautim e no cavaquinho? Este pormenor o aproxima de Lamartine Babo, outro grande compositor que não era músico mas, para compensar, era extremamente musical. Desde sempre Adoniran, ao caminhar, trabalhar ou mesmo sem fazer nada, vivia assobiando ou cantarolando, sempre produzindo música, fossem canções já existentes, músicas novas ou apenas notas a esmo, para espantar a tristeza ou simplesmente por prazer.

Mais que *bluesman* à brasileira, Adoniran foi, tal qual Aracy de Almeida e Noel Rosa, um autêntico *outsider* brasileiro. E muitas das atitudes de Adoniran entraram para o folclore. Uma foi sua famosa resposta a seu patrão na Rádio Record, que sempre lhe recusava aumento dizendo que estava "estudando seu caso", até que Adoniran, já escolado pelo golpe que levara da Rádio São Paulo lá nos anos 1930, lhe respondeu:

"Tá certo, o senhor continue estudando, e quando chegar o dia de sua formatura, me avise!"

Outro momento ainda mais glorioso foi quando tomou um táxi para a Rádio Eldorado e o motorista entendeu Hotel Eldorado; Adoniran só percebeu o engano ao chegar ao hotel. Mas nem se perturbou: notando um saco de lixo à porta do hotel, dirigiu-se ao porteiro, apontando o tal saco:

"Pode carregar minha bagagem?"

Do Brás à Praia Grande: a crônica "Um senhor piquenique!",
de Adoniran, publicada na revista *Realidade* de fevereiro de 1969.
Ao final deste volume, leia o texto integral da crônica.

Adoniran ganhou
esta caricatura-
logotipo de Nássara
ao ser entrevistado
para *O Pasquim*,
em 1977.

> "Antigamente todo mundo realmente dançava o samba, agora só sabem pular, é uma esculhambação. Antes, as músicas eram benfeitas, agora qualquer uma vale."

Assim Adoniran resumiu o estado da música popular brasileira no fim dos anos 1960. Podemos dizer que ele foi gentil, dado seu afiado senso crítico e autocrítico. Podemos dizer também que Adoniran sempre foi coerente com suas convicções, nunca cedendo a modismos ou imposições descabidas da indústria cultural. Mais que isso, Adoniran, salvo engano, divide com Ary Barroso (1903-1964) a distinção de ser um dos poucos grandes compositores de sua geração (não esqueçamos, Adoniran é cronologicamente da velha guarda, ou Era de Ouro da MPB, apesar do sucesso temporão) a nunca ter utilizado ritmos estrangeiros como tango, foxtrote, guarânia ou valsa (não se deixe enganar: "Vai-da-Valsa", apesar do título, é um maxixe). Mas se você, a exemplo de muitos, considera os belos sambas-canções de Ary ("Risque", "Tu") simples boleros abrasileirados (e se levar em conta a valsa-jazz "Das Rosas", caso praticamente único na obra de Dorival Caymmi), então Adoniran é nosso único grande compositor realmente castiço, dedicado a sambas, marchas e, às vezes, um maxixe ou cateretê (o rock "Vem Amor" não teve repercussão e nem conta). Não que Adoniran fosse xenófobo; como lembra Sérgio Rubinato, "ele sabia letras de tango como ninguém". (De fato, sua crônica para a revista *Realidade* inclui uma citação de "Yo También", tango de grande sucesso nos anos 1940 composto por Luis Visca e Luis Rubinstein.)

Adoniran elogiava quase todo artista brasileiro — o jornal *O Pasquim* até brincou, dizendo que ele fazia política mineira. Mas Adoniran realmente sempre foi pessoa das mais sociáveis:

> "Eu tenho uma porção de amigos. Todos são meus amigos, você é meu amigo, todo mundo é meu amigo. Eu ando com todo mundo, me dou com todo mundo, sabe?"

Confiram, por exemplo, a opinião de Adoniran sobre o grande cantor Orlando Silva (1915-1978), quando se conheceram na Rádio Cruzeiro do Sul em fins dos anos 1930:

> "Era demais, o homem era demais, nunca vi. Orlando Sil-

va foi demais, mais do que Roberto [Carlos] e muito mais pesado. Porque não era a meninada que ia. Ia homem atrás do Orlando Silva, moça, mulher, gente já de idade, a molecada. Era um cartaz espetacular. Ele era demais, meu filho. O Orlando enchia o Largo do Colombo, no Brás, que é uma enormidade, ficava assim para ver o Orlando Silva cantar, mudava o tráfego. O Orlando foi o máximo em São Paulo."

Cyro Monteiro (1913-1973), outro grande cantor, cujo repertório primava pelo bom humor tanto quanto o de Orlando pelo romantismo, merecia atenção especial:

"Sabe de uma vontade que tenho? É ver Cyro Monteiro gravar o meu samba 'Prova de Carinho'. Cyro é bom."

(Cyro, até onde sabemos, não gravou nada de Adoniran, mas em compensação Carlos Galhardo [1913-1985], outro cantor da chamada Era de Ouro da música brasileira, lançou em disco duas de suas músicas, "Vem Morena" e o agradável samba "Minha Roseira".)

Adoniran tinha também boas recordações de Francisco Alves (1898-1952), com quem trabalhou no filme *Caídos do Céu* e de quem inclusive desmentia a fama de sovina:

"Não era muito amigo, não, mas andava junto com ele. Quando ele ia para São Paulo, a gente jantava muito junto. Diziam que ele era pão-duro. Não era pão-duro nada, coitado do Chicão. Pra mim era meu amigo. A gente ia jantar, ele não gastava muito, não, que não era bobo, ele não gastava muito, mas, se a gente pedia duas sopas, ele pagava a minha sopa, ele pagava a minha sopa. Ele dizia: 'Me dá duas sopas aí, dois minestrones'. E pagava o meu. Ele fumava Petit Londrino e era cada tragada um tombo, sabe, um cigarro forte [...] Eu queria fumar, ele me dava cigarro. Meu amigo, ele."

Artistas mais novos também foram elogiados por Adoniran, como Chico Buarque (nascido em 1944): "Ele faz letras bonitas. Letrista bom".

Mesmo Waldik Soriano (1933-2008), cantor muito popular porém pouco elogiado pela crítica, ganhava boas palavras, embora em tom carinhosamente galhofeiro:

Adoniran: dá licença de contar...

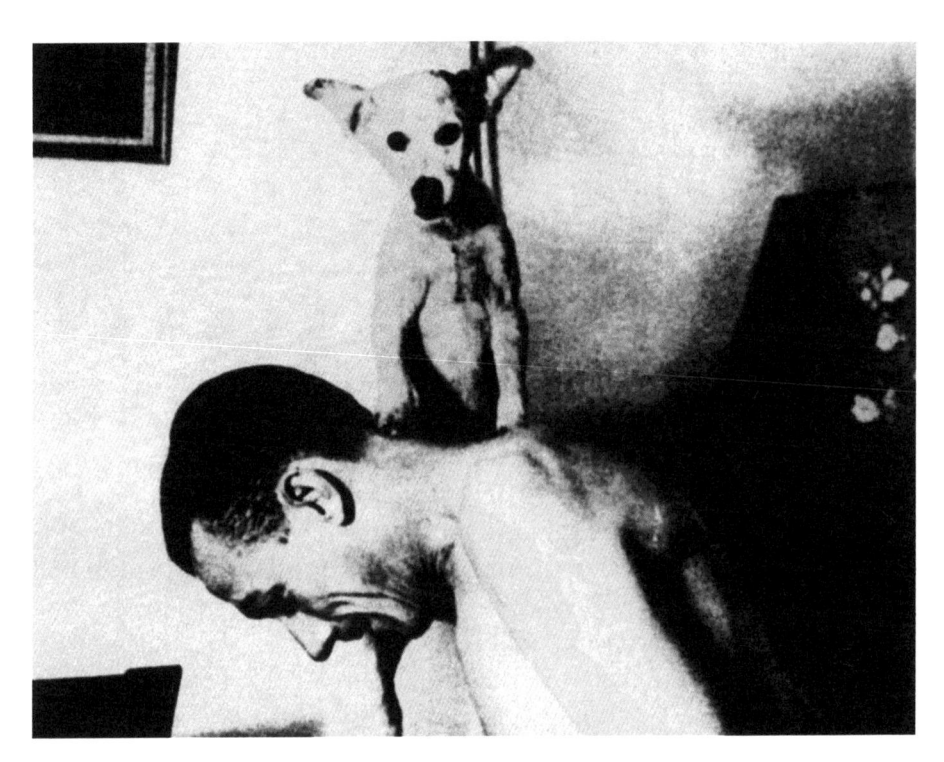
O melhor amigo do artista: Peteleco, o mais famoso cão
de Adoniran Barbosa e seu grande companheiro.

"Ele é o Frank Sinatra da Barra Funda, mas é um bom cantor. E como gosta de cantar!"

O COMPOSITOR PETELECO

Precisamente a 6 de março de 1957 a Dupla Ouro e Prata gravou "Deus Te Abençoe", primeira composição de um certo Peteleco. Foi na edição de julho-agosto da *Revista do Long-Playing*, num comentário sobre esta gravação, que muitos fãs de MPB ficaram sabendo de quem se tratava: Adoniran Barbosa. O jornalista Francisco D. Silva terminava sua revelação com uma pergunta:

"Por que não teria o conhecido cômico usado seu próprio nome? Tem exclusividade com os Demônios da Garoa ou achou que o samba tão bonito não era digno de seu nome?"

Peteleco, como os adoniranófilos já devem saber, era o mais famoso dos cachorros de estimação do artista, seu grande companheiro de passeios por São Paulo e viagens à praia de Santos. Adoniran usou o nome de seu amigo canino para assinar músicas em parceria com compositores pertencentes a sociedades rivais, como Irvando Luiz ("É da Banda de Lá") e Gianfrancesco Guarnieri ("Nóis Não Usa as Bleque Tais"). Num artifício muito usado por compositores em todo o mundo, Adoniran creditava essas músicas a uma pessoa próxima — no caso, sua esposa, Matilde —, que adotava um pseudônimo: o de Adoniran/Matilde era Peteleco. Curiosamente, Peteleco assina sozinho algumas músicas, como "Deus Te Abençoe" e "Pra Que Chorar". Tal qual o dono, Peteleco, o cão, era um artista. Seu grande número era ir com Adoniran à padaria e pegar doces numa prateleira baixa, que o padeiro abria ao ver o "freguês" se aproximar.

Quando Peteleco acompanhava Adoniran em suas excursões ao litoral, o bichinho adorava se aninhar sobre o peito de Adoniran enquanto o dono boiava no mar. E foi em Santos que Peteleco faleceu, após comer um alimento estragado. Um dos sambas mais interessantes de Adoniran, "Não Quero Entrar", lançado pelos Demônios em 1968, pode ter sido composto em homenagem a Peteleco ("Eu voltei somente pra buscar meu cachorrinho, meu cobertor e meu violão...").

Manuscrito de Adoniran para "Não Quero Entrar", samba que seria lançado pelos Demônios em 1968 (atenção para o final da letra). E o 78 rpm de 1957 com "Deus Te Abençoe", da Dupla Ouro e Prata, primeira música gravada de... Peteleco.

COMPOSITOR DE ALUGUEL?

"Eu nunca precisei, nem preciso roubar música de ninguém, pois é o que eu sei fazer de melhor e com facilidade!"

Vez por outra alguém acusa Adoniran de não ser o verdadeiro autor de muitas de suas obras — o que não é privilégio dele, mas costuma acontecer a muitos compositores populares. Mas não é preciso ser advogado para saber que "quem acusa prova", e até o momento as afirmações de que Adoniran teria comprado músicas permanecem sem provas.

Com relação a "Bom Dia, Tristeza", todos os amigos de Adoniran o defenderam entusiasticamente, incluindo os que presenciaram a entrega do poema de Vinicius a Adoniran por Aracy de Almeida (primeira a gravar esta parceria). Consta que Noite Ilustrada convidou Adoniran para um debate sobre o assunto na TV Record, mas o paulista se recusou terminantemente a atender ao chamado do mineiro de Pirapetinga, dizendo a seu sobrinho, Sérgio Rubinato:

"Se esse rapaz [Noite Ilustrada] já não fosse tão infeliz eu poderia dizer algumas coisas... mas deixa pra lá..."

Por sinal, no mesmo ano de "Bom Dia, Tristeza", só que no dia 12 de abril, Neyde Fraga registrou um samba efetivamente assinado por Noite Ilustrada em parceria com Adoniran, "Mãe, Eu Juro!" — mais exatamente, assinada por Marques Filho (nome verdadeiro de Noite Ilustrada) e Peteleco; o disco saiu em setembro de 1957. Assim Noite falou sobre "Mãe, Eu Juro!" a este que vos escreve:

"É minha música, ele botou o nome dele na parceria junto comigo, e botou o nome do cachorro dele junto comigo, eu não quero lembrar disso."

Acusado por outro compositor de ter-lhe plagiado a letra de "Saudosa Maloca", Adoniran reagiu:

"É brincadeira desse cara, que é louco, doente. Só se eu fosse taquígrafo para copiar a letra na hora. Se eu pudesse — não posso pela minha idade — eu enfiava esse cara num coletor de lixo e o deixava bem amassado..."

Em dezembro de 1955, enquanto se preparava para encarnar Antônio Conselheiro em *O Sertanejo*, de Lima Barreto — filme jamais realizado —, Adoniran contou um pouco (ou melhor, mais uma versão) de sua vida ao repórter José Vaz, da revista *Ala Arriba*, que o compara a Noel Rosa.

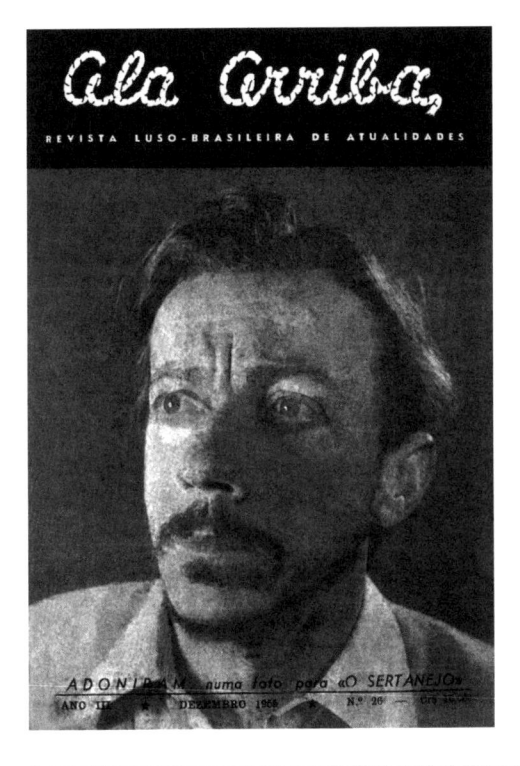

Ala Arriba,

REVISTA LUSO-BRASILEIRA DE ATUALIDADES

ADONIRAN numa foto para «O SERTANEJO»

ANO II ★ DEZEMBRO 1955 ★ N.º 26

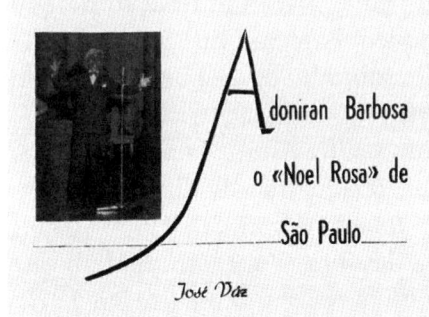

Adoniran Barbosa
o «Noel Rosa» de
São Paulo

José Vaz

Ha algum tempo que não viamos o conhecido ator-compositor Adoniran Barbosa, que quase não reconhecíamos ao encontrá-lo em preparação para o film de Lima Barreto: «O Sertanejo» (a foto que ilustra nossa capa).

Aproveitamos a oportunidade para tomar um café e bater um papo que resultou nesta entrevista. Conversa vai, conversa vem, Barbosa nos faz um relato da sua vida:

«Nasci em Valinhos, e meu velho já foi quase tudo na vida: entregador de marmita, encanador, pintor de parede, operário numa tecelagem, brequista numa fábrica de enxadas, balconista de ferragens, camelot de meias e gravatas, o diabo...»

«Em 1935 entrei para a rádio como cantor, ganhava 20 pratas por audição. Quando podia compunha também. Cheguei a ganhar uns prêmios, com «Dona Bóa», por exemplo, num concurso instituído pela Prefeitura de S. Paulo no carnaval desse mesmo ano. Me lembro que ganhei quinhentas pratas e que a sliquídei no mesmo dia, ou melhor na mesma noite com uma turma de amigos num boteco da praça de Sé.»

«Depois disso trabalhei na «Cruzeiro do Sul», na Cosmos, Difusora, São Paulo e Bandeirantes. Em 1941 entrei para a Record, e como você sabe, estou lá até hoje.»

— «Quais foram seus maiores sucessos musicais?»

«O meu primeiro sucesso foi em 1950 com «Malvinas», depois «Pode ir em paz», que a Leny Eversong gravou, e ainda a «Louca chegou» gravada pela Emilinha Borba, e agora o estouro de «Saudosa Maloca» e o «Samba do Arnesto».

— «Ah! por falar em Saudosa Maloca eu gostaria de saber onde é que você foi

buscar esse tema fabuloso, que afinal é o drama de tanta gente por aí?»

«Barbosa franze a testa, baixa a voz e diz: já faz tempo... ali na Bela Vista, antiga Bexiga, havia uma enorme favela: a «saracura-de-Baixa», nome também, do riacho que desembocava no atual vale do Anhangabaú. Numa das malocas morava um amigo meu e Mato-Grosso; seu nome verdadeiro eu nunca soube, só sei que era carregador de feira.»

«Numa noite de boemia, topei com ele já meio tocado, lamentando a destruição de sua maloca; falando de seus companheiros sem ter onde dormir, de seus trastes jogados no meio da rua. Aquilo me comoveu, nunca mais pude esquecer...»

«Um dia eu ia para a rádio, quando fui tomado pelo tema. Enquanto caminhava, mentalmente compondo a letra e a música do samba. Quando cheguei na estação já estava pronto. Como você sabe em matéria de registro musical sou completamente crú. Cantarolei o samba para um maestro meu amigo e, uma hora depois a partitura estava pronta.»

«Naquela época, 1952, meu emprego era de intérprete dos programas humorísticos do Osvaldo Moles; Minha voz estava ótima para os «sketchs» mas era horrível para cantar sambas desse gênero. Resultado: ninguém me deu bola. Mas eu tanto insisti que apareceu alguem para gravá-lo. Fracasso absoluto. No começo deste ano os «Demônios do Garoa» incorporaram o samba ao seu repertório. O gerente de Vendas da Odeon ouviu. Convidou os rapazes para gravá-lo. Resultado: milhares de discos vendidos. Sucesso em todo Brasil. Estouro nunca visto.»

— «É para o carnaval de 56, você tem alguma coisa?»

«Tenho uma composição em parceria com o Raguinho e J. Nunes, gravada pela Izaura

Adoniram e Neusa, em uma cena do Cangaceiro

Garcia. O título é «Chorei-Chorei» e a letra é assim:

Chorei, chorei
Quando perdi
Seu grande amor.

Agora volte
A me querer
Pru seu castigo
Não quero mais você

«Está muito bom. Mas você nada me contou de sua vida cinematográfica.»

«Sem, eu tenho uma bagagem cinematográfica razoavel, cerca de 14 filmes, porem os melhores são: Candinho, Esquina da Ilusão, Cangaceiro e Corrocinho, os primeiros na Vera Cruz e este último na Multifilmes. Atualmente estou em preparação para o Sertanejo, filme de Lima Barreto no qual interpretarei o papel de Antonio Conselheiro.»

«Agora você já tem bastante material, eu vou indo que tenho um encontro na Odeon.»

Ouça todos os dias "SAUDADES D'ALÉM MAR", dirigido por **NUNO MADEIRA**, das 18 ás 19 horas, na "Rádio São Paulo".

— 12 —　　ALA ARRIBA　　Dezembro — 1955　　— 13 —

Pelo menos Noite Ilustrada e este pretenso autor de "Saudosa Maloca" tiveram a decência e coragem de enfrentar Adoniran quando ele ainda estava vivo e podia se defender. Outros chegam a publicar artigos inteiros sem nenhuma prova cabal — condenando Adoniran como mero comprador de sambas. Quando muito, algumas músicas de Adoniran apresentam trechos semelhantes a obras alheias. Nota-se por exemplo que o início de "Saudosa Maloca" ("Se o sinhô num tá lembrado") lembra a introdução de "Não Vou Pra Casa", o lado B de "Aurora", megassucesso carnavalesco de Mário Lago, na gravação original de Joel e Gaúcho. "Envelhecer É Uma Arte" ("Envelhecer é uma arte/ e isto eu sei, modéstia à parte") retoma, talvez inconscientemente, "Eu Sei Sofrer", do irmão de alma Noel Rosa: "Saber sofrer é uma arte/ e pondo a modéstia de parte/ eu posso dizer que sei sofrer".

Ainda outros, pelo contrário, dão testemunho de ter visto Adoniran compondo sambas numa mesa de bar. Alguns vão além, atribuindo a Adoniran generosidade até exagerada. Um exemplo é o samba "Quem Bate Sou Eu", lançado pelos Demônios da Garoa, com crédito a Adoniran em parceria com Arthur Bernardo, violonista dos Demônios — mas o nome de Arthur consta apenas da primeira edição do disco. É que, segundo Toninho, violão-tenor dos Demônios, a parceria era "fria": "Ah, o Adoniran dava parceria para quem pedia". (Esta afirmação de que Arthur não participou da autoria de "Quem Bate Sou Eu" é desmentida pelo tecladista Marco Antonio Bernardo, sobrinho de Arthur e ele mesmo integrante dos Demônios nos anos 1990.)

Noel Rosa, em 1932, admitiu numa entrevista: "Já vendi muitos sambas". Moreira da Silva (1902-2000) fez questão de dizer numa entrevista para o *press release* de seu LP *O Jovem Moreira*, de 1979: "Comprar ou vender música não é nenhuma desonra. Você não vende o que escreve?". Já Adoniran, conforme admitiu à revista *Manchete* em 1972, foi anti-herói até para vender samba:

"De mim ninguém nunca quis comprar."

O MAIS URBANO DOS CAIPIRAS

Apesar da grande influência dos foxtrotes e da formação instrumental das jazz-bands, até os anos 1930 nossa música popular — num país pré-industrial — era quase toda caipira; mesmo grandes compositores urbanos, como Catulo da Paixão Cearense, Chiquinha Gonzaga e Noel Rosa, comprazíam-se em imitar os ritmos, letras, temas e arranjos da música do interior.

Alguns artistas brasileiros, quase todos castiços da velha guarda, recusaram-se à imitação servil, e por isso mesmo foram marginalizados — "caipira" e interiorano, inclusive, tornaram-se sinônimos de "mau gosto" e "atraso". Adoniran Barbosa é um desses artistas; mais que sambista da velha guarda, ele é o arquétipo do artista sertanejo urbano e sambista caipira, que, mesmo residente na capital desde muito jovem, nunca perdeu o jeitão de interiorano que luta para se adaptar à cidade grande — ou melhor, se recusa a se adaptar, esforçando-se para manter o ar caipira no sotaque, roupas, maneiras e pensamentos. Em seu esforço de progredir sem perder autenticidade, Adoniran revelou-se também o mais caipira dos urbanos.

Pode-se dizer que Adoniran realizou a seu modo, e com mais autenticidade e maturidade, o samba caipira de Almirante, Noel Rosa e seu Bando de Tangarás. Bem resumiu Tárik de Souza nos anos 1970:

> "Adoniran Barbosa é o autor solitário da ligação viola-
> -sambas, favelados e caipiras. [...] E nos sambas, usando pausas
> quase obrigatórias, ele forçou a intervenção dos violões, num
> estilo próprio dos ponteados da música do interior."

Além de ser mestre do "samba caipira", Adoniran também se deu bem ao compor em ritmos caipiras. Cinco bons exemplos são: o xote "Oia a Polícia" (lançado por ele mesmo e resgatado quase dez anos depois pela humorista caipira Nhá Barbina), a valsinha "Namorados" (gravada pela dupla vocal Cascatinha e Inhana), dois sambas caipiras em parceria com Rolando Boldrin, "Eu Quero Ver Quem Pode Mais" e "Provérbios", e uma música nunca lançada, "Como Era Bom", com Sulino, da dupla com Marroeiro. Sem falar no cantor e compositor Passoca, que, embora de uma geração mais nova, teve a honra e o prazer de gravar um disco com várias das letras de Adoniran musicadas postumamente por vários compositores.

O destino sempre colocou Adoniran ao lado de outros grandes caipiras — aliás, o próprio Adoniran sempre colaborou para que isso acontecesse. Ele se revelou no primeiro programa de calouros do rádio brasileiro, chamado justamente *Hora do Calouro*, nome sugerido por ninguém menos que Capitão Furtado (1907-1979), um dos grandes divulgadores da cultura caipira na grande cidade, seguindo o exemplo de seu tio, Cornélio Pires (1884-1958). E o primeiro artista a gravar música de Adoniran foi o cantor e compositor Raul Torres, paulista de Botucatu e pioneiro na "fabricação" da música caipira nas grandes cidades.

Adoniran tem boas ligações também com a música sertaneja nordestina, tendo composto um cateretê, "Tô com a Cara Torta", parceria com Ivo de Freitas (comediante que fazia com Adoniran uma dupla de "professores de inglês" no programa *Universidade Record*), e "Tiririca", com o grande Manezinho Araújo (1910-1993), mestre da embolada e outros ritmos rurais nordestinos, além de poder ser visto cantando uma música de Luiz Gonzaga, "Cortando Pano", na chanchada *Caídos do Céu* (1946) — gravação inédita em disco.

Por falar em Gonzagão, o samba de Adoniran "Asa Negra", parceria com Hélio Sindô, ao contrário do que pode parecer, não é resposta ou gozação com "Asa Branca" — nem poderia ser, pois foi lançada em 1946, um ano antes do clássico do Rei do Baião. A inspiração de "Asa Negra" foi ninguém menos que Olga Krum, primeira esposa de Adoniran ("Depois que aquela mulher me deixou/ Minha vida melhorou...").

Acima de tudo, Adoniran é um caipira progressista, determinado a conservar apenas o que o caipirismo tem de melhor: a pureza, a tranquilidade, a musicalidade, eliminando as características mais negativas como a preguiça, o conformismo, a passividade. Mais que juntar favelados a caipiras, Adoniran procura ajudar ambos a subirem na vida. Embora na vida real nada tivesse do ignorantão "anarfabeto" de suas letras — "ele não era culto, era cultivado", define Mário Chamie —, Adoniran falava direto ao povo. Seus discos, programas de rádio e filmes faziam sucesso, mas poucos foram seus shows em locais mais sofisticados. Adoniran, como humorista na fase das *Histórias das Malocas*, apresentava-se em circos, sempre a melhor diversão popular, conciliando boa diversão e baixos preços, ou em cine-teatros bem populares. Matilde, esposa de Adoniran, recordava:

> "A gente era muito pobre, porque ninguém fazia shows como hoje. Ele só cantava em circo e de vez em quando no Cine-Teatro Colombo lá no Brás, ou no Coliseu, no Largo do Arouche."

Era Matilde quem recolhia e contava a renda desses shows circenses — uma vez o dinheiro, de tão miúdo e sujo pelo manuseio do povão, só foi aceito por um caixa do Banco Holandês Unido após muita insistência de Matilde. Mas, fosse qual fosse a renda, Adoniran Barbosa sempre gostou de fazer shows, especialmente após a consagração definitiva com "Trem das Onze", como disse em 1966:

> "Agora vou sair por aí fazendo show. Tô ensaiando um moço violonista, tomara que dê certo. Se ele for ruim como eu, tchau mesmo!"

Adoniran só abandonou os palcos ao ser forçado pelo declínio da saúde, após completar 70 anos. Adorava fazer shows, mas odiava plateias pequenas. Às vezes, antes de iniciar um espetáculo que pressupunha fadado ao fracasso, comentava com seu sobrinho Sérgio Rubinato:

> "Está me cheirando a um forte fedor de ausência de público..."

ADONIRAN: MAIS QUE UM SAMBISTA, UM ESTILO

O que caracteriza um samba ou marcha de Adoniran? Eis uma pergunta do tipo "você sabe me dizer como é o gosto da mandioca": a resposta é menos fácil do que parece.

> "Todo samba é igual, o meu só é diferente nos versos. Eu faço samba que fala em Casa Verde. Eu não posso falar em Copacabana, pois não a conheço, falo então da Sorocabana [Estrada de Ferro Sorocabana, rebatizada FEPASA, Ferrovias Paulistas S.A., nos anos 1970, e extinta ao ser federalizada em 1998]."

Mas o "estilo Adoniran" de sambas e marchas tem ainda outras distinções. Mais que os erros gramaticais, a temática urbana das letras, rimas tão surpreendentes quanto as de um Noel Rosa ou a simplicidade das melodias, talvez o mais notável traço de uma composição de Adoniran Barbosa seja o perfeito casamento da letra com a melodia — ou, se preferirem, a letra que parece já ter nascido cantada, acompanhada da melodia. E quase todas as melodias de Adoniran são os chamados "temas longos", que se estendem por vários compassos sem repetição alguma:

"Trem das Onze", "Saudosa Maloca", "Tiro ao Álvaro" e "Bom Dia, Tristeza" são apenas quatro exemplos disso (o que prova que nem só de refrões vive o povo). Influência italiana, sem dúvida alguma. Mas a musicalidade inata e intuitiva de Adoniran não se limitava a ir compondo letras cantadas, bastando lembrar a já mencionada "Bom Dia, Tristeza" e "Quando Te Achei", belas melodias de Adoniran sobre letras de, respectivamente, Vinicius de Moraes e Hilda Hilst.

Por sinal, foi graças a Adoniran Barbosa que a poetisa e escritora paulista Hilda Hilst (1930-2004) entrou para a música popular brasileira. Adoniran havia lido *Balada de Alzira*, segundo livro de poemas de Hilda, de 1951, que inclui o poema "Bem o Quisera". De repente, em meados dos anos 1950, ela recebeu um telefonema de Adoniran, a quem ainda não conhecia pessoalmente, pedindo-lhe para marcar um encontro, pois ele desejava musicar seus poemas. E a única vez em que Adoniran e Hilda se encontraram pessoalmente foi no Bar do Hotel Jaraguá, em São Paulo (no mesmo prédio onde ficava o jornal *O Estado de S. Paulo*). Foi uma conversa das mais animadas e divertidas; Adoniran elogiou os versos de "Bem o Quisera" como dos mais perfeitos que já vira em língua portuguesa:

> Bem o quisera
> Que esta vontade
> Que se avoluma
> No pensamento
> Se fosse embora.
> Bem o quisera...

Hilda perguntou a Adoniran se seus poemas combinariam com a música e Adoniran respondeu:

> "Então faz aí, agora, uns poemas para eu musicar."

Ali mesmo, na mesa do bar, Hilda escreveu três poemas: "Só Tenho a Ti", "Quando Te Achei" e "Quando Tu Passas Por Mim". Em 1956 Hilda teve a surpresa tão inesperada quanto agradável de ouvir seu poema "Quando Te Achei" musicado por Adoniran e gravado por Morgana:

> Quando te achei
> Só eu poderia te amar

Como te amei
Quando te achei
Havia tanta coisa pra te dar
Havia lua cheia sobre o mar
Havia espanto e amor no meu olhar
Havia a minha vida vazia
Meus vinte anos de espera
E grande melancolia
Quando te achei
Só eu poderia te amar
Como te amei

Outro poema de Hilda musicado por Adoniran, "Só Tenho a Ti", resultou em um samba que se tornaria um dos preferidos de Dona Matilde, esposa do artista:

Só tenho a ti
Mas tão distante
Que não me ouves
Chamo e pergunto
Se ainda me queres
Mas o teu grito de assentimento
Chega cansado a meu ouvido
E assim cansado
Desaparece
Como um lamento

Embora sempre citasse Noel Rosa, Luiz Barbosa ou Oswaldo Molles, Adoniran tinha consciência de ser um artista único:

"Eu não tenho influência. Escutava todos os cartazes da época e fiz uma mistura, quer dizer, eu já nasci com o samba."

Para Adoniran, toda hora era hora de compor, como expressou nesta "receita" de composição, de 1978:

"Música boa nasce em qualquer lugar, não precisa estar num botequim. Depende de teu estado de espírito, de um momento seu."

Uma parceria de Adoniran que pode parecer ainda mais surpreendente que a de Vinicius de Moraes foi com a escritora e poetisa Hilda Hilst; foi Adoniran quem a introduziu na música popular brasileira ao colocar melodia em alguns de seus poemas, começando por "Quando Te Achei" (1956). Acima, um acetato de uma das primeiras gravações desta canção.

Adoniran, em fins de 1976, durante sua entrevista para o jornal *O Pasquim*, que ajudou a revelá-lo para as novas gerações.

Independentemente de parceiros ou influências, Adoniran atribuía boa parte de seu sucesso e de seu próprio estilo à sua persistência em cantar a Pauliceia:

"O Rio é uma cidade muito bonita, que inspira bastante, e tem vários lugares cujo próprio nome já são [*sic*] meio samba, de tão sonoros, têm muita poesia. Quer ver? Jacarepaguá, Leblon, Grajaú, Copacabana... Em São Paulo, nada disso. Alguém consegue encaixar Vila Alpina, Vila Nhocuné, Morumbi e Santo André em samba? Não dá, reconheço. Mas gosto tanto da cidade que acabo dando um jeito. Foi por isso que fiquei conhecido."

Se Adoniran é fácil de imitar ou não, bem que muita gente vem tentando, por desejo de homageá-lo, brincadeira ou mesmo interesse em faturar algum, desde que seu estilo começou a fazer sucesso nos anos 1950. Muitos "clonaram" não só as letras e melodias de Adoniran, mas também o estilo gaiato de seus mais famosos intérpretes, os Demônios da Garoa. Só não conseguiram imitar-lhes o sucesso; quem hoje em dia se lembra de "Desculpe Mãe" com os Anjos do Sol e "Despejo na Favela" (não o samba de Adoniran, e sim um homônimo) com os Anjos do Sereno?

Outra música que muita gente jura ser de Adoniran é a marchinha "Oi Nóis Aqui Tra Veis", composta por Geraldo Blota (aliás, parceiro de Adoniran em várias composições) e Joseval Peixoto e, ainda por cima, lançada pelos Demônios:

Se vocês pensa que nóis fomos embora
Nóis enganemo vocês
Fingimos que fumos e vortemos
Ói nóis aqui tra veis
Nóis tava indo, tava quase lá
Se arrependemo, vortemo pra cá
Agora nóis vai ficá fregueis
Oi nóis aqui tra veis

Apesar de compor em vários gêneros, e de sua indiscutível criatividade, Adoniran nunca se interessou por compor um samba-enredo:

"Eu não sei fazer samba-enredo. E não sei porque a minha instrução é primária. Não sei quem foi Duque de Caxias, nem nada... Agora, se o enredo fosse na base das malocas, aí, sim, eu poderia dar um jeito..."

(De fato, Adoniran apenas tentou fazer algo mais rebuscado à maneira dos sambas-enredo, como atesta um esboço, encontrado entre suas letras inéditas, que realmente prova não ser essa a sua vocação.)

Outras marcas do estilo de Adoniran são a objetividade e a verossimilhança. Os Demônios recusaram-se a defender no Festival de MPB da Record de 1992 o samba "Recado de Adoniran para Arnesto", de Bráulio de Castro e Paulo Elias. Ambos já haviam homenageado o mestre em "Cadê Adoniran?" ("samba sem Adoniran até parece velório"), gravada pelo grupo Talismã, e "Véio Mestre", lançada por Osvaldinho da Cuíca. Mas este "Recado" foi entregue no Festival por outro intérprete, pois os Demônios não foram com a cara de uma letra em que Adoniran conversa com seu cachorro Peteleco. "Ora essa, cachorro não fala!"

Os únicos exemplos de fantasia que conhecemos em letras de Adoniran estão em "As Mariposa", com o famoso diálogo entre a lâmpada e a mariposa, e "Mulher, Patrão e Cachaça", na qual o senhor Violão da Silveira reside num barracão "onde se guarda instrumento", ao lado da senhora Cuíca de Souza e do senhor Cavaquinho de Oliveira Penteado.

Homenagem muito melhor a Adoniran é "Augusta, Angélica e Consolação", de 1973, em que o baiano Tom Zé imita perfeitamente o mestre paulista, mas sem deixar de ser quem é ("Fui morar na Estação da Luz porque estava tudo escuro dentro do meu coração..."). Tom Zé, por sinal, era fã de Adoniran desde a primeira juventude em sua nativa Irará, onde ouvia seus sambas e marchas pelos serviços de alto-falantes.

"Um dia eu estava num daqueles corredores labirínticos da TV Record, eu o encontrei e falei 'Ô Adoniran, eu fiz uma música que é uma homenagem a você'. Na hora, em vez de ficar alegre, ele ficou triste, com os olhos assim longínquos, como quem diz 'Ah, nesse dia eu estava fazendo algumas coisas assim', acho que deu saudade do tempo antigo..."

O mestre de Irará foi um dos artistas convidados por Juvenal Fernandes para musicar postumamente uma das letras de Adoniran, "Tangolomango". Ele mesmo conta:

"O Juvenal um dia me perguntou se eu queria fazer uma parceria com Adoniran, então me deu uma letra. Quando eu recebi não era uma letra, era um rascunho, uma anotação. Eu fiquei pensando: 'O que será que o Adoniran iria desenvolver daqui?'. Tinha aquela palavra 'Tangolomango', e tinha aquela expressão 'que me voy pal pueblo'. Eu trabalhei na letra longamente, como se eu estivesse imitando o estilo dele, não por imitar, claro, mas para chegar perto. Eu fiz umas dez versões da música, que tinha uns oito minutos, e quando chegou a hora de gravar o CD *Com Defeito de Fabricação*, fizemos uns dez arranjos para aquela música."

Uma importante peculiaridade de Adoniran é o detalhismo — mais exatamente, a capacidade de contar histórias inteiras a partir de um simples detalhe, de dizer tudo partindo de um nada. Bem resumiu José Ramos Tinhorão em 1980:

"[Adoniran é] o grande poeta do trivial, através de sua incrível capacidade de tirar emoção da banalidade e do lugar--comum."

Um bom exemplo disso, que até poderia e ainda pode ser transformado em música, é uma observação lírico-jocosa de Adoniran a um jornalista nos anos 1970:

"Repare nas noites de lua. De repente, uma estrela cai: é que elas estão brigando entre elas, entendeu?"

Adoniran não foi o primeiro a retratar em música as atribulações do povão menos favorecido. Ele cumpriu o mesmo papel documental de seus colegas cariocas do morro, cujos sambas e marchas falam de um Rio de Janeiro que jamais aparece em cartão-postal, longe (em espírito, não distância) de Copacabana ou Ipanema.

"Saudosa Maloca" e "Samba do Arnesto" foram apenas duas das mais famosas obras a abordarem a mesma temática do submundo urbano. Paralelamente a Adoniran, podemos destacar a escritora Carolina Maria de Jesus (1914-1977), nascida em Minas Gerais e radicada em São Paulo, ex-catadora de papel, que em 1960 lançou seu livro *Quarto de Despejo*, reunindo crônicas publicadas desde 1958 no jornal *Folha da*

Noite e na revista *O Cruzeiro*. Carolina retratava a vida na favela paulistana do Canindé:

"A favela é o quarto de despejo de uma cidade."

As crônicas de Carolina também renderam um interessante LP de sambas e marchas, compostas e cantadas por ela mesma, pela RCA. Um bom exemplo é a marcha "Ra, Ré, Ri, Ró, Rua" ("Ra, ré, ri, ró, rua/ Você vai embora/ Que esta casa não é tua").

Apesar de ganhar fama e dinheiro e escrever outros livros, Carolina conseguiu escapar da favela, mas não da pobreza; falhando ao administrar o que ganhou, morreu pobre e esquecida. Já adivinhando o triste fim de Carolina, Adoniran compôs em 1966 o tragicômico samba "Carolina", em parceria com Marcos César, samba que mereceria ser mais lembrado, não só como homenagem a Carolina Maria de Jesus, mas também alerta para os perigos da fama ("Até que de repente deixa de ser novidade, sai de moda e é somente Carolina novamente...").

CRÔNICA SOCIAL E CENSURA

Como quase todo compositor brasileiro, Adoniran teve problemas com a censura, tanto a do Estado Novo como a do regime militar pós-1964. Seu maxixe "Vai-da-Valsa", de 1950, foi sumariamente vetado na época, só chegando ao disco meio século depois, na interpretação de Passoca. "Despejo na Favela", de 1969, foi alvo de implicância dos militares, especialmente devido aos versos: "Minha mudança é tão pequena que cabe no bolso de trás, mas essa gente aí, hein? Cumé que faz?".

A partir dos anos 1960, Adoniran recusava-se terminantemente a falar de política. Consta que ele até se recusou a compor um *jingle* para a campanha presidencial de Adhemar de Barros em 1960, com um bom cachê e tudo. (Certamente, ele gozou Adhemar em "Dotô Vardemá (Conheço Muito)", parceira com Geraldo Blota e Antonio Rago — e nem imaginava que um dia iria residir num bairro cujo nome, Cidade Ademar, é homenagem ao próprio.) Rara exceção foi uma queixa sobre sua Cidade Ademar ao então prefeito de São Paulo, Figueiredo Ferraz, em 1972:

"Na minha rua não tem luz, não tem água, é poço, se quiser, e fossa, se quiser. Fala para o seu Ferraz dar um jeito lá.

Você fala pra ele que não tem luz na rua. Eu tenho que ir pra casa cedinho por causa dos assartante. Já roubaram nosso violão, nosso pandeiro."

Mário Chamie (1933-2011), secretário da Cultura do município de São Paulo durante o governo de Reynaldo de Barros, era grande fã de Adoniran, tendo promovido vários de seus shows em casas de espetáculos da cidade. Seu primeiro encontro com Adoniran foi dos mais pitorescos. Segundo Sérgio Rubinato, a princípio, Adoniran mostrou-se reticente em conversar com Chamie, a quem conhecia somente como político, mas mudou de ideia ao ser informado de que Chamie era também poeta. Assim Adoniran se dirigiu a Chamie:

— Seu bobo! Secretário é por pouco tempo, poeta é pra vida toda!
Mário Chamie, igualmente espirituoso, respondeu:

— A poesia é como o espírito de Deus, sopra onde quer, e sem dúvida sopra pela sua música!
E Adoniran treplicou:

— A poesia sopra onde quer, mas alguns não aguentam a ventania...

Adoniran diria em uma de suas últimas entrevistas que o governo jamais proibiu qualquer composição sua. Por sinal, Adoniran era a favor da censura, mas dentro de certos parâmetros.

"Tem que existir [censura], sim, senão abusam muito... Tem gente que faz cada uma que não dá pra encarar... é pornografia pura... Eu acho que a censura é boa para frear um pouco, senão é fogo! Censura tem que ter, mas com inteligência. Por exemplo, as minhas músicas não dão problemas. Todavia, o samba 'Despejo na Favela' foi censurado porque dizia 'e essa gente aí', se referindo aos favelados. Acharam isso subversivo. Ora, aí a censura não foi inteligente. Tratava-se de um fato comum e que acontecia todos os dias..."

Certamente, Adoniran deve ter se oposto à proibição que sofreu de regravar "Samba do Arnesto" em seu primeiro LP, de 1973, só por causa dos erros gramaticais terem sido considerados ofensivos à língua portuguesa (embora haja uma "leitura" de que "Arnesto" seria uma alusão a Ernesto Geisel, mais um milico "eleito" presidente, empossado em 1974). Zelosos e coerentes como sempre, os censores nem perceberam, ou nem se importaram com os Originais do Samba, que regravaram "Samba do Arnesto" na mesma época e emplacaram um dos grandes sucessos de 1974, além de inspirarem uma infinidade de outras regravações desse samba...

As Musas de Adoniran

"Mulher é uma mistura completa de vitaminas e sais minerais. Fortalece o homem, faz bem para a saúde."

Até para elogiar as mulheres Adoniran era espirituoso — e mesmo suas tiradas bem-humoradas costumavam ser afetuosas. Malvina, Inês, Pafunça, Guiomar, Iracema, Gerarda, Maria Rosa... as damas cantadas nos sambas e marchas de Adoniran merecem ser lembradas e comentadas.

Adoniran Barbosa foi também um dos raros compositores brasileiros cuja obra é avessa ao machismo. As mulheres cantadas por Adoniran raramente são submissas como Amélia ou Emília, ou objetos sexuais como as lindas lourinhas e moreninhas prosas (raras exceções são a "baiana que faz uns quitutes pra mim" de "Grande Bahia", samba-imitação de Dorival Caymmi, e o maxixe "Sai, Água da Minha Boca", que descreve uma mulher que é "uma coisa louca"). As heroínas de Adoniran costumam ser pessoas simples; ora vítimas da ignorância, como Iracema, atropelada ao atravessar a Avenida São João sem o devido cuidado, ou Gioconda, que, embora esnobe seu pretendente e o deixe fazendo serenata debaixo de chuva, tem medo de ser levada pelo mar; ora nada ingênuas e incapazes de perdoar maridos relapsos, como a Inês de "Apaga o Fogo, Mané" ou a "Pafunça"; ora companheiras às quais Adoniran implora que lhe perdoem os defeitos, como sair para a boêmia e esquecer a chave de casa, em "Joga a Chave", ou voltar embriagado e arriscando tropeçar no escuro, segundo "Eu Vou Pro Samba" ("Deixa a boia no fogão, quando eu chego é só esquentar...").

O tema vou-te-amar-até-o-fim-do-mundo, muito comum em música popular, também foi tratado por Adoniran, mas bem a seu estilo, no final do samba "Dor de Catuvelo" ("Pode o céu pra terra baixar, pode o mar subir de níver, mas eu deixar de te amar, Guiomar, ah, é impossível!").

As mulheres que sofrem com maridos menos que ideais são defendidas no samba "Mãe, Eu Juro!", no qual a mulher reclama do marido para a mãe ("outro dia rasgou minha blusa de veludo e as duas combi-

Acetato de "Mãe, Eu Juro", com Neyde Fraga: parceria de Adoniran com Noite Ilustrada, embora este afirme ser o único autor da música. Mas a letra é puro Adoniran.

78 rpm original do xote "Olha a Polícia!", uma das incursões de Adoniran pela música caipira, regravado anos depois pela humorista Nhá Barbina.

nação que eu ganhei da mulher do João...”). Embora pouco lembrada, “Mãe, Eu Juro!” sempre foi uma das composições preferidas do próprio Adoniran:

> “É bonito. Eu gosto, samba assim de favela, de pobre.”

Vale conferir também uma opinião de Adoniran sobre o casamento na marchinha “O Camisolão”, lançada por Joel de Almeida (“A mulher depois das dez passa a chave no portão... Quem quiser casar que case, eu nem dou opinião...”).

Muito raro é o sexismo na obra de Adoniran, e mesmo assim em tom de brincadeira, como o xote “Olha a Polícia”, no qual um guarda flagra “um casal dentro de um carro que parou já de malícia” e grita: “Uê! Ô! Olha a polícia!”.

Ou o já mencionado maxixe “Vai-da-Valsa”: “Eu gosto de mulher bonita. Mas só quando ela está sem calça... comprida”.

Podemos também supor o que acontece durante os blecautes, em uma das obras-primas de Adoniran: “Luz da Light” (“Quando isso acontece, há um grito de alegria, a torcida é grande pra luz voltar só no outro dia...”).

E, ao menos para este que vos escreve, “Apaga o Fogo, Mané” — cujo assunto principal é um marido, Mané, abandonado pela mulher, Inês — termina com duplo sentido em seus dois últimos versos, como se Inês pedisse para Mané esquecer o amor e, digamos, furor sexual que tem por ela: “Pode apagar o fogo, Mané, eu não volto mais...”.

Outro samba de Adoniran com duplo sentido é “O Legume Que Ele Quer”, parceria com Manezinho Araújo: “ele é o bonitão da cidade/ o tipo do homem que nunca esperou por mulher/ imagina se ele podia esperar por você, Juraci/ que nem é o legume que ele quer...”.

Brincadeiras à parte, a grande musa de Adoniran foi sua segunda esposa e grande companheira, Matilde, para quem ele compôs “Prova de Carinho”: “Com a corda mi do meu cavaquinho, fiz uma aliança pra ela, prova de carinho...”. O próprio Adoniran era bem menos sexista do que a maioria dos homens brasileiros, embora tivesse sido bastante namorador até conhecer Matilde:

> “Tinha sempre muita mulher. Muita. [...] Sempre fui muito feio. [...] Eu que ia lá, [as mulheres] não vinham, não. Eu que chamava: ‘vem cá, vem cá’. Elas até que gostavam de mim.”

Segundo declarou a *O Pasquim*, Adoniran nunca teve nada com artistas famosas, mas não por falta de vontade:

"Elas tinham medo da minha cara. Nunca tive nada com colega minha. [...] Ninguém me dava atenção. Eu não existia. [...] eu já cantava há tempo. Já trabalhava no rádio. Já era alguma coisinha. Podiam falar pelo menos 'boa tarde' comigo."

Com Matilde foi bem diferente. Ao que consta, ele, apesar da reputação de mulherengo, foi o melhor dos maridos, e exigiu fidelidade de acordo. Ela não se importava, até gostava, quando fãs mais novas vinham cumprimentá-lo com beijinhos e abraços. Mas um dia, quando um diretor de gravadora saudou Matilde com dois beijinhos no rosto, Adoniran entrou numa crise de ciúmes manifestada numa rabugice que durou algum tempo. Matilde se conformava:

"O homem foi um Otelo e até o fim foi assim..."

Com a proximidade dos 70 anos e a chegada da debilidade física devido aos excessos da boêmia, Adoniran foi se desinteressando do chamado "belo esporte". Conta-se que, ao fazer um show no Rio de Janeiro, ele e um amigo foram abordados por duas belas damas. Nem foi preciso muita conversa para se estabelecer o cenário para uma ótima noite. Mas Adoniran limitou-se a observar as beldades a distância e dizer ao amigo:

— Não, meu caro, vá você. Eu vou dormir.

O amigo não se conformou:

— Mas que é isso, Adoniran, está fugindo da raia?

Adoniran demostrou sabedoria de vida:

— Meu caro, mulheres como aquelas querem jantar...

— E daí, Adoniran?

— Não vão se contentar só com o *couvert*...

O amigo pensou, sorriu e insistiu:

— Que é que há, meu chapa? Aplica "partido"...

A sugestão equivalia a dizer "jogue um pouco para enganar a torcida", ou seja, ficar só nas preliminares. Mas Adoniran encerrou o assunto, levantando-se para pegar a chave do quarto na portaria e dizendo:

— Meu caro, "partido" em sexo também faz parte do *couvert*. Elas não vão dispensar o jantar...

MULHERES DE AREIA diariamente 7:45 da noite
TV Tupi - Canal 4

ADONIRAN BARBOSA - vive o papel de Chico Belo

Terminados seus 30 anos na Record, Adoniran foi para a TV Tupi,
onde trabalhou como ator em várias novelas.

6.
ENVELHECER É UMA ARTE

O melhor presente de 60 anos: os primeiros LPs

O LP é uma tecnologia relativamente nova, surgida em 1948, quando o velho e bom 78 rpm estava prestes a comemorar meio século de vida. Daí muitos artistas veteranos permanecerem inéditos em LP (algumas gravações nem chegaram a conhecer o vinil, pulando diretamente da goma-laca do 78 para o alumínio do CD desde que este formato chegou ao mercado, em 1983). Adoniran Barbosa, artista bissexto em disco, só conseguiu ter faixas incluídas em coletâneas de carnaval ou fascículos de coleções até 1973, quando finalmente gravou seu primeiro LP: aos 62 anos de idade e 39 de carreira. E a honra de traduzir Adoniran para a era do LP coube ao produtor J. C. Botezelli, bem mais conhecido como Pelão (nascido em 1942).

Outra lenda sobre Adoniran, criada pelo departamento de divulgação da extinta TV Tupi, é que Pelão teria tido a ideia de produzir um disco de Adoniran quando o redescobriu cantando sambas na telenovela *Mulheres de Areia*. "Ele era bem amigo, eu queria trabalhar com ele bem antes da novela", desmente o próprio Pelão. Felizmente, a oportunidade não demorou a chegar.

Pelão acabava de ganhar prestígio ao sugerir para a Odeon que o deixasse produzir um disco de Nelson Cavaquinho, que já gravara um LP para a RCA, disco muito bom, mas com um grave defeito: muito pouco do violão do artista, que preferira enfatizar sua voz e composições. A Odeon aceitou a missão e o segundo LP de Nelson foi ainda mais elogiado que o anterior. Aproveitando o embalo, Pelão pediu para gravar Adoniran Barbosa. Novamente a Odeon topou, apesar das condições técnicas — dois canais, tudo diretamente ao vivo, inclusive os vocais de Adoniran, como nos primeiros tempos do 78 rpm, só que em estéreo e alta fidelidade. E tudo foi gravado rapidamente durante o mês de janeiro de 1974. O clima foi o melhor possível, com Adoniran bem à vontade, secundado por músicos veteranos de qualidade não muito comum, incluindo Poly e Xixa no cavaquinho, Rogério e Mestre Marçal na percussão, além dos violões de Miranda ("quando acabou de gravar foi preso porque não pagou pensão alimentar", lembra Pelão), Theo de Barros e um jovem de futuro chamado Edson José Alves, a cozinha do contrabaixista Gabriel Bahlis e do baterista Dirceu, sem falar no molho adicional das cordas e metais arranjados e regidos pelo maestro José Briamonte. O repertório incluiu clássicos do mestre — "Trem das Onze", "Iracema", "As Mariposa", "Apaga o Fogo, Mané", "Bom Dia, Tristeza" — ainda inéditos em disco na voz do próprio, além de regravações melhoradas ("Saudosa Maloca", "Já Fui Uma Brasa") e dois sambas recentes, mostrando Adoniran ainda em boa forma: "Acende o Candieiro" e "Véspera de Natal". Esta última é uma excelente sátira não só dos festejos natalinos da classe média, mas também da tentativa de se importar à força costumes estrangeiros, especialmente a chegada de Papai Noel através de chaminés — que em São Paulo eram projetadas primordialmente para escape de fumaça, não para passagem de uma pessoa ("O orifício da chaminé era pequeno, pra me tirar de lá foi preciso chamar os bombeiros...").

Só um problema rondou o primeiro LP de Adoniran: a censura federal. Era a época da ditadura militar, e os guardiões da moral e bons costumes implicaram com algumas músicas. Ficaram de fora "Samba do Arnesto", devido à imoralidade dos erros de português, e "Um Samba no Bixiga", lançado nos anos 1950 pelos Demônios, desta vez proibido só por mencionar as sacrossantas palavras "polícia" e "sargento" ("Dali a pouco escuitemo a patrulha chegar e o Sargento Oliveira gritar: 'Não tem importância, foi chamada as ambulância'...").

Algum tempo após o lançamento desse primeiro LP de Adoniran, Pelão foi chamado ao escritório da Odeon. Já calejado por tantos mandos e desmandos de gravadoras, compareceu preparado para receber o bilhete azul. Na reunião, mencionaram o primeiro LP de Adoniran. "Perguntei: 'Então estou dispensado?'. Me disseram: 'Não, vai fazer o segundo'."

E em maio de 1975 Adoniran voltou ao estúdio, secundado por Pelão e os mesmos músicos, incluindo o maestro Briamonte. Este LP teve um reforço providencial: disposto a incluir "Samba do Arnesto", com gramática obscena e tudo, Pelão trouxe o advogado César Vieira para ajudá-lo na briga.

"Eu fui lá com meu advogado, e ele viu que o delegado tinha sido companheiro dele, colega de estudos, e liberou [a música], embora falando mal do advogado."

"Samba do Arnesto" entrou no disco ao lado de outras músicas já gravadas por Adoniran ("Tocar na Banda", "Pafunça", "Conselho de Mulher"), obras lançadas por outros, notadamente os Demônios da Garoa ("Joga a Chave", "No Morro da Casa Verde", "Malvina"), e mais um par de novidades que nada ficavam devendo às antigas: "Vide Verso Meu Endereço" e "Triste Margarida (Samba do Metrô)".

Outra novidade desse segundo LP em relação ao anterior foi um texto de contracapa, encomendado por Pelão ao grande crítico literário Antonio Candido (nascido em 1918), "pra calar a boca de todo mundo" — ou seja, os que ainda consideravam Adoniran um artista menor, que só tinha interesse para o povão semianalfabeto. Uma amostra:

> "Adoniran Barbosa é um grande compositor e poeta popular, expressivo como poucos [...] um paulista de cerne que exprime a sua terra com a força da imaginação alimentada pelas heranças necessárias de fora. [...] Esta cidade que está acabando, que já acabou com a garoa, os bondes, o trem da Cantareira, o Triângulo, as cantinas do Bixiga, Adoniran não a deixará acabar, porque graças a ele ficará, misturada vivamente com a nova, mas, como o quarto do poeta, também 'intacta, boiando no ar'."

Por essa época, Pelão produziu uma série de shows no Teatro 13 de Maio, no velho e bom Bixiga, reunindo Adoniran, Zé Keti, Nelson Cavaquinho, Cartola, Mário Lago e outros — sim, Adoniran era o único paulista no meio de eméritos cariocas. Infelizmente, desses shows restaram apenas fotos, nenhum registro sonoro. Mas Pelão se diverte ao recordar:

> "Adoniran agradava mais, porque tirava sarro dos caras do Rio, e saía botando a maior banca."

"PRAÇA DA SÉ"

O mundo estava mudando, o "pogréssio" avançava indomável, e Adoniran não se conformava. Para ele, a boêmia não era mais a mesma de sua juventude:

Cinco ases do samba: Adoniran, Billy Blanco, Nelson Cavaquinho e Cartola (atrás)
na quadra da Mangueira em 1977, durante as gravações do programa
Levanta Poeira, da TV Globo. Na mesa ao fundo, o grande estaciano Ismael Silva.

"A palavra [boêmia] foi deturpada, hoje é só briga e bebida à noite."

A própria cidade de São Paulo tornava-se cada vez mais diferente, isto é, descaracterizada e desfigurada:

"Até os anos 60, São Paulo ainda existia. Depois procurei, mas não achei São Paulo. O Brás, cadê o Brás? O Bixiga, cadê o Bixiga? Afora as ruas 13 de Maio, Fortaleza e Rui Barbosa, não existe mais o Bixiga. Mandaram achar a Sé, mas não achei."

Pois foi à Praça da Sé que Adoniran dedicou metade de seu último disco dos anos 1970. Entre um LP e outro na Odeon, Adoniran deu uma escapada para a velha e boa Continental, onde gravou em 1978 um compacto reunindo um de seus clássicos, "Um Samba no Bixiga", e um samba novo, "Praça da Sé".

O ponto de partida para o novo samba foi uma letra bem mais antiga de Adoniran, publicada no jornal *O Estado de S. Paulo* em 28 de janeiro de 1969:

Se o senhor faz algum tempo
Que não vai a São Paulo
Não vá, não vá
Quer dizer,
Não vá sozinho
Que o senhor vai se perder
Ai, meu São Benedito!
São Paulo está tão bonito
Que você não vai reconhecer...

Adoniran desenvolveu a ideia e assim nasceu "Praça da Sé" ("Você hoje é Madame Estação Sé...").

PRESENTE DE 70 ANOS: O LP *ADONIRAN E CONVIDADOS*

"Nasci, vim vindo, vindo, vindo e cheguei aos 70 anos. Faz de conta que tenho 10. Sou sempre jovem."

Nacionalmente famoso como compositor desde os 45 anos e como cantor aos 54, idades avançadas para os padrões da música popular comercial (que, como quase tudo no século XX, supervalorizava a juventude), Adoniran era atemporal. Sua única queixa era não ter sido descoberto antes, como declarou — ou melhor, desabafou — ao jornal carioca *O Pasquim*, aliás pioneiro em sua redescoberta nos anos 1970:

"Puxa vida, só depois de velho é que vieram dar valor à minha música. Por que não fizeram isso há vinte anos atrás?"

Em 1972, amigos e jornalistas chamaram a atenção para outra efeméride: Adoniran completava 40 anos de carreira. E sua reação foi, como sempre, tão desconcertante quanto pragmática:

"Homenagem eu não quero, quero tutu. Não tem tutu, não tem homenagem. Querem me homenagear? Perfeitamente. Quanto me pagam?"

Mesmo assim, Adoniran havia se divertido muito quando o jornal *Última Hora* lhe dedicara uma página inteira, redigida por Alberto Helena e Chico de Assis, no final dos anos 1960:

"Mas é muito pra mim. Até parece que eu sou Bach!"

Nos anos 1970, apesar do sucesso na televisão em novelas e comerciais e com a boa vendagem de seus LPs, Adoniran continuava bissexto em gravações, sempre se escondendo atrás da própria obra, por vontade própria, equívocos de gravadoras ou ambos. As rádios dessa época, fim dos anos 1970, tocavam muito samba, mas davam preferência a artistas mais elitizados como Chico Buarque, Clara Nunes ou João Bosco, ou mais comunicativos, como Benito di Paula, Martinho da Vila e seus tantos imitadores, Jorginho do Império, Agepê e que tais. Artistas veteranos como Cartola, Nelson Cavaquinho e Adoniran só entravam nas emissoras para ocupar espaço nas estantes, e Adoniran não perdia oportunidade para reclamar:

"As rádios, pra tocarem, eu preciso implorar. Até me pergunto: será que meu disco, meu LP, tem meningite que ninguém toca? Preciso implorar. A Eldorado toca. A Bandeirantes, às

"Você está bonita, só indo lá pra vê": Adoniran na Praça da Sé, em São Paulo, nos anos 1970.

"Praça da Sé, agora você é Madame Estação Sé": compacto do samba lançado em 1978.

vezes toca. A Rádio Mulher toca muito. Mas, puxa vida, precisa eu pedir pra tocar meu disco? [...] acho que não devia ser preciso eu pedir pra tocarem minhas músicas. Justamente por eu ser um compositor paulista. Devia tocar todo dia um sambinha meu."

Seu penúltimo disco dos anos 1970 foi um compacto com uma declaração de princípios e um belo hino à terceira idade: "Envelhecer é uma Arte" ("Sou velho, sou feliz, mais velho é quem me diz...").

Mas Adoniran encerraria os anos 1970 em grande estilo, participando do LP de Clementina de Jesus de 1979 — e, jamais repousando sobre glórias passadas, ainda por cima cantou com ela uma música nova, "Torresmo à Milanesa", parceria com Carlinhos Vergueiro.

No ano seguinte, 1980, Adoniran completou 70 anos, e a ocasião foi celebrada à altura. A EMI chamou Fernando Faro para produzir um LP reunindo Adoniran a outras estrelas de seu elenco: Elis Regina, Djavan, Simone, Carlinhos Vergueiro, Clementina de Jesus, além de Vânia Carvalho, a hoje pouco lembrada irmã de Beth. A fórmula, hoje comum a ponto de ser sinônimo de preguiça criativa, era na época relativa novidade.

O LP repete músicas dos anteriores, mas justificadas por novas interpretações e arranjos, como "Iracema" com Clara Nunes, "Bom Dia, Tristeza" com Roberto Ribeiro e — talvez o ponto alto do LP — "Tiro ao Álvaro" com Elis Regina. Elis levou meia hora para aprender a música no estúdio e gravá-la (inclusive fazendo segunda voz para si mesma!), e sua interpretação "puxou" o disco (com a ajuda de um compacto promocional para as rádios). Muitos fãs de Adoniran ou Elis pensaram se tratar de uma nova composição de Adoniran, mas, na verdade, a música havia sido lançada pelo próprio em 1960, e regravada seis anos depois pelo grupo Os Maracatins, sempre sem sucesso.

Seguindo a tradição dos LPs de Adoniran, duas músicas inéditas fazem por merecer a companhia das clássicas: "Torresmo à Milanesa"e "Viaduto Santa Ifigênia"; temos ainda "Fica Mais Um Pouco, Amor", gravada anos antes sem sucesso pelo Talismã.

Mestre Marçal, dessa vez ao lado de seu filho e também percussionista Marçalzinho, e o maestro e pianista José Briamonte são os únicos músicos dos dois LPs anteriores que participam do disco, mas seus companheiros mantiveram o nível: César Faria ao violão; Dino no violão de sete cordas; Carlinhos no cavaco; a percussão de Luna, Jorginho e Geraldo; José Nogueira e Netinho nos saxofones; Nelsinho no trombone; Maurílio no trompete; outro Jorginho à flauta, e o grupo vocal As Gatas.

Outro participante deste LP é o grupo Talismã, liderado por Maximiliano Parisi, na época proprietário de um restaurante dos mais frequentados por Adoniran, o La Barca, na esquina das ruas Rego Freitas e General Jardim. Adoniran faria quase todos os seus shows da segunda metade dos anos 1970 acompanhado pelo grupo Talismã, já que se recusara a integrar os Demônios da Garoa e brigara de vez com eles (além de, segundo más línguas, o Talismã cobrar cachê inferior ao dos Demônios).

E, ao contrário das capas eficientes porém sóbrias dos dois primeiros LPs, desta vez a EMI caprichou, chamando o artista gráfico Elifas Andreato, já famoso por sua ousadia em capas de discos. Além de um frontispício imitando um convite formal, Elifas incluiu fotografias de brinquedos construídos por Adoniran e um retrato do artista. A princípio, Elifas caracterizou Adoniran como um palhaço melancólico, mas resolveu mudar de ideia, pensando que chamar Adoniran de "palhaço" seria ofensivo, e fez um retrato mais sóbrio. Depois de lançado o disco, Adoniran viu o estudo original e comentou com Elifas:

"Sou esse palhaço triste, não aquele alemão que você desenhou no disco."

A eternidade

O LP *Adoniran e Convidados* constituiu-se numa excelente saideira para a carreira de Adoniran, que, infelizmente, estava para terminar. Embora ainda criativo e inquieto, ele começava a demonstrar os primeiros sinais de debilidade física.

A empresa mantenedora do jornal *O Estado de S. Paulo* inaugurara havia poucos anos uma gravadora própria, a Eldorado, disposta a investir mais em qualidade que em sucesso imediato, lançando discos de artistas como Altamiro Carrilho e Paulo Vanzolini. Adoniran também estava na mira da Eldorado, e foi para ela que ele gravou seu quarto LP — embora, devido às circunstâncias, resultasse totalmente diferente (*Documento Inédito*). Aluísio Falcão, produtor da Eldorado, relembra os preparativos:

"Chegamos a marcar uma data para as gravações, Ado-

Três convidados do terceiro LP de Adoniran Barbosa:
Gonzaguinha, Clara Nunes e Roberto Ribeiro.

niran veio uma noite, mas o violonista adoeceu. Fomos adiando, até que em novembro de 1982 Adoniran morreu."

Pode não se notar nas fotografias, mas Adoniran tinha quase 1,80m de altura e resistência proporcional. Como já lembramos, era um existencialista à brasileira, menos preocupado em, como se diz, acrescentar anos à vida que vida aos anos. Mais cedo ou mais tarde, seu consumo diário de cigarros, cachaça e uísque, aliado à boêmia (embora nos últimos tempos não abrisse mão da rotina salutar de se deitar às dez e meia da noite e levantar-se às seis da manhã), haveria de cobrar-lhe a dívida. E a cobrança veio com os anos 1980.

Logo Adoniran começou a se queixar de falta de fôlego e descobriu a causa: enfisema pulmonar. Até dar entrevistas passou a ser uma tarefa das mais cansativas. Em julho de 1982 foi procurado pela repórter Flávia Amaral, da revista *Visão*, mas o encontro foi adiado três vezes, com Matilde explicando delicadamente à repórter: "A bronquite atacou de novo...".

Finalmente, Flávia conseguiu falar com o mestre, mas ele estava bastante abatido pela doença, e a entrevista (publicada postumamente, em 6 de dezembro de 1982) revelou menos do que deveria sobre sua vida e obra — embora bastante esclarecedora sobre seu lamentável estado de saúde —, indo pouco além de "chega, né, vou almoçar" e "faz entrevista outro dia, hoje eu não tô bom".

Não conseguindo — ou não querendo — abandonar o álcool e o cigarro, Adoniran passou a se valer de um nebulizador e uma bomba de oxigênio, em doses diárias cada vez maiores. Shows, nem pensar. O último que seus pulmões permitiram foi na sede do cursinho Equipe, em abril de 1982 (e não o show de maio de 1979, lançado em disco em 1992).

Mas a doença não conseguiu abater a disposição de Adoniran Barbosa para compor e viver a vida. Contrariando ordens médicas e pedidos de Matilde, ele continuou dando seus passeios, embora não mais à noite ("inventou a boêmia vespertina", segundo Matilde). Às vezes, Adoniran acordava tão debilitado que Matilde tentava a todo custo impedi-lo de sair ou se oferecia para ir com ele. Como todo bom humorista, Adoniran tinha seus momentos de zanga e seriedade, e não gostava desta paparicação:

"Você está pensando que eu vou morrer? O que é que está acontecendo?"

Mestres temporões: Clementina de Jesus e Adoniran Barbosa (acima, entre os dois, Carlinhos Vergueiro, parceiro de Adoniran em "Torresmo à Milanesa").

Em outubro de 1982, o nebulizador e oxigênio caseiros não eram mais suficientes; Adoniran passou a entrar e sair do hospital. Bem que tentou resistir a ser internado, mas, querendo ou não, sua primeira internação deu-se em 5 de outubro, no Hospital São Luiz, na Vila Santo Amaro. Mal deu entrada, teve tamanha crise respiratória que precisou ser levado à Unidade de Terapia Intensiva, a tenebrosa UTI, de que Adoniran tinha verdadeiro pavor. Sua doença já lhe causava desagrado suficiente, e a visão de vítimas de acidentes ou esfaqueamentos e portadores de doença grave ou terminal adentrando a UTI a todo instante era ainda mais aterradora.

Só em 22 de outubro Adoniran teve permissão para deixar a UTI, e não teve alta do hospital antes do dia 30. Os médicos preveniram Matilde: não adiantava mais abandonar a bebida ou o cigarro — os exames haviam encontrado também câncer no fígado e no baço do compositor. Era uma questão de tempo.

Adoniran, grande amante da vida, passou a falar sobre assuntos que antes quase sempre evitara: morte e religião. Mesmo sua obra-prima sobre o assunto, o samba "Iracema", falava da morte sem mencioná-la pelo nome. Até o passamento de amigos e parceiros era mencionado de forma positiva:

"Molles e Hervê estão no céu. Lá é que é o lugar de gente boa..."

Mas agora, pressentindo que sua hora chegava, Adoniran não se opôs a conversar com Matilde sobre a compra de um túmulo próprio. Tendo participado do velório do sogro, no Cemitério da Paz, no bairro Jardim Morumbi, Adoniran se encantou com o ambiente, um cemitério diferente dos outros, sem morbidez ou tristeza, e disse à esposa que pretendia ser enterrado lá. Combinaram que, morrendo um dos dois, o outro lhe compraria um túmulo no Cemitério da Paz.

Embora permanecesse lúcido até o fim, Adoniran passou a ter delírios momentâneos. Um dia, disse à esposa: "Matilde, a Helena está atrás de você".

Helena era a irmã mais velha de Adoniran, já falecida. Matilde, que simpatizava com o espiritismo, empolgou-se:

— Fale com ela, Adoniran!

E ele respondeu, imperturbável e incorrigível em sua rabujice bem--humorada:

Um grande encontro:
Adoniran e Elis Regina
durante a gravação de
"Tiro ao Álvaro",
em 1980. Ao lado,
o compacto com a
canção, distribuído
para a imprensa.

ESTEREO

EMI

DISCO PROMOCIONAL
INVENDÁVEL

ADONIRAN BARBOSA

(61.122.637) TIRO AO ALVARO
Com Elis Regina
(Adoniran Barbosa-Oswaldo Molles) 2:42

SDP-822-A

℗ 1980 EMI-ODEON - BRASIL

EMI-ODEON, Fonog. Indl. e Eletrônica S.A.
Rua Odeon, 150 - São Bernardo do Campo -
SP - Brasil - C.G.C. 33.249.640/0004-31
S.C.D.P.-P.F. 002/RJ - Todos os direitos do produtor fonográfico e do proprietário da obra gravada são reser-
vados. A reprodução, a execução
pública e radioteledifusão deste
disco estão proibidas.
Indústria Brasileira.

— Ela não quer falar comigo, não quer conversa...

Com o tempo, Adoniran foi narrando novas visões de amigos e familiares já falecidos — inclusive seu animal de estimação mais querido, o cachorro Peteleco. Mas nunca aceitou o espiritismo, embora não demonstrasse hostilidade para com o assunto, conforme disse a Matilde:

"Eu queria ter uma cabeça boa como a tua para aceitar isso... É tão interessante... Será que é verdade?"

Parafraseando seu samba "Conselho de Mulher", podemos dizer que Adoniran viveu muito bem enquanto Deus quis — até o dia em que Deus não quis mais.

Em novembro de 1982, obviamente sob seus mais veementes protestos, Adoniran foi reconduzido ao Hospital São Luiz, mais precisamente ao quarto 503. Conforme os médicos explicaram a Matilde, a internação não prolongaria a vida de Adoniran, mas impediria que sua morte fosse dolorosa, já que a consequência final do enfisema pulmonar é a asfixia; inclusive, o artista teve de receber aplicações de morfina para afastar a dor.

Embora preso ao leito, Adoniran não perdia a vontade de viver nem seu bom humor desconcertante. Fernando Faro, amigo de velha data e produtor de seu último disco, sempre ia visitá-lo no hospital, e o animava:

— Vamos fazer um show, velho?

Ao que Adoniran respondia:

— Tá bom, tá bom, vô me arrumá e tô indo!

E virava para o outro lado da cama.

As eleições de 15 de novembro de 1982 seriam as primeiras desde o início da ditadura militar em que o povo votaria para prefeito e governador (teria ainda de esperar alguns anos para eleger o presidente). Bem que Adoniran quis sair para votar, sendo impedido por família, amigos e médicos. Mas fez questão de fiscalizar a esposa, perguntando em quem iria votar, se estava levando carteira de identidade e título eleitoral, tudo direitinho...

A última semana de Adoniran, como toda sua vida, misturou alegria, tristeza, samba e lances pitorescos. Numa ocasião em que se recusou a tomar uma injeção, a enfermeira teve a presença de espírito de cantarolar "Trem das Onze" para acalmá-lo e convencê-lo a receber a medicação. E sua última noite, 21 de novembro, foi bastante animada: além de compor um samba em homenagem ao hospital — que, numa derradeira ex-

"Não posso ficar nem mais um minuto com você...":
no funeral de um grande artista popular como Adoniran, não poderia
faltar muito samba, comandado pelos Demônios da Garoa (1982).

centricidade, não permitiu que escrevessem —, passou a noite conversando com Matilde. Fizeram planos para o futuro: quando ele tivesse alta iriam viajar, conhecer o Nordeste... Terá Adoniran se lembrado da "Grande Bahia" que tanto elogiara num obscuro samba dos anos 1940?

Até que, às cinco horas da madrugada do dia 22, Adoniran entrou em coma. E, precisamente às 17h15, faleceu, em paz e sem agonia, como resumiu Matilde:

> "Morreu como um passarinho. Os espíritos bons o ajudaram..."

O atestado de óbito deu a causa da morte como "insuficiência respiratória agravada por enfisema pulmonar". Já Maria Thereza, sobrinha de Adoniran, teve explicação mais sentimental, mas nem por isso menos exata:

> "Foi a noite, o cigarro, o uisquinho tomado naquela famosa esquina da Ipiranga com a São João, a boêmia que acabou sobrecarregando o velho pulmão do tio."

O sobrinho Sérgio Rubinato desmente a informação de que Matilde precisou pedir dinheiro emprestado a Fernando Faro para custear o funeral de Adoniran, que não estava exatamente na miséria, embora com espólio aquém do que merecia por décadas de trabalho: a residência na Cidade Ademar, aposentadoria de 125 mil cruzeiros pela Record e direitos autorais mensais por volta de 60 mil cruzeiros. (Como referência, nesta época um LP novo custava cerca de mil cruzeiros.)

Conforme combinado, Adoniran foi enterrado no Cemitério da Paz, com seu indefectível chapéu colocado sobre o peito, e o cachecol em volta do pescoço. O funeral foi razoavelmente concorrido — "no máximo quinhentas pessoas, mas só gente respeitável", como noticiou o *Jornal da Tarde*. Os primeiros a chegar foram Geraldo Filme, outro veterano do samba paulistano, e o crítico literário Antonio Candido. Amigos, familiares, companheiros de boêmia, enfim, foi uma reunião popular, como convinha a um artista popular:

> "Nenhuma autoridade, como disse o maestro Júlio Medaglia, 'graças a Deus' [...] Adoniran devia estar feliz. Pois foi uma festa bem ao seu estilo."

Consagração: Adoniran com seus troféus (incluindo vários
Roquette Pinto) e seu grande amor, Matilde de Lutiis.

Moreira da Silva, o grande divulgador do samba de breque, lamentou que um programa especial de ambos na TV Globo ficasse limitado a um plano e um sonho, devido a Adoniran estar doente na ocasião. E bem que Moreira tentou gravar uma música de Adoniran: "Ele me mostrou várias, mas não chegamos a uma conclusão".

Dona Matilde

Matilde de Lutiis, segunda esposa de Adoniran, merece um capítulo só para ela, tendo sido sua grande companheira e musa inspiradora, que se tornou ela mesma grande personagem.

Nascida em São Paulo em 4 de maio de 1923, Matilde conheceu Adoniran Barbosa logo após este se separar de Olga Krum, em 1941. Nunca chegaram a oficializar casamento em cartórios ou tabeliães, e nem foi preciso, pois o amor os unia muito mais — "nóis não usa as bleque tais", parafraseando o samba de Adoniran. E Matilde nunca se importou com quem confundisse os sobrenomes de batismo e artístico de Adoniran e a chamasse de Matilde Barbosa — pelo contrário, foi assim que ela assinou o texto do LP *Documento Inédito*, primeiro disco póstumo de Adoniran.

Talvez a mais famosa música de Adoniran feita para Matilde seja "Prova de Carinho", sobre a qual ela comentou:

> "Ele fez aliança com a corda do cavaquinho, e eu tenho essa aliança até hoje, que é verdade, ele fez uma aliança pra mim com a corda do cavaquinho..."

Matilde fez questão de colecionar tudo que dissesse respeito a Adoniran: discos, revistas, troféus, rascunhos de músicas, nem se importando com os protestos do marido, que vivia demonstrando desapego a tais relíquias:

> "Vai juntar barata..."

Bem que Adoniran reclamava das reclamações de Matilde:

> "Minha mulher fala que eu não sei me dar valor..."

Entrada do Museu Adoniran Barbosa — quando esteve instalado no antigo cofre do Banco de São Paulo (mais tarde Banespa e atualmente Santander), no subsolo do prédio da Secretaria Municipal de Turismo, no centro de São Paulo — e alguns objetos de seu acervo que pertenceram ao compositor.

Pois foi Matilde a grande organizadora do Museu Adoniran Barbosa, fornecendo pertences do marido: partituras, discos, documentos, troféus, roupas, os brinquedos que ele construía...

Matilde amava o marido a ponto de aderir ao vício do cigarro só para acompanhá-lo (e, tal como ele, sucumbiria a males advindos do tabagismo, sete anos depois, em 13 de junho de 1989), fraqueza compreensível e perdoável em pessoa tão forte, que nos anos 1980 impediu que um programa de televisão utilizasse "Trem das Onze" como fundo musical para uma entrevista com Ronald Biggs, participante do famoso assalto a um trem pagador na Inglaterra e então morando no Brasil.

Museu Adoniran Barbosa

A primeira ideia de coletar e organizar tudo que dissesse respeito a Adoniran surgiu no início de 1970, quando Sérgio Rubinato começou a reunir em álbuns várias fotografias do tio — embora sob protesto deste, "pare com isso!". O Museu Adoniran Barbosa tornou-se realidade em 1984, por iniciativa de Sérgio e Dona Matilde, e com o apoio da Prefeitura de São Paulo, incluindo material doado na ocasião do velório do artista por amigos como Décio Piccinini.

O povo pode gostar de Adoniran, um dos artistas mais legitimamente populares, mas ainda precisa aprender a cuidar de sua memória, a julgar por um episódio presenciado por Sérgio nos primeiros tempos do Museu: uma visitante não teve dúvida em simplesmente apanhar uma das fotos expostas e ir saindo com ela. Brecada a tempo por Sérgio, ela ainda justificou:

— Ah, eu só ia levar pra minha filha ver...

E Sérgio precisou explicar:

— Xuxu, traz sua filha aqui pra ver, isto é uma peça de museu!

Menos desculpável foi o desaparecimento de nada menos de onze peças do Museu Adoniran Barbosa (incluindo a lanterna da extinta estação ferroviária do Jaçanã) durante uma exposição itinerante no início dos anos 1990. O que sobrou — ainda muita coisa, felizmente — pode ser admirado e estudado nas sucessivas montagens do Museu. A princípio ele foi exposto no edifício do banco do Estado do São Paulo, na Rua 15 de Novembro, no centro paulistano. Em 2007 o acervo foi transferido para o Museu da Imagem e do Som de São Paulo, indo pouco tempo depois para o Teatro Sérgio Cardoso e o Museu da Memória do Bixiga;

no momento da publicação deste livro o Museu Adoniran Barbosa está recolhido, aguardando novo local, esperamos que definitivo.

Músicas inéditas

Além de criativo, Adoniran era bastante inquieto, compulsivo. Bem resumiu Toninho, dos Demônios: "Ele escrevia e depois esquecia numa gaveta qualquer".

Muitas das letras de Adoniran tiveram a sorte de sobreviver com os bons cuidados de Matilde, que as confiou ao velho amigo e editor Juvenal Fernandes. Essas letras inéditas incluem parcerias com vários amigos dos tempos da Rádio Record e fãs de gerações mais novas, como Zé Fidelis, Pagano Sobrinho, Olmir Stockler "Alemão" (isso mesmo, emérito guitarrista e autor de "O Caderninho", grande sucesso de Erasmo Carlos), Pepe Ávila, Adauto Santos e Zaé Júnior.

7.
MINHA MALOCA, A MAIS LINDA DESTE MUNDO

"Se eu fizer um samba homenageando cada
coisa de São Paulo, onde vou parar?"

Assim Adoniran respondeu a uma proposta de compor uma música especialmente para determinado logradouro paulistano. Ele nunca escreveu semelhantes homenagens por encomenda; sempre que honrou alguma rua, bairro ou edificação de São Paulo em samba ou marcha, Adoniran o fez espontaneamente.

Muita gente boa, até mesmo alguns paulistanos, só conhece certos logradouros e obras de engenharia paulistanos pelas músicas de Adoniran. O bairro de Jaçanã, por exemplo, certamente tem bem mais cantores que moradores ou mesmo visitantes; para comportar todos os fãs do "Trem das Onze", este bairro teria de ser várias vezes maior que a própria cidade de São Paulo.

Aqui está um pequeno "Atlas de São Paulo" segundo as composições de Adoniran:

BAIRROS

Bixiga
Nome popular do bairro da Bela Vista, que une o centro da cidade à chamada região dos Jardins, bairros ainda centrais porém mais chiques. O Bixiga nasceu de uma chácara construída em 1870 por um imigrante português conhecido por Antônio Bixiga, assim chamado por ter marcas de varíola no rosto. Mas, apesar da origem lusitana, o Bixiga — moradores mais antigos ou tradicionalistas insistem em que o nome do bairro se escreve assim mesmo, com dois "i" — não demorou a se tornar centro de imigração italiana, especialmente calabreses. Desde os anos 1950, o Bixiga tem vida cultural muito intensa: além da sede da escola de samba Vai-Vai, lá se situam teatros importantes como o TBC e o Maria Della

Costa, além de casas noturnas históricas como Café do Bixiga, Piu-Piu e Baiuca (o da Praça Roosevelt), só para citar as ainda em atividade. Com a imigração italiana, o Bixiga cresceu tanto que, nos anos 1950, foi considerado o mais populoso bairro do mundo, com 17 mil habitantes por quilômetro quadrado — talvez ainda mais que Copacabana!

Curiosamente, embora famoso como "Poeta do Bixiga", Adoniran frequentou o bairro menos do que se pode imaginar; um de seus pontos prediletos era o Nick Bar, o mesmo celebrizado por um samba-canção de José Vasconcelos (sim, o humorista, também bom músico amador), sucesso de Dick Farney.

Jaçanã

Bairro da Zona Norte e um dos mais emblemáticos na obra de Adoniran Barbosa, por ser citado em "Trem das Onze". É também parte das mais interessantes do folclore de Adoniran; ele esteve no bairro pelo menos uma vez (documentada em fotografias), mas ora afirmava que visitou esse bairro várias vezes, ora dizia nunca ter estado lá e que nem sabia onde ficava.

Detalhe: era neste bairro que ficava a produtora cinematográfica Maristela, lançadora de dois filmes em que Adoniran trabalhou como ator nos anos 1950, *Carnaval em Lá Maior* e *A Pensão da Dona Estela*.

Vila Esperança

Adoniran passou um carnaval neste bairro da Zona Leste e gostou muito:

> "O carnaval de lá é famoso, é bonito. É um carnaval carioquinha em miniatura."

Gostou tanto do bairro que lhe dedicou uma bela marcha-rancho, "Vila Esperança" — com a qual ganhou o segundo lugar num festival de música carnavalesca promovido pela TV Record em 1968 ("Como fui feliz naquele fevereiro, pois tudo para mim era primeiro...").

Casa Verde

Situado na Zona Norte, mereceu um dos mais empolgantes sambas de Adoniran e praticamente um hino do bairro, "No Morro da Casa Verde" ("Silêncio, é madrugada, no Morro da Casa Verde a raça dorme em paz...").

Partitura de "Iracema" (1956), outro grande sucesso de Adoniran Barbosa lançado pelos Demônios da Garoa. O samba celebra a famosa Avenida São João, no centro de São Paulo.

"No Morro da Casa Verde", gravado por Aracy de Almeida em 1959, e "Um Samba no Bixiga", de 1978, na voz do próprio Adoniran: duas belas homenagens a bairros paulistanos.

Ermelino Matarazzo

Bairro da Zona Leste (ao lado de Guarulhos), citado no samba "Vide Verso Meu Endereço".

Mooca

Um dos mais ilustres bairros da Zona Leste de São Paulo, é citado no samba "Abrigo de Vagabundos" como endereço da segunda maloca de Adoniran e seus amigos.

Brás

Na Zona Leste, ao lado da Mooca, e onde, segundo o samba, mora o Arnesto.

Vila Ré

Bairro da Zona Leste (assim chamado não por causa da nota musical ou da marcha para trás, mas sim devido a ter surgido de uma grande fazenda do comerciante italiano João Re, cujo sobrenome significa "rei") onde se passa o escândalo descrito no samba "Casamento do Moacir" ("um sapato branco bem apertado no pé e se apreparemos para ir na Catedral lá da Vila Ré...").

Vergueiro

Próximo ao centro, vizinho à Liberdade, é citado no samba "Mulher, Patrão e Cachaça".

Ruas, avenidas, praças e outros

Rua dos Gusmões

Esta rua do centro de São Paulo inspirou o samba de mesmo nome, mas o verdadeiro mote da música é uma gozação com o pop-rock, "não troco o samba pelo iê-iê-iê".

Rua Aurora

Outra das mais famosas ruas do centro paulistano, lá ficava o hotel Albion (não Odeon, como dizem alguns), que deu lugar ao Cine Áurea e inspirou "Saudosa Maloca".

Avenida São João
Uma das mais importantes vias centrais da cidade, celebrizada em "Iracema".

Avenida 23 de Maio
Uma das maiores e mais importantes avenidas paulistanas, faz parte do cenário do "Samba do Metrô".

Rua Major
Na verdade, Rua Major Diogo, no bairro do Bixiga, citada em "Um Samba no Bixiga".

Viaduto Santa Ifigênia
Localizado bem no centro de São Paulo, mereceu este samba de Adoniran em protesto quando se cogitou demolir o viaduto. Além da homenagem, Adoniran declarou:

> "A gente não pode ficar destruindo, demolindo tudo, porque os outros desejam construir outra coisa em seu lugar. Por isso fiz um samba, 'Viaduto Santa Ifigênia', que foi um protesto quando ameaçaram demolir o viaduto. Estão acabando as vilas, os bares, os cortiços."

Praça da Sé
Marco-zero da cidade e seu ponto mais central, ganhou samba de Adoniran, justamente intitulado "Praça da Sé", ao ser inaugurada a estação do Metrô na praça.

Praça da Bandeira
Outro ponto importante do centro paulistano, local de trabalho do personagem principal de "Vide Verso Meu Endereço" — onde aparece também o bairro de Ermelino Matarazzo ("Com o dinheiro que um dia você me deu, comprei uma cadeira lá na Praça da Bandeira...").

Praça Júlio Mesquita
Uma das praças do centro paulistano por onde passa a Avenida São João e onde fica a popular "estátua da lagosta", vítima de vandalismos e que mereceu crônica na forma do samba "Roubaram a Lagosta".

Morro do Piolho

Nome da favela fictícia (onde moram os personagens do programa radiofônico *Histórias das Malocas*) situada na Rua Tamandaré, bairro da Liberdade.

Esta "favela" e seus moradores foram lembrados no samba de mesmo nome.

Hospital das Clínicas

Um dos melhores hospitais da América Latina, situado na Avenida Rebouças e citado em "Um Samba no Bixiga".

Sem falar em "Bazares", lançada após a morte de Adoniran, uma das campeãs em citações de ruas e bairros de São Paulo: Rua Galvão Bueno, Rua 25 de Março, Rua José Paulino e os bairros da Penha, Lapa, Aclimação, Cambuci, Ipiranga e Vila Mariana.

Adoniran, por sua vez, tornou-se nome de conjunto residencial, de ruas no Bixiga e nos municípios de Barueri, Guarulhos e Osasco, de praça em Itaquera, de escola em sua Valinhos natal e também da sala da escola onde estudou em Jundiaí. E "Trem das Onze" tornou-se rua no bairro, obviamente, do Jaçanã.

BIXIGA, BRÁS, MOOCA? COSA IMPORTA, È ITALIANO!

Imagine um paulistano voltando no tempo cem anos. Agora tente imaginar sua surpresa ao ver que São Paulo, uma das maiores cidades do mundo, naquela época não ia muito além do Pátio do Colégio. O Brasil praticamente se limitava ao Rio de Janeiro e à Bahia, o resto era interior; São Paulo era pouco mais que um corredor para o ouro vindo de Minas Gerais e um quintalzão ótimo para plantar café.

Mas pelo menos um detalhe — além do samba — ligaria a São Paulo de um século atrás à de hoje. Isso mesmo, a presença de *nostri amici* da Itália, país que em muito se assemelhava ao Brasil, na musicalidade, idioma de origem latina, religiosidade, calor humano e a "unidade diversa": um mesmo idioma e território, vários sotaques e temperamentos. Obviamente, os italianos mostravam características bem particulares e marcantes: expansivos, sempre gesticulando, "povo que fala com as mãos", sempre juntos em amigos e *famiglias*, e donos de um idioma com pouquíssimas consoantes (*sesso, trasmissione, osservatore, istituto*) e portanto por si só bastante musical, o que ajudava ainda mais na vocação italiana de "falar cantando".

Por volta de 1875, com a iminência do fim da escravatura, o Brasil passou a substituir a importação de negros africanos pela de trabalhadores assalariados de outros países, notadamente japoneses e italianos — e estes se deram muito bem, sem contar as levas isoladas anteriores de *oriundi*, desde os jesuítas vindos nos navios de Cabral, passando por membros da família Cavalcanti, radicados no país há tanto tempo que se tornaram a maior família brasileira (Silva é apenas o sobrenome mais usado no país, adotado inclusive por pessoas sem sobrenome conhecido). Outro fator para a enorme presença itálica no Brasil foi o ambiente econômico da própria Itália, altamente convidativo a emigrações; basta dizer que os salários pagos aos trabalhadores agrícolas calabreses em 1900 eram os mesmos de 1790. Inflação zero é bom, mas...

Não é à toa que os italianos são o segundo maior contingente de imigrantes no Brasil, perdendo apenas para os portugueses — e ainda assim perdendo apertado. Segundo estatísticas, de 1820 a 1928 o Brasil acolheu exatamente 4.351.068 imigrantes, 1.474.000 dos quais vindos da Itália — incluindo o pai e a mãe de Adoniran. Em 1901 recensearam-se precisamente 7.962 operários em São Paulo, dos quais 4.999 eram estrangeiros, a maioria italianos. Dez anos depois, dos 300 mil habitantes da cidade, 100 mil eram brasileiros natos e os outros 200 mil eram imigrantes — 150 mil vindos da Itália, incluindo industriais e empresários futuramente ilustres como Francesco Matarazzo, Victor Civita e Dante Ramenzoni. O jornalista Aureliano Leite assim descreveu a cidade na *Folha da Manhã*.

"No bonde, no teatro, na rua, na igreja, falava-se mais o idioma de Dante que o de Camões."

O Brasil sempre seguiu modelos estrangeiros. Na virada do século XIX para XX, os ricos preferiam imitar a França, mais chique, ou os EUA, que começavam a se impor graças ao cinema, discos, rádio e, claro, muita grana. Já o povão brasílico tinha o maior prazer em ser como os italianos, identificando-se com eles graças a uma porção de fatores em comum: o temperamento expansivo e afetuoso, a religião católica romana, a semelhança de idiomas... além, é claro, da grande afinidade musical, ambos se complementando muito bem, os brasileiros entrando com o ritmo e a versatilidade e os italianos com a melodia. Pouco importava

Inauguração do busto de Adoniran Barbosa na Praça Dom Orione, no Bixiga. À direita, o então prefeito Mário Covas.

que negros e italianos, ambos marginalizados pelas elites e governos brancos, vivessem brigando pelas ruas; a musicalidade de ambos cantava mais alto. Bem resume Adoniran:

"O italiano e o crioulo falam igualzinho, falam cantando..."

Aliás, nem toda a cultura italiana apreciada no Brasil era "povão" — afinal, a Itália, não por acaso, havia sido o berço do Renascimento, e no Brasil também sempre houve muitos fãs de outra grande invenção italiana, a ópera, especialmente desde o fim do século XIX. Não importa que alguns implicantes definam ópera como "arte onde se canta o que não vale a pena ser dito", essas combinações de música, arranjo, teatro e "bel canto" sempre foram bem aceitas no Brasil, especialmente as de italianos como Verdi e Puccini. (E os vocalistas, cantando até mesmo quando em movimento, remetem imediatamente à receita de "cantar andando" de Adoniran.) Por tabela, muitos dos primeiros cantores brasileiros de sucesso, incluindo Mário Pinheiro e Vicente Celestino, faziam questão de serem ouvidos a quarteirões de distância, vocalizando alto e bom som, satisfazendo o povão para quem cantar bem era sinônimo de vozeirão. Como lembra Tom Zé, os tropicalistas até apelidaram Celestino de "Berro", embora simpatizassem com seu estilo.

Embora a Itália seja o berço do catolicismo, na virada do século XIX para o XX a arte tomou grande interesse pela vida secular. Compositores de ópera como Mascagni, Leoncavallo e os citados Verdi e Puccini seguiram o chamado "verismo", evitando assuntos grandiloquentes ou fantásticos em favor do dia a dia das pessoas comuns no mundo real; nada de *deus ex maquina*, raptos de valquírias ou anéis de nibelungos, e sim assuntos e pessoas reais, como pintores às voltas com a pobreza e a tuberculose ou atores cujas peças que interpretam se confundem com aventuras amorosas que vivem fora do palco. O verismo também foi muito praticado na literatura, inclusive por humoristas como o megassarcástico Pittigrilli ("'que os céus te castiguem!' é expressão muito usada pelas pessoas que acreditam em Deus e não querem gastar dinheiro com advogados") ou o mais brando Manzoni, cujo humor, aliás, é bem próximo de Adoniran, como no livro *Em casa do senhor Brambilla* ("pequenas aventuras que não acontecem num deserto, mas no pequeno meio andar de uma cidade").

A maior parte dos italianos brasileiros concentrou-se no sul do país, especialmente em São Paulo e Porto Alegre. Musicalmente, o brasileiro mais conhecido em todo o mundo na virada dos séculos XIX para XX é Carlos Gomes, na verdade emérito *brasiliano*, até criticado por fazer índios cantarem em italiano na ópera *O Guarani* (mais exatamente, *Il Guarani*).

E basta lembrar quantos grandes artistas paulistanos (ou vindos de cidades próximas) da primeira metade do século XX são "oriundi": além de Adoniran (nascido João Rubinato), temos Paraguassu (Roque Ricciardi), Vadico (Oswaldo Gogliano), o grande violonista Américo Jacomino "Canhoto", a cantora Isaura Garcia (pelo lado materno, sobrinha do pintor José Pancetti), Alberto Marino (autor da valsa "Rapaziada do Brás"), virtuoses do acordeão como José Rielli, Mário Zan (por extenso Zandomeghini) e Adelaide Chiozzo, o grupo vocal Trigêmeos Vocalistas (dos irmãos Carezatto, na verdade dois irmãos gêmeos e um mais velho), o cineasta, ator e ocasional cantor Mazzaropi, Zé Fidelis (Gino Cortopassi), Francisco Mignone, Mozart Camargo Guarnieri... para não falar em Del Vecchio, Giannini, Todeschini, Mallagoli e outros fabricantes de instrumentos musicais e acessórios.

A influência italiana em São Paulo tem inspirado várias telenovelas de sucesso (*Nino, O Italianinho*; *Terra Nostra*; *Esperança*; *Passione*) e boas sátiras, destacando-se o escritor Juó Bananère (Alexandre Ribeiro Marcondes Machado, 1892-1933), não só em seu esplêndido livro *La Divina Increnca* (1915), mas também em discos, como sua gozação com a Revolução de 1932, "No Fui Ista La Inrevoluçó Que Io Sognè".

Provavelmente a melhor destilação humorística da presença italiana em São Paulo seja justamente o "Samba Italiano" de Adoniran, composto em 1964 e lançado pelos Demônios da Garoa (leia a letra citada na matéria da revista *Intervalo*).

A primeira inspiração desse samba deve-se a "um mês em que choveu muito em São Paulo", lembrava Adoniran. Um dia, na Rádio Record, ele e o colega humorista Otelo Zeloni (que nos anos 1960 faria fama na televisão no programa *Família Trapo*, trazendo às novas gerações o humor italiano) observavam a chuva e Zeloni comentou: "*Piove...*" ("Chove"). Talvez Zeloni (ou Adoniran, ao compor o samba) tivesse se lembrado da canção italiana "Piove (Ciao, Ciao, Bambina)", sucesso de 1959 do *cantautore* Domenico Modugno. Certamente, outras partes do "Samba Italiano" gozam outras melodias italianas bem conhecidas.

"Aiuto, Marcello!" é uma esculhambação com uma das falas de Mimi na ópera *La Bohème* de Puccini, no início do terceiro ato:

TELEJORNAL

ADONIRAN FAZ SAMBA

Adoniran Barbosa compôs nova música, (samba "italiano"...) a que deu o título de "Piove San Piero". Sua primeira apresentação ocorreu num dos programas "Papai Sabe Nada", às sextas-feiras no Canal 7. A letra é esta: "Piove, piove/ Fa tempo que piove quá, Mimi/ E io, sempre io/ Soto la tua finestra/ E voi senza me sentire/ Ridere, ridere, ridere/ De questo infelice qui/. Ti ricordi Gioconda/ De quela sera en Guarujá/ Quando el mare te portava via/ E me chiamaste/ Ajuto Marcelo/ La tua Gioconda/ A paura de questa onda. (P.S. Não nos responsabilizamos pelo italiano do Adoniran...)

A revista *Intervalo* registrou a letra do impagável "Samba Italiano", de Adoniran, com as devidas ressalvas... Abaixo, o compacto dos Demônios com a primeira gravação da música, lançado em 1965.

MARCELLO — È freddo. Entrate.
MIMI — C'è Adolfo?
MARCELLO — Sì.
MIMI — Non posso entrar, no, no!
MARCELLO — Perchè?
MIMI — O buon Marcello, aiuto, aiuto!
MARCELLO — Cos'è avvenuto?
MIMI — Rodolfo... Rodolfo m'ama e mi fugge,
il mio Rodolfo si strugge per gelosia [...]

E, numa boa amostra do *nonsense* adonirânico, *Dicitencello Vuie* ("Diga você a ela" em português), ao final da letra, não é uma frase do escultor Michelangelo, mas o título de uma célebre canção napolitana de Enzo Fusco e Rodolfo Falvo, lançada em 1930 e sucesso no Brasil com o tenor Gino Becchi:

'A voglio bbene,
'A voglio bbene assaie,
Dicitencello vuie
Ca num m'ascordo maie...

Realmente, nosso hipotético amigo que viajou cem anos no passado poderia se surpreender com o tamanhico de São Paulo, mas não com a presença italiana...

A CULINÁRIA SEGUNDO ADONIRAN

"Toda esquina tem restaurante, São Paulo é isso aí, comer e beber."

A comida, tanto necessidade como prazer, comparece em várias letras e entrevistas de Adoniran. E nem poderia ser diferente, já que São Paulo é famosa como a cidade onde melhor se come no Brasil — ou, pelo menos, a que oferece a culinária mais variada, de todos os cantos do país e do mundo, obviamente incluindo a Itália.

Um bom exemplo é a *bracciola*, ou, no Brasil, "brachola" (ou ainda "brajola"), bife bem temperado e enrolado com cenoura, amarrado com linha e cozido no molho de tomate, e cujo formato motiva muitas brincadeiras e analogias com o órgão sexual masculino. Mas no momento a brachola nos interessa como comida típica italiana mesmo, citada em "Um Samba No Bixiga", de Adoniran, lançado pelos Demônios da Garoa em 1956.

A pizza, popular em todo o mundo, não só entre italianos e "oriundi", também comparece nesta letra, e realmente não poderia faltar na obra de Adoniran Barbosa, fã ortodoxo de pizza e pizzarias, não aprovando, por exemplo, os rodízios, muito populares em São Paulo a partir dos anos 1970:

> "Eu nunca fui em pizza rodízio. Eu acho muita graça, acho que isso não existe... Eles inventam cada coisa, não? Eu acho muita várzea esse rodízio. Na minha época tinha bife acebolado, o Moraes, o Júlio Mesquita."

Um restaurante de cardápio inspirado nas músicas de Adoniran (sabemos de pelo menos um, surgido em Valinhos em 2012!) poderia ainda incluir os pratos citados no samba "Torresmo à Milanesa" ("Que é que você trouxe na marmita, Dito? Trouxe ovo frito, trouxe ovo frito. E você, Beleza, o que é que você trouxe? Arroz com feijão e um torresmo à milanesa da minha Tereza..."). O samba originalmente se chamava "Bife à Milanesa", mas Adoniran mudou para torresmo "porque torresmo à milanesa não existe" e insistiu para que fosse apenas um torresmo, porque torresmo no singular "é mais triste".

ADONIRAN E O FUTEBOL

Adoniran, como boa parte dos brasileiros, tinha no futebol uma de suas grandes paixões. Ele sempre participava das "peladas" entre profissionais do rádio, muito úteis como diversão e promoção de emissoras e artistas. Foi num desses jogos que ele conheceu os Demônios da Garoa. Certamente, seus quase 1,80m de altura e grande resistência física ajudavam muito — numa ocasião ele chegou a marcar um gol "do meio da rua", ou seja, do meio do campo, e todo mundo ficou tão boquiaberto que o técnico deu a partida por encerrada.

Adoniran era corintiano, tendo composto em homenagem ao time a música "Coríntia", parceria com Juvenal Fernandes, e citando-o em "Provérbios", letra musicada postumamente por Rolando Boldrin. Ao

Adoniran Barbosa, mais do que amante do futebol,
foi literalmente corintiano de carteirinha.

que consta, seu personagem radiofônico mais famoso, Charutinho, foi inspirado no presidente do Corinthians. Por sua vez, Charutinho deve ter inspirado Joca, o protótipo do corintiano, criado por Estevam Sangirardi: "Eu amo o meu Coringão, o bão...".

Quando o Corinthians tornou-se campeão paulista de 1977, depois de 22 anos na fila, Adoniran comentou:

> "Tudo passa nesta vida, tudo! O Corinthians foi campeão em 1977 e foi um acontecimento. Pois bem, já não se fala mais nesse título... Foi tanta alegria na época e hoje em dia ninguém se alegra mais..."

ADONIRAN E OS TRANSPORTES

Nascido e criado numa época em que o transporte rodoviário brasileiro ainda engatinhava, Adoniran cresceu ligado ao meio de transporte terrestre mais comum na época, o trem, que inspiraria uma de suas músicas mais famosas, "Trem das Onze".

O automóvel, antes de ser sinal de progresso, era visto por Adoniran como um grande perigo, principalmente de atropelamentos. Basta lembrar o triste destino de "Iracema" ou uma das imagens de "Tiro ao Álvaro" ("Teu olhar mata mais que atropelamento de automóver...").

Talvez de tanta raiva de automóvel, em 1964 Adoniran acabou sofrendo um acidente que o tirou de circulação por alguns meses — "ninguém sabe como foi, porque ele guia a 40 por hora", ironizou a revista *Intervalo*.

Muito melhor, para Adoniran, parece ser o ônibus. "Um senhor piquenique!", crônica de Adoniran publicada em 1969 — retratando um piquenique de várias famílias da classe média paulistana que viajam de ônibus ao balneário paulista de Praia Grande —, antecipa em vários anos as ironias musicais sobre o mesmo assunto de grupos como Joelho de Porco e Premê.

O caminhão, tão importante para a economia brasileira, era razoavelmente simpático aos olhos de Adoniran, a julgar por seu samba gaiato "Caminhão do Simão" ("Segura, pessoal, segura, meu caminhão perdeu o breque!").

E o Metrô, inaugurado em São Paulo (o primeiro do Brasil) em 1975, mereceu mais simpatia de Adoniran, que até aproveitou a sofisti-

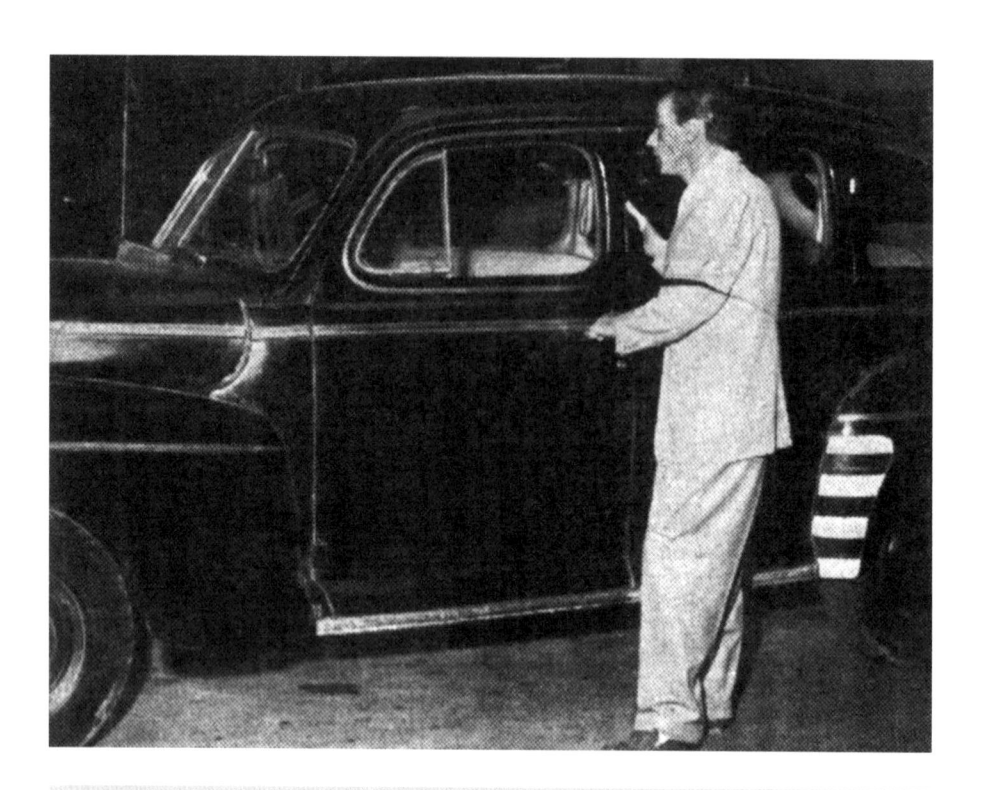

O carro (em foto de 1955) e a carteira de habilitação de Adoniran.

cação desse meio de transporte como pretexto para satirizar as dissimulações sociais em seu "Samba do Metrô", mais conhecido pelo subtítulo "Triste Margarida", em alusão às "margaridas", como são conhecidas as funcionárias da limpeza das vias públicas da cidade ("Eu disse a ela que trabalhava de engenheiro, que o metrô de São Paulo estava em minhas mãos...").

Serviços públicos (ou falta de)

Foi dito que a Veneza brasileira não é Recife, e sim São Paulo, a cada grande chuva que cobre a cidade. Tal problema é antigo, resultado de uma urbanização malfeita e pouco zelo da população, pois a água não consegue escoar devido ao excesso de concreto e de lixo jogado nas ruas. Adoniran Barbosa documentou as inundações paulistanas em "Guenta a Mão, João", parceria com Hervê Cordovil ("O Cebide tá que tá dando dó na gente, anda por aí com uma mão atrás e outra na frente").

O fornecimento de energia elétrica, frequentemente interrompido na cidade até os anos 1970, é ironizado no samba "Luz da Light".

O vandalismo, grande problema não só de São Paulo, mas de toda cidade grande, também foi lembrado por Adoniran em "Roubaram a Lagosta", de 1979, sobre uma estátua da praça Júlio Mesquita ("é melhor ficar seca ou molhada do que ser derretida ou roubada"). Esta letra, que ganhou melodia de Tasso Banguel, líder do ilustre Conjunto Farroupilha, foi tirada do ineditismo por Passoca 21 anos depois.

"Adoniran, Poeta do Povo" foi o enredo da escola de samba Eldorado do Brás em 1982, e o próprio Adoniran desfilou pela escola no carnaval paulistano.

8.
LÁ EM CASA NÃO SOU SÓ EU

Após se tornar conhecido como compositor nos anos 1950, Adoniran não caiu no esquecimento mesmo após sua morte, embora nem sempre tenha estado em grande evidência. Suas gravações continuam sendo reeditadas, ainda que raramente da forma ideal: quase sempre são picotadas em coletâneas. Suas músicas têm sido regravadas por intérpretes de várias gerações e estilos. E sua imagem ainda é um dos mais famosos símbolos de São Paulo; se Rita Lee, como querem alguns, representa a capital paulista no que ela tem de mais arrojado e moderno, Adoniran simboliza a outra face da moeda, o lado tradicional e castiço da cidade.

Porém, embora tradicional e castiço, Adoniran presta-se muito bem a adaptações para outros gêneros. Nada contra o Little Quail & The Mad Birds, um dos melhores grupos de rock dos anos 1990, experimentar uma boa versão rockificada de "Samba do Arnesto" — música com a qual, aliás, a já mencionada Rita Lee demonstrou aos menos avisados que, não somente roqueira, é também boa de samba. Outras boas interpretações de obras de Adoniran em estilos diferentes incluem "Malvina" em ritmo de salsa, com Maurício Pereira, "Iracema" em guarânia, com Tetê Espíndola, a desconstrução do "Trem das Onze", por Arnaldo Antunes e Edgard Scandurra, e "Saudosa Maloca" em tango, com o acordeonista Hortênsio. E muito se fala, com bons motivos, sobre o timbre rouco de Adoniran lembrar cantores negros como Louis Armstrong; pois bem, não deixa de ser curioso ouvir sambas de Adoniran interpretados pelo Grupo Peteleco, armado para aproveitar a onda do pagode moderno, cujos artistas, ao contrário de Adoniran e outros, são negros procurando soar como branquelos!

Ainda a propósito de rock, Nasi, ex-companheiro de Edgard Scandurra na banda Ira!, também se revelou bom intérprete de Adoniran, chegando a cantar "Iracema" e "Samba Italiano" na TV, acompanhado pelo instrumentista Johnny Boy ao teclado e este que vos escreve ao cavaquinho. Roqueiros menos radicais, mesmo os avessos à MPB, que consideram Chico e Caetano "chatos" e respeitam, mas não ouvem, a velha guarda de Cartola e Pixinguinha, abrem exceção para Adoniran, que têm em boa estima devido a suas melodias eficientes, suas letras irreverentes e realistas que o aproximam do espírito rebelde e urgente do rock. (Este autor encontra paralelo entre Adoniran e outros compositores estrangeiros "poetas do trivial", como o estadunidense Randy Newman e o inglês Ray Davies.) Por sinal, já há muito tempo melodias e letras de Adoniran entraram para o inconsciente e a linguagem do dia a dia, exatamente como ocorreu com o melhor da obra de seu antigo vizinho pop-roqueiro da TV Record, Roberto Carlos.

Adoniran deixou uma filha (Maria Helena, tradutora) e um neto (Alfredo, especializado em Filosofia). Sérgio Rubinato, engenheiro civil e sobrinho de Adoniran, é um dos grandes entusiastas da obra do tio.

E o personagem Adoniran Barbosa, o estereótipo do caipira na cidade e sua alegria triste, continua mais vivo do que nunca. Basta lembrarmos o comercial de rádio de uma peça de automóvel, veiculado a partir de 1999, interpretado por um excelente imitador de Adoniran:

> (Toca o telefone...)
> — Alô, oficina do Eugênio!
> — Ô, Eugênio, eu, o Matogrosso e o Joca tava indo pra casa do Arnesto, mas o caminhão quebrou a cruzeta e o pinhão. Nóis tinha arrumado o pobrema, mas a peça não era das mió...

(O próprio Adoniran, sem dúvida, aprovaria este comercial e o estrelaria com o maior prazer, tendo composto o tragicômico "Caminhão do Simão".)

A redescoberta de Adoniran pelas novas gerações incluiu a chamada "vanguarda paulistana" do início dos anos 1980, seja em homenagens como os sambas-choros "Tragédia Afrodisíaca" do Língua de Trapo e "222" de Hermelino Nader, seja em reinterpretações como "No Morro da Casa Verde" com o Premê.

De lá pra cá, a personalidade múltipla de Adoniran Barbosa continua despertando interesse cada vez maior, seja em novas interpretações de seus sambas, seja como tema de teses e estudos universitários, de artigos em jornais, livros e revistas, e até mesmo peças de teatro e especiais de televisão. (Parece-me que um filme inspirado na vida e obra de Adoniran é apenas uma questão de tempo...)

Paulista que agrada a todo o Brasil e até fora dele, sambista, *bluesman*, elo entre a velha guarda e as novas gerações, humorista e humanista, a um só tempo simples e complexo, antigo e moderno, lírico e irônico, Adoniran é realmente único. Já há muito tempo seu nome virou sinônimo de um estilo de samba. Sinônimo de samba e de Sampa: pode-se dizer que Adoniran foi porta-voz de São Paulo tanto quanto, por exemplo, Noel Rosa cantou o Rio de Janeiro.

Às vezes as rádios e gravadoras, ansiosas por faturar porém quase sempre alheias ao que o povo realmente quer e necessita, fazem crer que Adoniran saiu de moda. Cedo ou tarde, no entanto, ele reaparece, em reedições de discos e filmes, reinterpretações de suas músicas por artistas antigos ou da moda, ou mesmo em qualquer reunião onde houver pelo menos uma timba, violão ou cavaquinho.

Num tem pobrema. Nóis vai, nóis vorta!

Ayrton Mugnaini Jr.

APÊNDICES

Nessa noite há alguém que sonha com a espuma branca do mar

tudo na toalha e já tem gente mastigando em falso, com água na bôca!

O almôço

O almôço é uma festa. Cada família fêz uma coisa. É só olhar e ver tudo em cima das toalhas estendidas na grama: frango cheio, pimentão cheio, brajolinha, abobrinha cheia, torta de frango, cuscuz, bife à milanesa, coxinha, mortadela, presunto, salaminho, pão de peito da Rua Glicério, vinho da cantina do irmão do Dante (vinho bom), garrafão de pinga com limão, que o Étore preparou, cheiro de frango, cheiro de pastéis (foi a nona do Gardelito quem fêz), a risada do Roberto e os palpites do Guido:

— Fui até naquela onda lá!

O Dante previne a gente:

— Dispois que comê, ninguém vai nadá na água, porque dá digestão!

Tudo mundo divagarzinho vai ficando quieto. O sono tá batendo na gente e a persiana do zolhos querendo fechar. Os môço não dorme. O Gardelito pega o violão e começa a cantar tango:

"Estoy me poniendo viejo de tras de la alma se va la vida. Hoy me miré al espejo e senti mi alma que está moriendo cuando mi amor me acariciava..."

Música vai, música vem e está na hora do último banho:

— Vamo entrar mais um pouco n'água?

Tudo mundo volta pra água. E começa de nôvo as risadas, o jôgo de bola, gente furando onda, batendo peteca, as crianças na areia, o namorado desenhando com o dedão do pé um coração com flecha na areia molhada, as mulher conversando, e começa o cansaço até que o Dante dá a orde:

— Vamo se arrumá, que às quatro o ônibus sai. São três e meia. Acho que já chega.

O pessoal vai saindo, as mulher vão tirá o sal no chuveiro da casa em construção, que o Dante pediu emprestado. E, depois do banho, a gente já tá meio triste, cansado, tudo mundo se arrumou e vão subindo no ônibus. E, quando tá tudo pronto, o motorista avisa que vai embora e o Dante examina, vê se não falta ninguém e man-

da tocar. E a gente nas janelinha vai olhando a praia que fica dizendo que é uma pena!

— Ainda é cedo! Fica mais um pouco, pessoar!

Mas a gente diz que não pode, porque a estrada tá muito cheia, tem muito carro e a gente precisemos chegar cedo, pra trabalhar amanhã no nosso serviço, porque temos os nosso compremissos.

Volta

O ônibus sai depressa e levanta as fôlha de jornal e de papel que deixemos na praia, e êsses papel voando lá atrais parece que tão dizendo adeus e querendo que a gente fique mais um pouco!

A tarde vai morrendo e nóis na estrada, ouvindo só o ronco do motor, mas tem alguém que ainda canta:

"Motorista, motorista, por favor.
Não corras tanto!
Devagar é pressa!
É pressa, sim senhor.
Do jeito que saímos nós queremos chegar..."

Já é quase noite. O ônibus já está no Brás. Pára no Largo

da Concórdia, justo onde o Dante combinou a chegada. A porta abre e a gente vai descendo e ninguém diz até logo e nem nada. Nós moremos perto, quase tudo uma família só. E nessa noite tem alguém que sonha com a espuma branca do mar, a onda braba que vinha, o sol quente tostando o corpo, e a areia queimando o pé da gente, e nós ouvindo o ronco do mar, a voz do Gardelito, o samba no ônibus, o iê-iê das meninas, tudo que a gente viu e ouviu. E a gente fica triste, quando escuta Dona Edna dizendo que não pôde aproveitar:

— Justo hoje! Porca pipa! Não faz mal, as minhas meninas se divertiro bastante! Graças a Deus!

E quando tudo mundo já entraram cada um em suas casa, nóis entremos no bar, pedimos a penúltima, olhamos pra tudo mundo, até gente que nóis não conhece, enchemos o peito, depois de um gole, e suspiramos fundo, mas cheio de orgulho:

— Grande! Como é grande um piquenique na Praia Grande!...

PTM

No fim da tarde, a praia está coalhada de coisas, despojos da mesa estendida sôbre a areia.

Página da revista *Realidade* com a sequência da crônica "Um senhor piquenique!", de Adoniran.

I.
UM SENHOR PIQUENIQUE!

Crônica de Adoniran Barbosa
publicada na revista *Realidade*, em fevereiro de 1969

— Que horas são?

— Três de la matina. Eu vou dormir.

— Eu não vou. Já são três horas e o ônibus sai às cinco!

— Que ônibus?

— Não sabe? Eu conto pro senhor. Nóis vai fazê um piquenique na Praia Grande. O ônibus sai às cinco, nóis chega lá às sete e meia. Vai ser um senhor piquenique! Um sinhô piquenique!

— Nóis! Nóis quem?

— Gente da minha rua. Todos de lá. Quase tudo da mesma firma. Gente da Casa Pirani, da Companhia de Gás, ali no Gasômetro, da Maria Zélia, Matarazzo, da Arno. A gente mora quase tudos na mesma rua. Quase tudos. Pessoal da Caetano Pinto, Carneiro Leão, Visconde do Parnaíba e adjacência. Todos nóis! Quase uma família só, a bem dizer. Trabalhemos quase tudo na mesma firma, e moremos tudo perto um do outro.

— Mas como é que é o piquenique?

— O sinhô nunca foi num piquenique?

— Não.

— Qué i junto? Eu falo com o Dante e nóis arranja lugá pro sinhô no ônibus! O sinhô vai vê o que é piquenique na Praia Grande, feito por nóis.

— Deve ser bom demais...

— Ó!!! O Dante, que é o mais velho da turma, é que organiza tudo. Primeiro, ele consurta quem qué i. Depois que tudo mundo aceita, ele vem e fala: o ônibus custa cento e quarenta conto. Aumentou. Mas tem uma coisa: o ônibus fica à nossa disposição o dia inteirinho, com chofer e tudo. O ônibus chega na praia, deixa nóis ali, encosta num canto longe da praia, e espera até a hora que a gente marquemos pra volta. No ano passado teve um. Foi ótis, doutor, ótis! Ninguém mais esquece aquele piquenique do ano passado, de tão ótis que foi!

— Vai muita gente?

— Hiii! Lotação compreta: trinta e seis sentado. Se a agência do ônibus deixava, ia mais uns vinte. Mas nóis somos ordeiro, respeitemos tudo. Eu vou contar, só pro sinhô ter uma ideia.

— Quando é na véspera, cada um arruma as suas coisa, principarmente essas coisa pra comê, o sinhô sabe, não? Nessa altura, o Dante já recolheu o dinheiro de cada um. Uns cinco, déis conto por pessoa. Já pagou a agência, e já tá com o recibo. Hora marcada e tudo. Aí ele e a patroa (conhece Dona Mafalda? Não? Magina!!!) começa a preparar as coisa. Ela faz uns vinte frango cheio, sendo que cada das mulher faz outras coisa. As moça se arruma, corta as unhas dos dois pé, tem umas que compra maiô novo na loja, tem as outras que manda enrolá o cabelo, pra soltá de manhã, e é uma beleza! Nessa noite, tudo mundo pega o berço mais cedo, que é pra levantar disposto, porque o Dante é igigente e todo mundo respeita ele, porque ele num demite atraso e nem confusão. Ele avisa um por um: "Ângelo, o ônibus sai cinco hora. Quatro e meia no Largo da Concórdia, todo mundo. Avisa quem você encontrar!" Nessa noite, doutor, tou garantindo que ninguém drome dereito. O mar ficava fazendo onda na cabeça da gente! E gente que ainda sonha fica sonhando com o céu azulzinho, a espuma branca batendo na areia, as onda que vai e que vem! É um sonho, doutor, um sonho! O sinhô já sonhou, furta-cor? Contaram alguma vez da Disneilândia pro sinhô? É quase igual, eu nunca fui lá, mas é quase igual!

Partida

— Esse é o nosso ônibus! Vamo pegá o nosso lugar! Cada um com a sua sacola. Ninguém perturba! — esse é o Dante que fica de olho na gente. O Dante — sabe? — é gordo, corado, bonito, um pedaço de homem desse tamanho! Ele gosta de piquenique, doutor, nem queira saber!

— Aquiles não sai de perto de nóis! Quando chega lá, fica todo mundo junto! — É a Dona Carmeluccia que tá falando. Coitada! Com as criança, a cesta, a sacola, pacote de sanduíche (prá comer na viagem), ela entra no ônibus. E o resto vai subindo, pegando lugar, até um casal de namorado (o filho da Dona Guiomar com a filha do seu Orlando) senta lá atrás, porque os dois não quer se misturar com a gente. Nóis também não se incomoda, porque o ano passado aconteceu igual com a Iolanda e Amílcar e os dois casaram e nem vão amanhã, porque ela vai ter nenê por esses dias. Bem feito! Aí, o ônibus sai. As mãe manda as criança dá tchau pra gente que ficou no Largo da Concórdia. Nem bem começa a viagem, o Gardelito (ele mora com a nona na Visconde de Parnaíba) começa a tocar violão. Doutor, ninguém quase fica queto. A gente canta pro motorista:

> "Motorista, meu amor!
> Motorista você é um artista!
> Não corra tanto, por favor,
> Queremos chegar vivo, sim senhor!"

— Para na biquinha pra gente fazê xixi.
— Para pra gente bebê água! Xixi é na moita!
— Qué sanduíche, filho?
— Não, mãe! Espera mais pra adiante!
— Num afasta o banco que me espreme as perna!
— Coitado do Romano, não pôde vim!
— Por quê?
— Teve que drobá no serviço lá no Gasômetro.
Aí o Américo aponta pro lado e tudo mundo olha:
— Oia a Voquisvage! Aí que é a Voquisvage! São Bernardo do Campo!
— O ano que vem, eu acho que compro um Fusquête desses! Olha quantos que tem aí!
— Tudo zero quilômis!
Tem gente dormindo no ônibus. Menos as mocinha e o Dante (esse não dorme), olhando sempre pra trás. E as mocinha canta:
"Eu te amo! Eu te amo!"
Vem a bronca do Riccieri:
— Mas até aqui? Já não chega o dia inteiro lá em casa?
Mas as moça dão o troco:
— Eh, tio, vê se num enche. Seu tempo já passô.
— Passô? Gardelito, dá o tom maior aí.
Gardelito dá um acorde, e nóis batuca nos braço da poltrona. E no pandeiro do Cláudio, só pra elas ver que nóis num passemos:

> "É da banda da banda de lá!
> É da banda da banda de cá!
> Houve retreta domingo

E a banda da banda de lá
Veio tocar na banda de cá.
Durante a retreta
Com a banda da banda de lá
E a banda da banda de cá,
Alguém desafinou:
Trocaram o dó pelo fá
E todo mundo protestou!
É da banda da banda de lá!
É da banda da banda de cá!"

— Velho, hein? Todo mundo cantou com nóis. E o teu "ti amo" alguém cantou?

— Pessoal, sigura que tá descendo a serra! Respira fundo que passa!

— Magina se o ônibus rodopeia daqui! Não sobra ninguém!

— Bidu! Olha o Cubatão! Lá tem oloduto!

— Que qui é oloduto, pai?

— Ólio encanado. Vai dereto pras bomba de gasolina de São Paulo.

— Tá chegando!

— O mar num é lá?

— Acho que é!

Daí a pouco a gente tá chegando na Praia Grande.

Praia

O ônibus para e o motorista avisa a gente:

— É aqui. Desce tudo mundo e as coisa pode ficá no carro que eu tomo conta. Eu vou encostá um pouco retirado, porque é proibido estacioná na praia, o sinhô sabe, não?

Aí os home desce. Fica só as mulher, que é pra poder trocar de roupa numa casa que tá em construção. O Dante conversa com o home e a gente pode tomar banho e vestir o calção e, na volta, ele disse que pode tirá o sal. Tem chuveiro. A gente troquemos, dobremos as nossas roupa e tudo mundo vai guardar suas coisa no ônibus.

— Não entra ainda! Tem moça se trocando! — é a Dona Mênega que fala.

— Já dá pra tomá uma batida, não dá, seu Dante?

— Não! Eu truxe um garrafão. Fiz ônti de noite, no capricho.

— Mas mesmo assim nóis vai — cochicha o Ernesto.

A mãe do Amílcar dá bronca:

— Olha, voceis viéro aqui pra tomá banho de mar, e não pra enchê o caco. Cuidado, hein, bom?

Tá tudo pronto. As moça tudo de maiô, bem penteada, os home de calção e as mãe de maiô cumprido, se cobrindo com o penhoar.

— Meio-dia tudo mundo aqui! Não vão longe! Aqui embaixo dessas álvores.

— Perfeitamente, seu Dante! Fica sossegado!

O seu Dante ainda avisa:

— Não vão longe! Olha as criança, pelo amor de Deus!

O Romeu trouxe a bola pra uma pelada na praia. Ele é o Rivelino da turma. A gente formemos dois time: velho contra moço. As mocinha vão jogar peteca e as mulher vão arranjando lugar na areia, mas alguns querem mesmo é pegar conchinha pra trazer de lembrança.

A essa altura, o Étore já está no bar, arrepiado com a primeira:

— Não sei como é que branco bebe isso!

O resto da turma vai deixando o futebol e vem encostá o imbigo no balcão.

— Eu quero uma com maracujá.

— Uma pura e um picolé de limão pra misturá.

— Pra mim, faz uma caipirinha sem casca!

— Pra mim tamém!

— Pra mim tamém! Mas coadinha!

— Pra mim tamém! Com bastante gelo!

O Dante vem e bronqueia:

— E quem é que vai bebê aquela que eu truxe? Voceis não tem jeito mesmo. Parece que nunca viro cachaça!

E depois o Dante pede pro dono do bar:

— Duas dúzias de cerveja, e duas de guaraná pras criança. Eu pago o depósito do vasilhame. Tudo bem geladinho, hein!

— Tudos mundo tomá banho!

— Não vão longe, hein?

A espuma do mar vem vindo, vem vindo e chega na ponta do meu pé:

— Brrrrrrrr!

— Tá fria, Rolando?

— Que fria nada, paulista. Entra d'uma vez que você perde o medo!

A gente olha e já vê tudo mundo brincando nas onda!

Um senhor piquenique!

O filho da Dona Guiomar e a filha do Seu Orlando não se mistura com a gente. Tão suzinho lá adiante. Dois bobocas...

— Aquilo vai dá casamento!

— Deus queira!

Todo mundo da turma tá alegre demais!

— Pula essa onda, manhê!

— Que lindo que é o mar! Dá vontade de comê!

— Olha o sol! Parece um remendo branco na calça azul do céu!

— Já perdi a fome. Queria bebê o mar inteiro!

— Que pena que daqui a pouco temos que i simbora!

Um menino dá risada:

— Olha os gambito branco do Seu Adamo! Branco que nem leite!

Aí o Brancato fica beservando a moça:

— Bobona! Não quer mostrar as gâmbia! Bela porcaria.

O último que saiu do bar foi o Roberto!

— Já me esquiatei quatro bela caipirinha dupra e, agora, eu vou ver a cor d'água!

E lá vai ele cantando:

"Por que bebes tanto assim, rapaiz?"

O Ricieri dá uma baita bronca no garoto.

— Porco! Onde se viu fazê xixi no mar? Quem te ensinô a fazê isso daí? E agora temo que nadá nisso aí? Porco!

Chega o Dante:

— Hi, quantas vez eu discarreguei no mar! Se fosse contá, dava pra enchê um balde!

A pelada está no fim. Os velho ganharam, como sempre.

É aí que a Dona Olívia não aguenta mais:

— Pessoar! Vamo comê! Chega de água do mar!

Então tudo vai saindo d'água, vai rindo, tomando o caminho do ônibus, pra ir pegar comida e arranjar lugar embaixo das álvoles. Cada um vai arrumando toalha no chão, as mulheres vão abrindo os pacote, as sacola e vão pondo tudo na toalha e já tem gente mastigando em falso, com água na boca!

O ALMOÇO

O almoço é uma festa. Cada família fez uma coisa. É só olhar e ver tudo em cima das toalhas estendidas na grama: frango cheio, pimentão cheio, brajolinha, abobrinha cheia, torta de frango, cuscuz, bife à mila-nesa, coxinha, mortadela, presunto, salaminho, pão de peito da Rua Glicério, vinho da cantina do irmão do Dante (vinho bom), garrafão de pinga com limão, que o Étore preparou, cheiro de frango, cheiro de pas-téis (foi a nona do Gardelito quem fez), a risada do Roberto e os palpites do Guido:

— Fui até naquela onda lá!

O Dante previne a gente:

— Dispois que comê, ninguém vai nadá na água, porque dá digestão!

Tudo mundo divagarzinho vai ficando quieto. O sono tá batendo na gente e a persiana do zolhos querendo fechar. Os moço não dorme. O Gardelito pega o violão e começa a cantar tango:

"Estoy me poniendo viejo
    de tras de la alma se va la vida.
    hoy me miré al espejo
    e senti mi alma
    que está moriendo
    cuando mi amor me acariciava..."

Música vai, música vem e está na hora do último banho:

— Vamo entrar mais um pouco n'água?

Tudo mundo volta pra água. E começa de novo as risadas, o jogo de bola, gente furando onda, batendo peteca, as criança na areia, o namo-rado desenhando com o dedão do pé um coração com flecha na areia molhada, as mulher conversando, e começa o cansaço até que o Dante dá a orde:

— Vamo se arrumá, que às quatro o ônibus sai. São três e meia. Acho que já chega.

O pessoal vai saindo, as mulher vão tirá o sal no chuveiro da casa em construção, que o Dante pediu emprestado. E, depois do banho, a gente já tá meio triste, cansado, tudo mundo se arrumou e vão subindo no ônibus. E, quando tá tudo pronto, o motorista avisa que vai embora e o Dante examina, vê se não falta ninguém e manda tocar. E a gente nas janelinha vai olhando a praia que fica dizendo que é uma pena!

— Ainda é cedo! Fica mais um pouco, pessoar!

Mas a gente diz que não pode, porque a estrada tá muito cheia, tem muito carro e a gente precisemos chegar cedo, pra trabalhar amanhã no nosso serviço, porque temos os nosso compremissos.

VOLTA

O ônibus sai depressa e levanta as folha de jornal e de papel que deixemos na praia, e esses papel voando lá atrais parece que tão dizendo adeus e querendo que a gente fique mais um pouco!

A tarde vai morrendo e nóis na estrada, ouvindo só o ronco do motor, mas tem alguém que ainda canta:

> "Motorista, motorista,
> Por favor.
> Não corras tanto!
> Devagar é pressa!
> É pressa, sim senhor.
> Do jeito que saímos
> Nós queremos chegar..."

Já é quase noite. O ônibus já está no Brás. Para no Largo da Concórdia, justo onde o Dante combinou a chegada. A porta abre e a gente vai descendo e ninguém diz até logo e nem nada. Nós moremos perto, quase uma família só. E nessa noite tem alguém que sonha com a espuma branca do mar, a onda braba que vinha, o sol quente tostando o corpo, e a areia queimando o pé da gente, e nós ouvindo o ronco do mar, a voz do Gardelito, o samba no ônibus, o iê-iê das meninas, tudo que a gente viu e ouviu. E a gente fica triste, quando escuta Dona Edna dizendo que não pôde aproveitar:

— Justo hoje! Porca pipa! Não faz mal, as minhas menina se divertiro bastante! Graças a Deus!

E quando tudo mundo já entraram cada um em suas casa, nóis entremos no bar, pedimos a penúltima, olhamos pra tudo mundo, até gente que nóis não conhece, enchemos o peito, depois de um gole, e suspiramos fundo, mas cheio de orgulho:

— Grande! Como é grande um piquenique na Praia Grande!...

Adoniran Barbosa

II.
CRONOLOGIA DE ADONIRAN BARBOSA E SUA ÉPOCA

1910   1° de julho: nasce Luiz Barbosa.
        6 de agosto: nasce João Rubinato, às 11h, em Valinhos, então subúrbio da
        cidade de Campinas.
        1° de setembro: fundação do Sport Club Corinthians Paulista.
        11 de dezembro: nasce Noel Rosa.

1912   Dezembro: inauguração da primeira fábrica brasileira de discos, a Odeon (até
        então os discos eram gravados no Brasil e prensados na Europa).

1914   A família de Adoniran se muda para Jundiaí.

1916   A Light inicia o serviço de iluminação elétrica das vias públicas paulistanas
        instalando 846 focos de eletricidade e introduzindo a cidade no século XX.
        Dezembro: lançamento de "Pelo Telefone", na voz de Bahiano, e que em 1917
        se tornará o primeiro samba gravado de grande sucesso.

1917   Adoniran deixa a escola no terceiro ano primário e começa a trabalhar com
        seu pai.
        20 de novembro: nasce Olga Krum, primeira esposa de Adoniran.

1922   7 de setembro: inauguração do rádio no Brasil, durante a Exposição Interna-
        cional do Centenário da Independência, no Rio de Janeiro.

1924   A família de Adoniran se muda para Santo André.
        Surge em São Paulo a emissora SQ-B1, embrião da Cruzeiro do Sul.
        Maio: primeira patente do sistema elétrico de gravação, que logo substituirá
        os megafones da gravação mecânica.

1926/27 Primeiro bom emprego de João Rubinato, como garçom na residência de Pan-
        diá Calógeras, ministro da Guerra.

1927   Julho: a Odeon lança os primeiros discos brasileiros gravados pelo novo siste-
        ma elétrico, começando por "Albertina"/"Passarinho do Má", com Francisco
        Alves.
        Outubro: estreia nos EUA *O Cantor de Jazz* com Al Jolson, primeiro filme
        sonoro a incluir música e vozes.

1928   Agosto: é fundada a primeira escola de samba do Brasil, a Deixa Falar, no Rio
        de Janeiro.

Adoniran no começo de sua carreira, nos anos 1930.

1929   Primeiro semestre: a Rádio Cruzeiro do Sul, reformulada como PR-AO e depois PR-B6, une-se a uma emissora homônima do Rio de Janeiro, formando a Cadeia Verde-Amarela — primeira rede radiofônica brasileira.
Estreia em setembro em São Paulo *Acabaram-se Os Otários*, primeiro filme brasileiro totalmente sonoro.
Novembro: a gravadora estadunidense Victor (futura RCA e BMG) estabelece sua filial brasileira.

1930   Março: inauguração da Rádio Philips, no Rio de Janeiro.

1931   Fundação da escola de samba Vai-Vai, no Bixiga.
Março: fundação da gravadora inglesa EMI, fusão da Grammophone Company e da Columbia Graphophone Company, que se torna a nova matriz da brasileira Odeon.

1932   A família Rubinato fixa residência em São Paulo. João trabalha como metalúrgico no Liceu de Artes e Ofícios, depois como vendedor em lojas de ferragens e entregador numa loja de tecidos da Rua 25 de Março. Sempre que pode, vai ao Largo da Misericórdia visitar a emissora Cruzeiro do Sul e o estúdio da gravadora Columbia (futura Continental). E começa a compor; até onde se sabe, suas primeiras músicas são "Minha Vida Se Consome", "Teu Orgulho Acabou" e "Socorro". Adota nessa época os pseudônimos de Adoniran Barbosa e Barbosinha.
Fevereiro: acontece o primeiro desfile competitivo das escolas de samba do Rio de Janeiro.
14 de fevereiro: estreia na Rádio Philips o *Programa Casé*, produzido por Ademar Casé, que revoluciona o radialismo brasileiro.
Inauguração em São Paulo da Rádio Cruzeiro do Sul, onde Adoniran em breve iniciará a carreira de radialista.

1933   Março: estreia no Rio de Janeiro *A Voz do Carnaval*, primeiro grande filme musical brasileiro.

1934   6 de janeiro: inauguração da Rádio Difusora do Rio de Janeiro.
2 de maio: inauguração da Rádio Cruzeiro do Sul do Rio de Janeiro.
Estreia o primeiro programa de calouros brasileiro, *Hora do Calouro*, na emissora de rádio paulistana Cruzeiro do Sul.
Fim do ano: Adoniran canta pela primeira vez numa emissora de rádio, a Cultura, e passa a participar todos os sábados do programa *Hora do Calouro* da Rádio Cruzeiro do Sul.

1935   Janeiro: "Dona Boa", uma marchinha realizada em parceria com J. Aimberê, torna-se a primeira composição de Adoniran Barbosa a sair em disco, na voz de Raul Torres.
10 de fevereiro: a música (defendida por Januário de Oliveira) vence um concurso de músicas carnavalescas promovido pela Prefeitura de São Paulo.
Início do ano: o cantor Paraguassu convida Adoniran Barbosa a cantar num

Partitura de "Agora Pode Chorar", primeira música
gravada por Adoniran Barbosa, em 1936.

programa semanal de 15 minutos na Rádio São Paulo, mas o emprego dura apenas um mês.

1936   Fevereiro: sai o primeiro disco de Adoniran, "Agora Pode Chorar", que passa despercebido.
Março: segundo disco, "Se Meu Balão Não Se Queimar", outro fracasso.
12 de setembro: inauguração da Rádio Nacional, no Rio de Janeiro.
Adoniran se casa com Olga Krum.
Novembro: primeira gravação musical em fita magnética, pela Orquestra Filarmônica de Londres, em Ludwigshafen, na Alemanha.

1937   Sai o terceiro disco de Adoniran, "Não Me Deu Satisfações". Ele ficará sem gravar mais nada até 1951, mas continuará tendo músicas gravadas por diversos intérpretes, como Déo, Leny Eversong e o Grupo X.
4 de maio: morre Noel Rosa.
6 de maio: inauguração da Sociedade Bandeirante de Radiodifusão, a futura Rádio Bandeirantes, em São Paulo.
3 de setembro: inauguração da Rádio Tupi de São Paulo; seu único redator, por enquanto, é Oswaldo Molles, futuro parceiro e incentivador da carreira humorística de Adoniran.
23 de setembro: nasce Maria Helena Rubinato Rodrigues, única filha de Adoniran, no bairro do Tatuapé, em São Paulo.

1938   Março: Adoniran se separa de Olga Krum.
Abril: a Rádio Nacional passa a transmitir *Curiosidades Musicais*, produzido por Almirante e primeiro programa radiofônico brasileiro com montagens técnicas elaboradas.
8 de outubro: morre Luiz Barbosa, de tuberculose.

1939   19 de maio: morre Emma Ricchini Rubinato, mãe de Adoniran, aos 69 anos, em Santo André.

1941   1º de janeiro: Adoniran assina seu primeiro contrato com a Rádio Record, como radioator.
Adoniran se une a Matilde de Lutiis.
Março: Carmen Miranda torna-se a primeira artista da música brasileira a figurar nas paradas norte-americanas, e ainda por cima cantando em português "Mamãe, Eu Quero", de Jararaca.
Setembro: fundação da companhia cinematográfica Atlântida, na cidade do Rio de Janeiro.

1942   Adoniran muda-se para a Rua Aurora e conhece o redator e humorista Oswaldo Molles, que cria vários personagens para Adoniran, começando pelo Zé Conversa.

1943   Fevereiro: primeiros shows de um grupo de rapazes da Zona Leste de São Paulo que logo adotará o nome Demônios da Garoa.

2 de outubro: morre Fernando Rubinato, pai de Adoniran, aos 68 anos, em São Paulo.
Outubro: a fábrica de discos Byington & Co. perde os direitos de representar no Brasil a marca Columbia, passando a usar o nome Continental.

1944   12 de agosto: nasce Sérgio Rubinato, sobrinho de Adoniran, em Santo André (SP).

1945   Adoniran estreia como ator de cinema, no filme *Pif-Paf*.
Oswaldo Molles cria o personagem Charutinho, que se tornará o mais popular de todos os interpretados por Adoniran ao ser incluído no programa *Histórias das Malocas*.

1948   Junho: a Columbia lança nos EUA o disco long-play (LP), com várias vantagens sobre o 78 rpm: rotação mais lenta, sulco mais estreito e material menos propenso a ruídos.

1949   A RCA lança nos EUA os compactos simples e duplos em 45 rpm.
Novembro: fundação da Companhia Cinematográfica Vera Cruz, em São Bernardo do Campo (SP).

1950   O compositor e maestro Hervê Cordovil organiza um concurso de músicas carnavalescas. Adoniran participa com "Eu Sou do Amor", parceria com Manoel Cosentino, e chega ao segundo lugar, mas a música permanecerá inédita em disco.
18 de setembro: inauguração da primeira emissora brasileira (e latino-americana) de televisão, a TV Tupi, em São Paulo.

1950/51 Adoniran conhece Juvenal Fernandes, compositor e editor; que se torna também seu parceiro e um de seus maiores amigos.

1951   "Malvina", primeira composição de Adoniran gravada pelos Demônios da Garoa, vence um concurso de música carnavalesca em São Paulo.
Janeiro: sai o primeiro LP brasileiro, *Carnaval em Long-Playing*, pelo selo Sinter.
27 de julho: Adoniran Barbosa grava "Saudosa Maloca"; o disco sai no mês de novembro.
Novembro: estreia a primeira telenovela brasileira, *Sua Vida Me Pertence*.

1952   Nova vitória carnavalesca para Adoniran e os Demônios da Garoa, com "Joga a Chave".
Adoniran ganha um Troféu Roquette Pinto como radialista.
Julho: Adoniran grava "Samba do Arnesto"; o disco sai em abril.

1953   Maio: Adoniran atinge o clímax de sua carreira de ator cinematográfico com *O Cangaceiro*, premiado no Festival de Cannes.

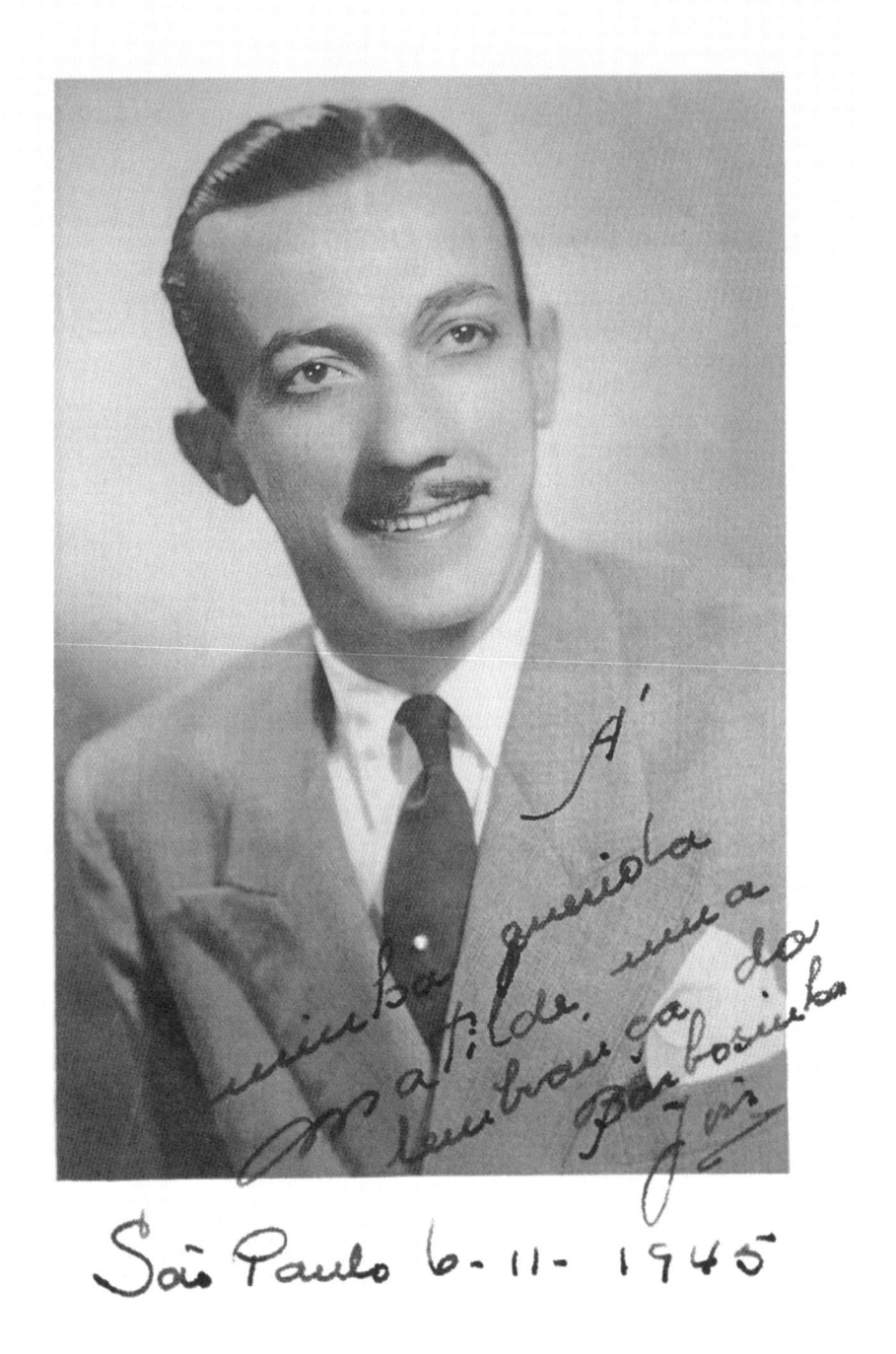

Foto com dedicatória do apaixonado "'Barbosinha' João" para sua
nova e eterna amada Matilde de Lutiis, em 1945.

Adoniran ganha mais um troféu Roquette Pinto por seu desempenho como radialista.

27 de setembro: inauguração da TV Record.

1954   Anuncia-se que Adoniran atuará no filme *O Sertanejo*, de Lima Barreto, no papel principal, de Antônio Conselheiro.

1955   2 de maio: os Demônios gravam "Saudosa Maloca"; desta vez o sucesso é tamanho que rende a Adoniran o suficiente para comprar uma chácara no bairro paulistano de Cidade Ademar. No mesmo dia, os Demônios gravam o outro lado do disco, nada menos que "Samba do Arnesto".

Junho: estreia na Rádio Record o programa *Bangalôs e Malocas* (mudado em novembro para *Histórias das Malocas*), inspirado pelo sucesso de "Saudosa Maloca", estrelando Adoniran e escrito por Oswaldo Molles.

Novembro: a revista *Manchete* chama Adoniran de "o Noel Rosa de São Paulo" — provavelmente a estreia desta comparação na imprensa.

1956   Fevereiro: a revista *A Cigarra* elege os cem melhores sambas de 1955, colocando "Saudosa Maloca" em nono lugar e "O Samba do Arnesto" em décimo.

Elvis Presley torna-se artista de sucesso mundial.

1957   A RGE deixa de ser apenas estúdio de gravação para se estabelecer como selo fonográfico; Adoniran está entre seus primeiros contratados, ao lado de Maysa, Cauby Peixoto, Sérgio Ricardo e outros.

Fevereiro: a gravadora Odeon lança *Saudosa Maloca*, primeiro LP dos Demônios da Garoa — e também primeiro LP a trazer somente composições de Adoniran.

6 de março: a Dupla Ouro e Prata grava "Deus Te Abençoe", de um novo compositor paulistano, Peteleco — na verdade, estreia deste ilustre pseudônimo de Adoniran, tirado de seu mais famoso cachorro de estimação.

Maio: Aracy de Almeida lança "Bom Dia, Tristeza", com música de Adoniran sobre letra de Vinicius de Moraes.

1958   Adoniran ganha seu terceiro Roquette Pinto.

22 de fevereiro: Estreia no Teatro de Arena, em São Paulo, a peça *Eles Não Usam Black-Tie*, de Gianfrancesco Guarnieri, incluindo um samba dele em parceria com Adoniran, "Nóis Não Usa As Bleque-Táis".

1959   Mais um Roquette Pinto para Adoniran.

Fevereiro: João Gilberto grava o LP *Chega de Saudade* e a bossa nova se torna grande sucesso.

1960   Adoniran lança "Tiro ao Álvaro", sem sucesso.

1961   Adoniran compõe "Trem das Onze".

A gravadora Columbia do Brasil passa a atender por CBS, voltando a ser Columbia em 1991.

CONTRATO DE LOCAÇÃO DE SERVIÇOS

De um lado a RADIO RECORD S. A., concessionaria de serviços de radiodifusão e televisão, com sede nesta Capital à rua **Quintino Bocaiuva,** n.º **22** representada pelos seus Diretores abaixo assinados, ora denominados LOCATARIA, e, de outro lado **JOÃO RUBINATO, maior, em arte "Adoniran Barbosa ou Barbosinha,"**, de nacionalidade **Brasileira** estado civil **Desquitado**, residente à **Rua Aurora apto. 22 - 2º andar** n.º **579** portador da carteira profissional n.º **82.842** série **2a.** ora denominado LOCADOR, têm, entre si, justo e contratado, de acordo com a legislação trabalhista em vigor, o seguinte:-

1.º - O LOCADOR, se obriga a prestar a LOCATARIA, 'com absoluta exclusividade, os seus serviços profissionais de **RADIATOR- HUMORISTA E INTERPRETE** , pelo prazo de **1 ANO** (**UM ANO**), a contar de **1/9/1957** e término aos **31** dias do mês de **AGOSTO** do ano de **1958**.

2.º - Os serviços do LOCADOR, serão prestados, de ordinário, nesta Capital, nos estudios da LOCATARIA, ou em outro local qualquer, em dias e horas préviamente marcadas pela administração da LOCATARIA, obrigando-se esta pelo pagamento de todas as despesas de viagem e estadia.

3.º - O locador se obriga a comparecer aos ensaios determinados pela LOCATARIA, bem como a se submeter à direção artística da LOCATARIA, sobre organização de programas, e, escolha de numeros a serem executados, sendo lícito à LOCATARIA, designar a participação de numeros de conjunto ou, isoladamente, respeitando os recursos artísticos, e, a especialidade do LOCADOR, que deverá comparecer aos programas de palco com os trajes determinados pela LOCATARIA, a portar-se convenientemente na audição e com o devido respeito ao público, a observar pontualmente as horas de trabalho indicadas nas tabelas de serviço pela administração da LOCATARIA, e, finalmente, não alterar, suprimir, ou acrescentar, nas audições, palavras ou frases.

4.º - O LOCADOR se obriga a fazer as gravações em fita, disco ou qualquer outro material sonoro ou visual que lhe forem designadas pela LOCATARIA, a quem assiste o direito de usá-las para fins de propaganda, ou no do seu interesse, assim como tambem o nome e as fotografias do LOCADOR.

5.º - A produção do LOCADOR, objeto deste contrato, passa a ser propriedade da LOCATARIA, à qual desde já o primeiro cede e transfere os respectivos direitos, e, ações, podendo a cessionária utilizá-la ou retransmiti-la sob qualquer forma, por si, e, por seus sucessores, promovendo os registros nas repartições competentes, e, impugná-los, se acaso feitos diretamente pelo LOCADOR.

6.º - O LOCADOR receberá como remuneração por esses serviços prestados o ordenado mensal de Cr.$ **19.500,00** (DEZENOVE MIL E QUINHENTOS **CRUZEIROS)-.-.-**) - mês de trinta dias - que lhe será pago nos escritórios da LOCATARIA, em duas prestações quinzenais, vencidas até os dias 5 e 20 de cada mês.

7.º - O LOCADOR se obriga a respeitar e cumprir o regulamento interno, e, ordens de serviço da LOCATARIA, que nesta data toma conhecimento.

8.º - Será considerado de força maior para suspensão das audições sem direito a remuneração, alem de outros, o caso de fechamento das estações de propriedade da LOCATARIA, por ordem do poder público, ou suspensão das audições determinada por esse mesmo poder, salvo quando houver indenização, e, uma vez paga à LOCATARIA.

9.º - Não poderá o LOCADOR, durante a vigencia do presente contrato, emprestar seu nome ou prestar serviços remunerados ou sem remuneração a outra emprésa de radiodifusão, televisão, teatro, cinema, boite, conjunto musical, ou qualquer espetaculo público, ainda que beneficente, sem prévio consentimento, e, por escrito, da LOCATARIA.

10.º- Fica autorizada a LOCATARIA, a descontar dos ordenados do LOCADOR, por falta aos programas designados, salvo motivo de força maior, devidamente comprovado, a titulo de indenização por prejuizos causados aos seus programas-oriundos que são, por sua vez, de **autorizações de propagandas** - a importancia correspondente a 30% (trinta por cento) da remuneração mensal a que tiver direito o LOCADOR. Em se tratando de ensaios, a falta será descontada o equivalente a meio dia de sálario, na base 1/30.

Um dos contratos entre Adoniran Barbosa e a Rádio Record, onde ele trabalharia por trinta anos, inclusive na TV Record, inaugurada em 1953.

1962	11 de junho: morre Vadico.

1963   Adoniran começa a aparecer regularmente na televisão, em vários programas da TV Record como *7 Belo Show* e *O Homem e o Riso*.
Julho: o redator de televisão Irvando Luiz, parceiro de Adoniran no sucesso "É da Banda de Lá", anuncia que pretende produzir um disco humorístico de Adoniran, intitulado *Monólogos*.

1964   As gravadoras brasileiras abandonam o 78 rpm em favor do LP e dos compactos simples e duplos.
Maio: Adoniran lança o "Samba Italiano" no programa humorístico da Record *Papai Sabe Nada*.
Agosto: os Demônios da Garoa gravam o "Trem das Onze", música que se torna sucesso absoluto em todo o Brasil ao ser lançada em compacto no mês de setembro.
Outubro: Adoniran sofre um acidente automobilístico, ficando em repouso até fevereiro.

1965   Adoniran ganha seu último Roquette Pinto.
Com a renda de "Trem das Onze", muda-se para seu sítio na Cidade Ademar, onde residirá até o fim da vida.
Fevereiro a julho: a Record apresenta a primeira telenovela humorística brasileira, *Os Quatro Homens Juntos*, incluindo Adoniran no elenco.
Março: a gravadora Odeon lança a primeira coletânea dos Demônios (intitulada simplesmente *Demônios da Garoa*), com texto de contracapa dizendo ser "coincidência" o fato de o disco sair logo após a consagração de "Trem das Onze" no carnaval carioca. O disco, que não inclui "Trem das Onze", registrada pelos Demônios por outra gravadora, traz só composições de Adoniran.
Abril: primeiro Festival de Música Popular Brasileira, promovido e transmitido pela TV Excelsior.
26 de abril: inauguração da TV Globo, no Rio de Janeiro.
22 de agosto: estreia do programa *Jovem Guarda* na TV Record; o pop-rock comercial à brasileira torna-se grande sucesso.
Julho a setembro: nova novela humorística da TV Record, *Ceará Contra 007*, incluindo Adoniran.

1966   15 de junho: Lançamento de "Figlio Unico", versão italiana de Riccardo del Turco para "Trem das Onze", fazendo grande sucesso.
Junho: a TV Excelsior realiza mais um Festival de Música Popular Brasileira.
Setembro e outubro: segundo Festival da Música Popular Brasileira, promovido pela TV Record.

1967   22 de março: estreia na Itália o filme *Io Non Protesto, Io Amo*, dirigido por Ferdinando Baldi e cuja trilha sonora inclui "Figlio Unico" ("Trem das Onze" em italiano). O elenco traz Terence Hill (que anos depois faria sucesso com o personagem Trinity numa série de faroestes cômicos) e a cantora Caterina Caselli. Curiosamente, o filme não é exibido no Brasil.

                                      Adoniran: dá licença de contar...

Adoniran e seus cães no sítio do bairro paulistano de Cidade Ademar, comprado com o dinheiro ganho com "Saudosa Maloca".

13 de maio: Oswaldo Molles comete suicídio.

Outubro: terceiro Festival de Música Popular Brasileira, transmitido pela TV Record.

1968   Maio: "Mulher, Patrão e Cachaça", parceria de Adoniran com Oswaldo Molles, é a primeira música inscrita na I Bienal do Samba. Defendido pelos Demônios, o samba não passa das semifinais, mas agrada o público a ponto de Adoniran ser chamado ao palco.

Histórias das Malocas sai do ar; Adoniran permanecerá na geladeira da Rádio e TV Record até sua aposentadoria em 1971.

Flávio Cavalcanti promove na TV Tupi um festival de música carnavalesca; Adoniran consegue o segundo lugar com "Vila Esperança".

Novembro e dezembro: quarto Festival de Música Popular Brasileira, da TV Record.

1969   Novembro: quinto e último Festival de Música Popular Brasileira promovido pela TV Record; Adoniran concorre com "Despejo na Favela", defendida por Nerino Silva.

1971   Expira o contrato de Adoniran Barbosa com a Record, e o compositor consegue sua aposentadoria.

Adoniran assina com a TV Tupi, passando a trabalhar como ator em várias telenovelas, humorísticas ou não, da emissora.

2 de novembro: nasce Alfredo, único neto de Adoniran, em Recife.

1972   Adoniran grava "Nóis Viemos Aqui Pra Quê?", marchinha inspirada num bordão que criou para os comerciais da cerveja Antarctica.

29 de novembro: Adoniran participa do programa MPB Especial da TV Cultura; o áudio deste programa será lançado em CD em 2000.

1973   "Saudosa Maloca", "Samba do Arnesto" e "Trem das Onze" voltam às paradas graças a Gal Costa, cantando esta última, e os Originais do Samba, com as outras duas.

Março: Adoniran Barbosa trabalha como ator na novela Mulheres de Areia, da TV Tupi.

1974   Primeira quinzena de agosto: sai o primeiro LP de Adoniran Barbosa, produzido por J. C. Botezelli, mais conhecido como Pelão.

1975   Julho: sai o segundo LP de Adoniran.

29 de setembro: Adoniran é diplomado Professor Emérito pelo Instituto Musical de São Paulo.

1976   Lançamento do último filme em que Adoniran trabalha como ator, a pornochanchada Elas São do Baralho.

Adoniran é eleito Jornalista Honorário.

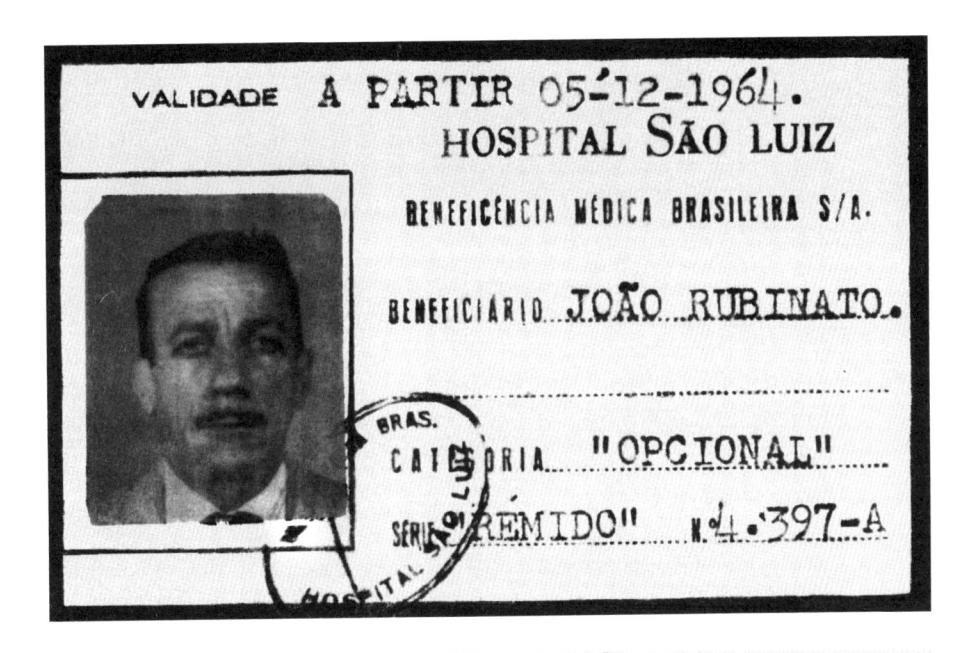

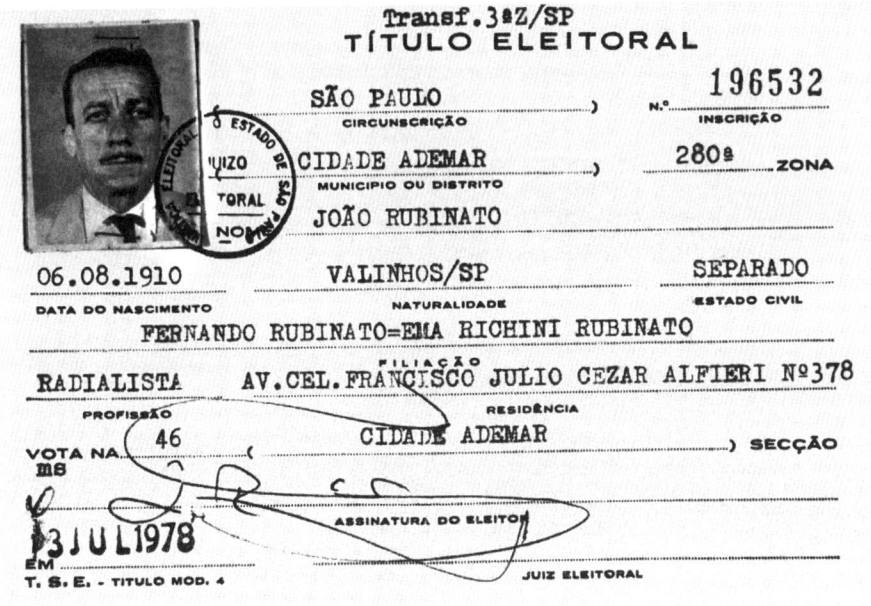

A mesma foto de Adoniran em dois documentos diferentes: na carteirinha do
Hospital São Luiz, de 1964, e em seu último título eleitoral, de 1978.

1977   O Corinthians, time do coração de Adoniran, sagra-se campeão paulista após um jejum de mais de vinte anos.

Adoniran faz shows no Teatro 13 de Maio, no Bixiga, ao lado de Zé Keti, Mário Lago, Carlos Cachaça, Nelson Cavaquinho e Cartola, com produção de Pelão.

24 de setembro: um dos primeiros shows de Adoniran com o grupo Talismã, como parte do projeto Música Paulista Rural e Urbana, no Centro Campestre do SESC, em São Paulo.

1978   Abril: Adoniran grava novo samba, "Praça da Sé".

31 de dezembro: Adoniran participa de *Ano Novo de Elis Regina*, especial de fim de ano da cantora para a TV Bandeirantes.

1979   Fevereiro: Adoniran é homenageado pela escola de samba Unidos da Madrugada, de sua cidade natal, Valinhos, e pela Escola de Samba Primeira de Santo André, cidade onde passou a infância; o enredo desta última é "Adoniran Barbosa", composto por Rubão.

10 de março: Adoniran faz um show na casa paulistana Ópera Cabaret; este show será lançado em disco em 1991.

Dezembro: Adoniran começa a colaborar com crônicas do cotidiano no tabloide independente quinzenal *Feijão Com Arroz*, que dura até agosto de 1980.

1980   Agosto: lançamento do LP *Adoniran Barbosa e Convidados*. Destaca-se a faixa "Tiro ao Álvaro", cantada por Elis Regina, que, vinte anos após ser lançada pelo próprio Adoniran, torna-se grande sucesso e se revela um clássico da MPB.

10 de agosto: Adoniran recebe diploma de Honra ao Mérito da Sociedade de Defesa das Tradições e Progresso.

1982   Fevereiro: a Eldorado do Brás concorre no carnaval com o enredo "Adoniran, Poeta do Povo"; Adoniran desfila como convidado, embora se recuse a usar o terno branco requisitado pela Escola, usando terno bege, e justificando: "Sou boêmio, mas malandro não".

Março/abril: último show de Adoniran, na sede da escola preparatória para vestibulares Equipe, em São Paulo.

26 de maio: Última aparição de Adoniran como cantor, no Teatro Záccaro, em São Paulo, cantando "Trem Das Onze", uma das canções escolhidas como as 14 melhores canções brasileiras do século 20, no festival Viva a Música Popular Brasileira, produzido por Fernando Faro.

Maio/junho: Adoniran compõe "Armistício", com Eduardo Gudin.

Agosto: ao que consta, Adoniran compõe suas últimas canções, "A Notícia" com Lemos Cavaco, e "Minha Nêga", com Carlinhos Vergueiro e Paulinho Boca de Cantor

Setembro: Adoniran faz um comercial de TV para a Volkswagen — seu último trabalho profissional.

Novembro: vítima de enfisema pulmonar devido ao tabagismo, Adoniran Barbosa é internado no Hospital São Luiz. Chega a compor um samba sobre

Cartaz de uma das edições do Projeto Adoniran Barbosa, série de shows promovida pela Prefeitura de São Paulo a partir dos anos 1980. O retrato do compositor é de Elifas Andreato, que também assinou a capa do LP *Adoniran Barbosa e Convidados*.

o hospital, samba este que ficará perdido, pois Adoniran não deixará que o escrevam.

23 de novembro: morre Adoniran, às 17h15, no Hospital São Luiz. No dia seguinte, morre o cineasta Lima Barreto, em Campinas.

24 de novembro: a Rua Adoniran Barbosa é inaugurada em São Paulo.

1983 6 de março: o Centro Cultural São Paulo, inaugurado em 13 de março de 1982, entrega ao público suas novas dependências, entre elas um teatro de arena denominado Sala Adoniran Barbosa.

Abril: sai o LP-coletânea *Saudades de Adoniran*, reunindo grandes sucessos e gravações raras.

22 de novembro: a pedido de Mathilde de Lutiis, todas as emissoras AMs e algumas FMs paulistanas tocam "Trem das Onze", para marcar o primeiro ano sem Adoniran.

1984 2 de junho: lançamento do LP *Documento Inédito*, com gravações de Adoniran tiradas de programas de TV e depoimentos diversos.

28 de novembro: inauguração do Museu Adoniran Barbosa, com mais de uma centena de itens — roupas de Adoniran, brinquedos construídos por ele, originais de letras e muito mais — na Rua 15 de Novembro, 347, no centro de São Paulo.

1985 Maio: estreia em São Caetano (SP) *O Último Trem das Onze*, peça que conta a vida de Adoniran, de Carlinhos Lira (não confundir com o bossanovista carioca). Mathilde de Lutiis aprovou: "É um trabalho que precisa ser levado pelo Brasil todo".

As grandes gravadoras brasileiras resolvem abandonar os compactos, passando a lançar apenas LPs e disco-mixes de 12 polegadas.

1986 Os Demônios da Garoa anunciam estar preparando um álbum de três discos, *Álbum de Ouro de Adoniran Barbosa*, para a Chantecler, projeto que acabará não se realizando.

18 de fevereiro: morre Nelson Cavaquinho.

1988 Estreia *Vida Nova*, telenovela da Rede Globo; Adoniran é a presença dominante na trilha sonora, com nada menos de três gravações (todas de seus LPs da Odeon): "Samba Italiano", "As Mariposa" e "Bom Dia, Tristeza".

Dezembro: sai o primeiro livro sobre Adoniran, *Um sambista diferente*, de Bruno Gomes, edição da Funarte.

1989 13 de junho: morre Matilde de Lutiis, de enfisema pulmonar, em São Paulo. Juvenal Fernandes, compositor, advogado e editor musical, que trabalhou com Adoniran Barbosa nas editoras Fermata e Arlequim desde os anos 1940, tendo inclusive ganho dele dezenas de letras inéditas, reúne 41 destas letras e as distribui a vários artistas para serem musicadas e lançadas em disco em 1989 e 1990, para marcar o 80º aniversário de Adoniran. Apenas uma destas novas parcerias de Adoniran é lançada ainda em 1989, "Provérbios", gravada

Adoniran: dá licença de contar...

por seu coautor, Rolando Boldrin; 14 outras dessas letras sairão do ineditismo graças a Passoca, que as lançará em 2000.

1990   Sai o primeiro CD de Adoniran, a coletânea *Adoniran Barbosa Especial* (EMI). Agosto: saem dois LPs para marcar os 80 anos de Adoniran: *Prova de Carinho* (EMI), reunindo gravações do próprio Adoniran e dos Demônios dos anos 1950 a 1980, e *Adoniran Barbosa, o Poeta do Bixiga* (1990), com novas interpretações de artistas diversos, incluindo Rita Lee, Jards Macalé, Tetê Espíndola e João Bosco.
Adoniran torna-se objeto de tese de mestrado na Escola de Comunicações e Artes da Universidade de São Paulo — "Um cantar paulistano: Adoniran Barbosa", defendida por Maria Aparecida Bento.

1991   Março: sai o LP *Adoniran Barbosa Ao Vivo*, com show gravado em 1979.

1993   Vários LPs de Adoniran são reeditados em CD.
A Orquestra Sinfônica de Campinas lança um CD com arranjos sinfônicos de músicas de Adoniran.

1995   8 de novembro: o cantor e compositor Elton Medeiros (nascido em 1930) é o primeiro ganhador do Troféu Adoniran Barbosa, criado pelo jornalista e pesquisador Arley Pereira para homenagear grandes nomes da MPB.
13 de março: estreia nova novela na TV Globo, *A Próxima Vítima*, e seu autor, Silvio de Abreu, homenageia personalidades que "já se incorporaram no imaginário paulistano", criando a Vila Trastevere, subdistrito fictício do bairro da Mooca que inclui ruas com os nomes de Miriam Batucada, Pagano Sobrinho e Isaurinha Garcia, e uma Praça Adoniran Barbosa.

1996   Novembro: o cantor e compositor Miguel Barone lança uma fita independente, *Samba Italiano*, com algumas composições de Adoniran em versões para o napolitano feitas por Piero Postiglione, como "Addio Barraca" ("Saudosa Maloca"), "Un Samba Nel Bixiga" e "Buon Giorno Tristezza". Por que em napolitano? Segundo Barone e Postiglione, esse dialeto é o mais próximo equivalente italiano do linguajar "povão", cheio de erros gramaticais, empregado pelo próprio Adoniran.

1998   19 de outubro: morre Nicola Caporrino, o Alocin, parceiro de Adoniran em "Samba do Arnesto" e "Viaduto Santa Ifigênia".

1999   O Museu Adoniran Barbosa promove uma exposição itinerante de seu acervo. Infelizmente, muitas peças se perdem nas viagens.

2000   Março/abril: o Centro Cultural Banco do Brasil, em São Paulo, promove uma série de shows para comemorar os noventa anos de nascimento de Adoniran: "Adoniran Carioca", com Joyce e Banda; "Adoniran Revisitado", com Mônica Salmaso e Paulo Belinatti; "Adoniran Inédito", com Passoca e O Trio; "Adoniran Tradicional", com os Demônios da Garoa.

A gravadora RGE, detentora de boa parte das gravações de Adoniran, é definitivamente incorporada pela Som Livre.

Encena-se em São Paulo a peça *Uma Viagem Músico-Teatral Com Adoniran Barbosa*, de Clóvis Torres.

2001	Junho: estreia de musical de Abelardo Figueiredo sobre Adoniran, promovido pela Secretaria de Cultura do Estado. Agosto: estreia do show *180 Anos de Samba com Adoniran e Noel*, com Roberto Silva e outros.
2002	O programa *SPTV*, da Rede Globo, promove uma enquete popular para apurar "que música tem a cara de São Paulo": a vencedora é "Trem Das Onze". Setembro: primeira edição da biografia *Adoniran: dá licença de contar...*, de Ayrton Mugnaini Jr., que traz a mais completa discografia de Adoniran até o momento. Dezembro: lançamento do livro *Se O Senhor Não Tá Lembrado*, de André Nigri, sobre Adoniran Barbosa.
2003	Lançamento de *Adoniran: uma biografia*, de Celso Campos Jr., o mais extenso livro sobre o artista, e que ganha edição revista e ampliada em janeiro de 2010.
2004	8 de janeiro: o portal Folha Online, da *Folha de S. Paulo*, publica o resultado de uma pesquisa popular, promovida pelo jornal em conjunto com a Prefeitura de São Paulo, para saber qual é a canção imediatamente lembrada como símbolo musical da cidade. 4797 pessoas votam e não dá outra: "Trem das Onze" tem 41% dos votos, seguida por "Sampa" de Caetano com 25%. Fevereiro: Juvenal Fernandes, amigo de Adoniran e editor de várias de suas obras, divulga ter cerca de cem composições inéditas, que surpreendem por não serem típicas do estilo mais conhecido do autor, incluindo letras rebuscadas ("e descortinou-se Pindorama/ com suas paisagens deslumbrantes/ a seiva, a mata que se inflama/ ardente terra de gigantes"), eruditas ("sou como sou/ não pedi a vida e não me fiz/ Byron disse: estou aqui, estou comigo/ sou feliz", datada de 1963) e até religiosas ("minha oração é o Pai Nosso/ que estais no céu para sempre/ que seja santificado/ o Seu nome, Senhor Deus", de 1980). Há quem descarte tais composições como sendo de Adoniran e quem as considere meras brincadeiras ou experiências que ele, com justa razão, resolveu manter inéditas.
2007	Março/abril: o programa da TV Cultura de 1972 sobre Adoniran é lançado em DVD, primeiro registro do artista nesse suporte. Agosto: o Museu Adoniran Barbosa ganha espaço no Museu da Imagem e do Som de São Paulo, onde ficará infelizmente por pouco tempo.
2009	Surge em São Paulo o Conjunto João Rubinato, formado pelo músico Tomás Bastian e dedicado a pesquisar e interpretar canções de Adoniran nos arranjos originais, antes das modificações feitas pelos Demônios da Garoa.

2010   Julho: a Lua Music lança o CD *Adoniran 100 Anos*, com interpretações de diversos artistas, entre eles Cauby Peixoto, Maria Alcina, Mart'nália e Maurício Pereira.
28 de setembro: a Rede Globo exibe o programa especial da série de teledramaturgia *Por Toda A Minha Vida* dedicado a Adoniran; o elenco inclui Marcello Airoldi (Adoniran quando jovem), Hugo Nápoli (Adoniran idoso), Fabíula Nascimento (Matilde de Lutiis), Blota Filho (Oswaldo Molles), Erlene Melo (Olga Krum) e Glauce Graieb (Emma Rubinato, mãe de Adoniran).

2012   4 de junho: inaugura-se em Valinhos o Bar Adoniran, com decoração e cardápio totalmente inspirados no mais ilustre filho da cidade e sua obra.

2013   Agosto: o Sport Club Corinthians lança o *I Canto Por Ti, Corinthians*, festival de canções em homenagem ao time, e esta primeira edição homenageia Adoniran com o Troféu Adoniran Barbosa para o primeiro colocado; eliminatórias e final realizam-se de 21 a 23 de novembro, e o troféu vai para o samba "Corintiando", de Grego. (As composições inscritas totalizam cerca de 2 mil, e outra das 26 selecionadas para apresentação é a marcha "Japonesa Corintiana", deste que vos escreve.)

III.
DISCOGRAFIA DE ADONIRAN BARBOSA

Aqui estão todos os discos de Adoniran como intérprete, nesta ordem: os 78 rpm, compactos simples e duplos, LPs, suas participações em discos de outros artistas e as principais coletâneas.

Não nos limitamos a simplesmente reproduzir os dados constantes nos discos, muitas vezes incompletos ou inexatos. Além disso, procuramos ouvir todas as gravações. Buscamos também uniformizar a apresentação das obras gravadas; por exemplo, "Samba do Arnesto" aparece em alguns discos como "O Samba do Arnesto" e "Samba do 'Arnesto'". Idem "As Mariposas", ora grafada deste modo, ora "As Mariposa". O próprio nome de Adoniran sempre aparecerá desta forma, embora em alguns discos conste como "Adoniram".

Uma pequena explicação sobre as gravadoras mencionadas. A Continental chamou-se a princípio Columbia, nome do selo estadunidense que representou no Brasil até 1943, quando este selo estabeleceu filial nacional própria; em 1994 a Continental foi comprada por outra grande gravadora dos EUA, a Warner Music. Os selos Todamérica e Chantecler, a princípio independentes, com o tempo foram englobados pela Continental. Vários selos pequenos, como CEME/Premier, Fermata e Som Maior (ex-Audio Fidelity), incorporaram-se à RGE nos anos 1960 e 1970; por sua vez, a RGE terminou engolida pela Som Livre em 1999-2000. De modo que, hoje em dia, toda a obra de Adoniran (além dos dois discos ao vivo produzidos por Pelão e pela TV Cultura) está em poder de quatro gravadoras: Warner, Som Livre, EMI (que no Brasil usou os nomes Odeon e EMI-Odeon e em 2012 foi adquirida pela Universal Music) e Eldorado.

Convém falarmos dos diferentes tipos de discos utilizados ao longo dos anos. O disco de 78 rotações por minuto (rpm) foi o mais utilizado desde o início da indústria fonográfica brasílica em 1902 até a aposentadoria deste formato em 1964, substituído de vez pelo long-play (LP, de rotação mais lenta, 33 1/3 rpm, com capacidade para mais músicas que o 78, inventado em 1948 e fabricado no Brasil desde 1951) e pelo compacto (em 45 e 33 1/3 rpm, criado em 1949 e lançado aqui em 1956).

Pena que Adoniran não chegou a conhecer o compact disc (CD), formato lançado em 1983.

Infelizmente, a maioria das grandes gravadoras brasileiras quase sempre vem se empenhando em torturar e assassinar, com requintes de crueldade, a galinha dos ovos de ouro. Basta citar os anos 1980, quando decidiram eliminar os compactos, passando a vender apenas LPs e CDs, e retirar de catálogo quase todos os LPs originais de MPB, passando a retalhá-los impiedosamente em coletâneas e mais coletâneas — ou, como elas preferem, novos produtos. E quem estiver atrás dos discos originais? Ora, procure nos sebos... Certamente você os encontrará antes que as gravadoras percebam que estão matando não somente a música brasileira, mas também a si mesmas.

E pensar que nos anos 1970 a Odeon era a gravadora multinacional que melhor tratava a melhor música brasileira — boa divulgação, boas gravações e capas, discos em catálogo por mais tempo. Lá Adoniran teve oportunidade de gravar três LPs, indispensáveis para qualquer fã da MPB com MPB maiúsculos. Pena que por volta de 1985 a Odeon, já rebatizada EMI, contraiu um vírus comercialoide que a levou a dilapidar seu catálogo em coletâneas, vírus ainda hoje não erradicado, mesmo com João Gilberto e outros artistas protestando na Justiça contra tais mutilações. Desde os anos 1980 a EMI retalhou os três LPs originais de Adoniran em quase uma dezena de coletâneas, incluindo LPs e CDs — nenhum incluindo, por exemplo, "Nêgo Serafim", pequena obra-prima lançada no lado B de "Envelhecer É uma Arte". E pelo menos quatro dessas coletâneas trazem na capa a mesma foto — aquela com o fundo verde — usada no segundo LP de Adoniran!

DISCOS 78 RPM

1) Columbia, 8171, fevereiro de 1936
"Rumba Negra", rumba (Armando Orefiche/Leo Blanc/versão de José Nicolini), matriz 3214
"Agora Pode Chorar", samba (Adoniran Barbosa/José Nicolini), matriz 3215
Notas: A) Acompanhamento instrumental de Nicolini e sua orquestra. Adoniran é o intérprete somente no lado B; o outro lado coube às Irmãs Vidal. B) Este disco foi reeditado nos anos 1940 com novo número de catálogo, 55143, e em 1949 com o selo Continental. C) O título do lado B consta na edição em partitura como "Agora Podes Chorar". D) "Agora Pode Chorar" foi reeditada em quatro discos: *Eles Começaram Assim...*, vários intérpretes (Continental, LP, 1-19-405-027, 1976); *Saudades de Adoniran*, Adoniran e outros (Continental, LP, 2-01-404-016, 1983);

A Arte do Encontro: Cartola e Adoniran Barbosa, álbum duplo reunindo um disco de Cartola ao vivo e uma coletânea de Adoniran (RGE, LP, 3346060, 1991 — atenção: aqui se omite o acorde final desta primeira gravação de Adoniran); *Dois Gênios: Adoniran Barbosa e Zé Keti* (Warner, CD, 5051865496427, 2009).

2) Columbia, 8183, março de 1936
"Se Meu Balão Não Se Queimar", marcha (Adoniran Barbosa/José Nicolini), matriz 3257
"Tristeza de São João", samba (Eratóstenes Frazão), matriz 3258
Notas: A) Acompanhamento instrumental de Nicolini e sua orquestra. B) Mais um meio-disco para Adoniran, o intérprete do lado B sendo Januário de Oliveira.

3) Columbia, 8286, 1937
"Você Tem um Jeitinho" (Adoniran Barbosa), matriz 3268
"Não Me Deu Satisfações" (Adoniran Barbosa/José Nicolini), matriz 3269
Notas: A) Acompanhamento instrumental de Nicolini e sua orquestra. B) Ainda não foi desta vez que Adoniran mereceu um disco inteiro (o intérprete do lado A é Januário de Oliveira), mas ele é o compositor das músicas de ambos os lados. C) Para sermos rigorosos, o intérprete do lado A está creditado como "Nicolini e Sua Orquestra — refrão vocal por Adoniran Barbosa e coro". Na verdade, Adoniran não faz o solo vocal no refrão, e sim nas estrofes.

4) Continental, 16468, dezembro de 1951
"Os Mimoso Colibri", marcha-rancho (Hervê Cordovil/Oswaldo Molles), matriz 11334
"Saudade da Maloca", samba (Adoniran Barbosa), matriz 11335
Notas: A) "Os Mimoso Colibri" e "Saudade da Maloca" ("Saudosa Maloca") foram gravadas em 27 de julho de 1951. B) O título original do lado B, "Saudosa Maloca", consta no selo como "Saudade da Maloca" por erro da gravadora. C) Acompanhamento de Nelson Miranda e seu conjunto. D) Esta primeiríssima gravação de "Saudosa Maloca" foi reeditada nos discos *Os Demônios da Garoa Interpretam Adoniran Barbosa* (Chantecler, LP, 2-10-407-092, 1974) e *Saudades de Adoniran* (Adoniran Barbosa e outros, Continental, LP, 2-01-404-016, 1983).

5) Continental, 16707, abril de 1953
"Samba do Arnesto", samba (Adoniran Barbosa/Alocin), matriz 11415
"Conselho de Mulher", samba (Adoniran Barbosa/José B. dos Santos/Oswaldo Molles), matriz 11414
Notas: A) "Samba do Arnesto" e "Conselho de Mulher" foram gravadas em 23 de julho de 1952. B) Adoniran consta no selo como "Adoniran Barbosa (Zé Conversa)". C) Acompanhamento instrumental: Antônio Rago e seu conjunto.

6) Continental, 17173, outubro de 1955
"Saudosa Maloca", samba (Adoniran Barbosa)
"Samba do Arnesto", samba (Adoniran Barbosa/Alocin)
Nota: Reedição oportunista no melhor sentido (inclusive com os títulos corrigidos) de um lado de cada um dos últimos 78 rpms de Adoniran Barbosa, para aproveitar o sucesso destas duas músicas (também em um único disco!) com os Demônios da Garoa.

7) Todamérica, TA-5850, 1958

"Oia a Polícia", xote (Peteleco/Arlindo Pinto), matriz TA-1488

"No Morro do Piolho", samba (Peteleco/Jacob de Brito/Carlos Silva), matriz TA-1489

    Notas: A) É a vez de Adoniran usar pseudônimos, assinando as parcerias como Peteleco (seu cachorro de estimação) e a interpretação de ambas as faixas com o nome de Charutinho, um de seus personagens no programa radiofônico *Histórias das Malocas*. B) Acompanhamento de Santana e seu regional. C) Ambas as faixas foram reeditadas no disco *Saudades de Adoniran*, Adoniran Barbosa e outros (Continental, LP, 2-01-404-016, 1983); "Morro do Piolho" foi reeditada no CD *Os Grandes Sambas da História*, vol. 16 (BMG, 7432153685-2, 1998).

8) RGE, 10081, janeiro de 1958

"Doto Vardemá (Conheço Muito...)", marcha (Adoniran Barbosa/Geraldo Blota/Raguinho), matriz RGO-496

"Pra Que Chorar", samba (Peteleco), matriz RGO-497

    Notas: A) Acompanhamento instrumental do Conjunto RGE. B) O intérprete do lado A é Paulo Augusto. C) Raguinho, parceiro de Adoniran, é, na verdade, o violonista Antônio Rago sob o pseudônimo de seu irmão, Roberto Rago, também compositor. D) "Pra Que Chorar" foi reeditada nos discos: *A Arte do Encontro: Cartola e Adoniran Barbosa*, álbum duplo reunindo um disco de Cartola ao vivo e uma coletânea de Adoniran (RGE, LP, 3346060, 1991); *40 Anos de Música — 1957*, vários (CD, RGE, 5801-2, 1996); *20 Preferidas — Adoniran Barbosa* (CD, RGE, 5576-2).

9) RGE, 10093, maio de 1958

"Pafunça", samba (Adoniran Barbosa/Oswaldo Molles), matriz RGO-679

"Nóis Não Usa as Bleque Tais", samba (Peteleco/Tião), matriz RGO-680

    Notas: A) Acompanhamento instrumental do Conjunto RGE e coro. B) Tião é pseudônimo de Gianfrancesco Guarnieri, autor da peça *Eles Não Usam Black-Tie*, da qual esta música fez parte (e Tião é um dos personagens principais da peça, representado na primeira montagem pelo próprio Guarnieri). C) "Nóis Não Usa as Bleque Tais" foi reeditada nos seguintes discos: *Eles Não Usam Black-Tie* (compacto duplo independente dos anos 1980); *20 Preferidas — Adoniran Barbosa* (CD, RGE, 5576-2). D) Ambas as faixas foram reeditadas no seguinte disco: *A Arte do Encontro: Cartola e Adoniran Barbosa*, álbum duplo reunindo um disco de Cartola ao vivo e uma coletânea de Adoniran (RGE, LP, 3346060, 1991).

10) CEME/Premier, CM-7778, 1959

"Aqui, Gerarda!", marcha (Adoniran Barbosa/Ivan Moreno/Joca), matriz CM-335

"Juro, Amor!", samba (Adoniran Barbosa/Ivan Moreno/Joca), matriz CM-336

    Notas: A) O intérprete consta como "Charutinho (Adoniran Barbosa) e Seus Maloqueiros". B) "Aqui, Gerarda!" foi incluída num compacto duplo em 45 rpm de vários intérpretes, *Folias Carnavalescas nº 3* (Momo, 1960).

11) CEME/Premier, PM-151, julho de 1960

"Tiro ao Álvaro", samba (Adoniran Barbosa/Oswaldo Molles), matriz CM-355

"Chora na Rampa", samba (Adoniran Barbosa/Oswaldo Molles), matriz CM-356

    Notas: A) O intérprete consta como "Charutinho (Adoniran Barbosa) e Seus Ma-

Dois dos mais raros discos carnavalescos de Adoniran — incluindo esporádicas ocasiões em que o compositor grava obras de outros: o 78 rpm com "Tustão de Amendoim" (Arquimedes Messina) e "Agora Vai", de 1960, e o compacto "Senta, Senta" e "Todas São Boas" (Cachimbinho, Wilma Camargo e Waldyr Cardoso).

loqueiros". B) Ambas as faixas trazem o crédito "Música de Adoniran Barbosa, letra de Oswaldo Molles". C) Acompanhamento de orquestra regida por Gabriel Migliori. D) Este disco foi anunciado na *Revista do Long-Playing* de julho-agosto de 1960 como tendo o número de catálogo PM-151.

12) Havana, 005, *c.* 1960
"Tustão de Amendoim", marcha (Arquimedes Messina), matriz MHS-009
"Agora Vai", samba (Adoniran Barbosa), matriz MHS-010

13) Momo/Fermata, MO-18, 1963
"Onde Vai, Leão", marcha (Peteleco), matriz MO-18-A
"Eu Gosto Dela" (Américo de Campos/Jorge Costa), matriz MO-18-B
    Notas: A) Adoniran Barbosa, sob o pseudônimo Charutinho, é o intérprete apenas do lado A, cabendo o lado B a Américo de Campos. B) A faixa de Adoniran está também no LP *Carnaval 1962* (Momo/Fermata, MOLP-001, 1961). C) Acompanhamento de Jotaca e sua orquestra.

Embora tendo os lançamentos praticamente interrompidos pelas gravadoras brasileiras em 1964, o 78 rpm continuou a ser muito usado por emissoras de rádio e produtoras de *jingles* e vinhetas até cerca de 1980, só que na forma de acetato, tirando-se poucas cópias, gravadas uma por vez, e nos diâmetros de 7, 8 e 10 polegadas. Acetatos eram também importantes para registros sonoros imediatos, como "demos" de músicas ou intérpretes e testes de gravação, antecedendo as fitas magnéticas e CD-Rs. Existem vários acetatos trazendo gravações exclusivas de Adoniran, incluindo um *jingle* para a caderneta de poupança Unibanco, em 1978, e ele próprio cantando "Um Samba no Bixiga" e "Deus Te Abençoe" por volta de 1956.

COMPACTOS SIMPLES

2) Momo/Fermata, MO-31, 1962
"Segura Essa Mulher", marcha (Jucata/A. Lopes), matriz MO-31-A
"Segura o Apito", marcha (Adoniran Barbosa/Oswaldo Molles), matriz MO-31-B
    Notas: A) O lado B, "Segura o Apito", está creditado a Charutinho e Terezoca, dois personagens do programa Histórias das Malocas (Terezoca era vivida pela atriz Maria Tereza). B) O lado A, "Segura Essa Mulher", é cantado por Baby Santiago — ele mesmo, grande herói da primeira geração do rock brasileiro, também cantor carnavalesco.

3) RGE, CS-70213, julho de 1966
"Plac-Ti-Plac", samba (Peteleco/Waldemar Camargo), matriz RGO-4504
"Já Fui Uma Brasa", samba (Adoniran Barbosa/Marcos César), matriz RGO-4505

4) RGE, 3011036, agosto de 1972
"Nóis Viemos Aqui Pra Quê?", marcha (Adoniran Barbosa), matriz 3011036-A
"Acende o Candieiro", samba (Adoniran Barbosa), matriz 3011036-B

O compacto de 1972 com a marcha "Nóis Viemos Aqui Pra Quê?", inspirada num comercial da cerveja Antarctica, trazendo, no lado B, o samba "Acende o Candieiro".

Um dos *jingles* publicitários gravados por Adoniran não lançados em disco, apenas em acetato para as emissoras de rádio: "Eu Já Botei", de 1978, para a Caderneta de Poupança Unibanco.

Notas: A) Acompanhamento instrumental de Jambo Trio e orquestra e coro com arranjo e regência de Hector Lagna Fietta. B) Ambas as faixas foram reeditadas no disco *A Arte do Encontro: Cartola e Adoniran Barbosa*, álbum duplo reunindo um disco de Cartola ao vivo e uma coletânea de Adoniran (RGE, LP, 3346060, 1991); e em *20 Preferidas — Adoniran Barbosa* (CD, RGE, 5576-2). C) Este compacto foi o primeiro disco de Adoniran lançado em estéreo.

5) Fermata, CS 016, 1972
"Senta, Senta", marcha (Adoniran Barbosa/Cachimbinho/Pinguim), matriz CS-016-A
"Todas São Boas", marcha (Cachimbinho/Wilma Camargo/Waldyr Cardoso), matriz CS-016-B
Notas: A) Acompanhamento do Jambo Trio. B) O selo traz a menção "Prensagem Especial".

6) EMI-Odeon, SDP-568, agosto de 1974
"Saudosa Maloca", samba (Adoniran Barbosa), matriz 568-A
"Iracema", samba (Adoniran Barbosa), matriz 568-B
Nota: Especial para as emissoras de rádio, como promoção do primeiro LP de Adoniran Barbosa.

7) EMI-Odeon, S7B-874, maio de 1976
"Envelhecer é uma Arte", samba (Adoniran Barbosa), matriz SBRCO-41813
"Nêgo Serafim", samba (Adoniran Barbosa), matriz SBRCO-41814
Notas: A) "Envelhecer é uma Arte" foi gravada em 3 de maio de 1976. B) Esta música foi relançada na coletânea *Prova de Carinho* (EMI, LP, 064 794329-1, 1990) e *Adoniran Barbosa Especial* (EMI, 795606-2, 1990).

8) Continental, 1-01-101-290, abril de 1978
"Praça da Sé", samba (Adoniran Barbosa), matriz 1-01-101-290-A
"Um Samba no Bixiga", samba (Adoniran Barbosa), matriz 1-01-101-290-B
Nota: Ambas as faixas foram reeditadas no disco *Saudades de Adoniram*, Adoniran Barbosa e outros (Continental, LP, 2-01-404-016, 1983).

9) EMI, SDP-822, 1980
"Tiro ao Álvaro", samba (Adoniran Barbosa/Oswaldo Molles)
Notas: A) "Tiro ao Álvaro" foi gravada em 31 de março de 1980. B) Este disco traz a mesma faixa dos dois lados, sendo um lançamento especial para as emissoras de rádio, promovendo o LP *Adoniran e Convidados*.

COMPACTO DUPLO

10) *Adoniran Barbosa*, RGE, CD-80220, 1965
Lado 1:
1) "Tocar na Banda", maxixe (Adoniran Barbosa)
2) "Já Tenho a Solução", samba (Adoniran Barbosa)

Adoniran: dá licença de contar...

Lado 2:
3) "Aguenta a Mão, João", samba (Adoniran Barbosa/Hervê Cordovil)
4) "Jabá Sintético", samba (Adoniran Barbosa/Marcos César)

> Nota: As quatro faixas foram reeditadas no seguinte disco: *A Arte do Encontro: Cartola e Adoniran Barbosa*, álbum duplo reunindo um disco de Cartola ao vivo e uma coletânea de Adoniran (RGE, LP, 3346060, 1991)

LPs/CDs

11) *Adoniran Barbosa*
LP: EMI-Odeon, SMOFB-3839, agosto de 1974
(relançado em 1978 com o número 31C 062 421104).

Lado 1:
1) "Abrigo de Vagabundos" (Adoniran Barbosa)
2) "Bom Dia, Tristeza" (Adoniran Barbosa/Vinicius de Moraes)
3) "As Mariposa" (Adoniran Barbosa)
4) "Saudosa Maloca" (Adoniran Barbosa)
5) "Iracema" (Adoniran Barbosa)
6) "Já Fui Uma Brasa" (Adoniran Barbosa/Marcos César)

Lado 2:
7) "Trem das Onze" (Adoniran Barbosa)
8) "Prova de Carinho" (Adoniran Barbosa/Hervê Cordovil)
9) "Acende o Candieiro" (Adoniran Barbosa)
10) "Apaga o Fogo, Mané" (Adoniran Barbosa)
11) "Véspera de Natal" (Adoniran Barbosa)
12) "Deus Te Abençoe" (Peteleco)

Produção: J. C. Botezelli (Pelão).
Arranjos: Maestro José Briamonte.
Gravado em janeiro de 1974.

12) *Adoniran Barbosa*
LP: EMI-Odeon, SMOFB-3877, julho de 1975.
CD: EMI, 364-789726-2, agosto de 1993, na série "Dois Em Um", ao lado do LP seguinte, *Adoniran Barbosa e Convidados*.

Lado 1:
1) "No Morro da Casa Verde" (Adoniran Barbosa)
2) "Vide Verso Meu Endereço" (Adoniran Barbosa)
3) "Tocar na Banda" (Adoniran Barbosa)
4) "Malvina" (Adoniran Barbosa)
5) "Não Quero Entrar" (Adoniran Barbosa)
6) "Samba Italiano" (Adoniran Barbosa)

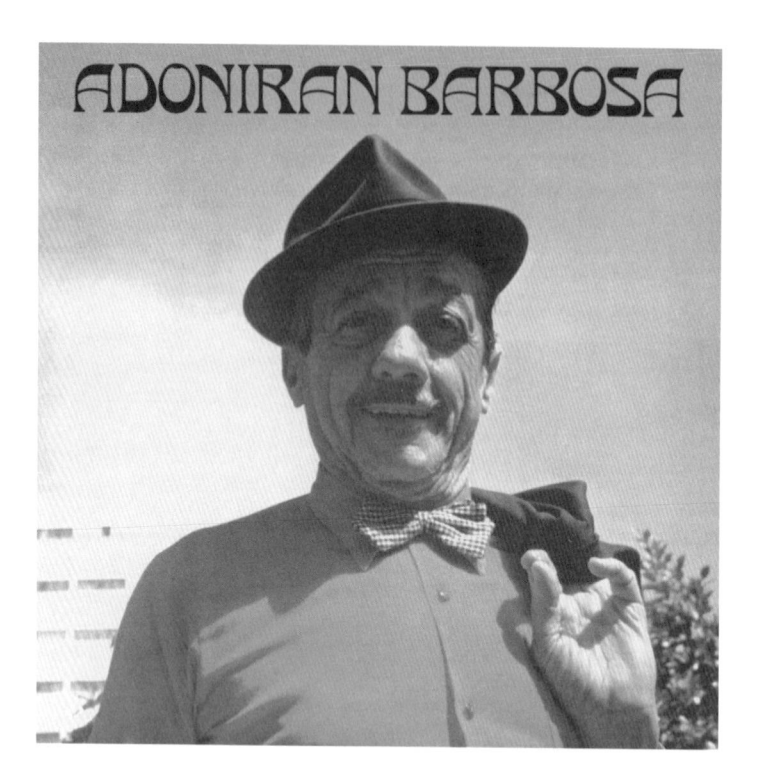

Capas dos dois
primeiros LPs
de Adoniran,
gravados
respectivamente
em 1974 e 1975,
ambos com a
produção de
J. C. Botezelli,
o Pelão.

Lado 2:

7) "Triste Margarida (Samba do Metrô)" (Adoniran Barbosa)

8) "Mulher, Patrão e Cachaça" (Adoniran Barbosa/Oswaldo Molles)

9) "Pafunça" (Adoniran Barbosa/Oswaldo Molles)

10) "Samba do Arnesto" (Adoniran Barbosa/Alocin)

11) "Conselho de Mulher (Pogréssio)" (Adoniran Barbosa/Oswaldo Molles/João B. dos Santos)

12) "Joga a Chave" (Adoniran Barbosa/Oswaldo França)

Produção: J. C. Botezelli (Pelão) e Zilmar R. Araújo.
Arranjos: Maestro José Briamonte.
Gravado em maio de 1975.

13) *Adoniran e Convidados*
LP: EMI-Odeon, 31C 064422868D, agosto de 1980.
CD: EMI, 364-789726-2, agosto de 1993, na série "Dois Em Um",
ao lado do LP anterior, *Adoniran Barbosa*.

Lado 1:

1) "Fica Mais Um Pouco, Amor" (Adoniran Barbosa)

2) "Tiro ao Álvaro" (Adoniran Barbosa/Oswaldo Molles), dueto com Elis Regina

3) "Bom Dia, Tristeza" (Adoniran Barbosa/Vinicius de Moraes), dueto com Roberto Ribeiro

4) "O Casamento do Moacir" (Adoniran Barbosa/Oswaldo Molles), com o grupo Talismã

5) "Viaduto Santa Ifigênia" (Adoniran Barbosa/Alocin), dueto com Carlinhos Vergueiro

6) "Aguenta a Mão, João" (Adoniran Barbosa/Hervê Cordovil), dueto com Djavan

7) "Acende o Candieiro" (Adoniran Barbosa), com o Conjunto Nosso Samba

Lado 2:

8) "Apaga o Fogo, Mané" (Adoniran Barbosa)

9) "Prova de Carinho" (Adoniran Barbosa/Hervê Cordovil), com Vânia Carvalho

10) "Vila Esperança" (Adoniran Barbosa/Marcos César), dueto com o grupo MPB-4

11) "Iracema" (Adoniran Barbosa), dueto com Clara Nunes

12) "No Morro do Piolho" (Peteleco/Jacob do Brito/Carlos Silva)

13) "Despejo na Favela" (Adoniran Barbosa), dueto com Luiz Gonzaga Jr.

14) "Torresmo à Milanesa" (Adoniran Barbosa/Carlinhos Vergueiro), com Clementina de Jesus e Carlinhos Vergueiro

Produção: Fernando Faro.
Arranjos: Maestro José Briamonte.
Gravado em fevereiro e março de 1980.

14) *Adoniran Barbosa — Documento Inédito*
LP: Eldorado, 86840437, 2 de junho de 1984.
CD: Eldorado, 584050, 1993.

Lado 1:

1) Participação de Adoniran Barbosa no programa *O Fino da Bossa*, apresentado por Elis Regina:

O LP *Adoniran e Convidados*, de 1980 (com a capa prateada em baixo-relevo), e dois lançamentos póstumos: *Documento Inédito*, de 1984, e *Ao Vivo*, de 1991, disco que registra uma de suas últimas apresentações no palco.

Prefixo de *O Fino da Bossa*
"Saudosa Maloca" (Adoniran Barbosa), com Elis Regina
"Luz da Light" (Adoniran Barbosa), com Adoniran Barbosa
"Prova de Carinho" (Adoniran Barbosa/Hervê Cordovil), com Adoniran Barbosa
"As Mariposa" (Adoniran Barbosa), com Adoniran Barbosa
"Um Samba no Bixiga" (Adoniran Barbosa), com Adoniran Barbosa
"Bom Dia, Tristeza" (Adoniran Barbosa/Vinicius de Moraes), com Elis Regina
"Trem das Onze" (Adoniran Barbosa) com Adoniran Barbosa

Lado 2:
2) TV Cultura, São Paulo:
   Fala de Adoniran Barbosa
   "Filosofia" (Noel Rosa)
   Fala de Adoniran Barbosa
3) Museu da Imagem e do Som, São Paulo:
   "Samba Italiano" (Adoniran Barbosa)
4) TV Cultura, São Paulo:
   Fala de Adoniran Barbosa
   "Iracema" (Adoniran Barbosa)
   Fala de Adoniran Barbosa
   "Rua dos Gusmões" (Adoniran Barbosa)
5) TV Cultura, São Paulo:
   Fala de Adoniran Barbosa
   "Já Fui Uma Brasa" (Adoniran Barbosa/Marcos César)
   Fala de Adoniran Barbosa
   "Não Quero Entrar" (Adoniran Barbosa)
   Fala de Adoniran Barbosa
   "Gente Curiosa" (Adoniran Barbosa)
   Fala de Adoniran Barbosa
   "Viaduto Santa Ifigênia" (Adoniran Barbosa/Alocin)
6) Museu da Imagem e do Som, São Paulo:
   Fala de Adoniran Barbosa
   "Véspera de Natal" (Adoniran Barbosa)
7) Arquivo de Matilde e José Nogueira Neto:
   "Armistício" (Adoniran Barbosa/Eduardo Gudin)
   "Minha Nêga" (Adoniran Barbosa/Carlinhos Vergueiro)
   Fala de Adoniran Barbosa
   "Só Tenho a Ti" (Adoniran Barbosa/Hilda Hilst)
8) TV Cultura, São Paulo:
   Fala de Matilde, viúva de Adoniran
   "Prova de Carinho" (Adoniran Barbosa/Hervê Cordovil) com Matilde e Adoniran
   Fala de Adoniran Barbosa

   Nota: Este disco foi relançado em dezembro de 1998 como parte integrante do projeto Saudoso Adoniran, incluindo um livro e um CD com os Demônios da Garoa interpretando clássicos de Adoniran para o selo Movieplay.

15) *Ao Vivo*
LP: RGE, 3206121, março de 1991.
CD: RGE, 1994, e Kuarup Discos, KCD-144, dezembro de 2000.
Relançado em CD com título *Adoniran Barbosa* pelo selo Kuarup
(o único defeito desta reedição é dizer na capa "seu último show gravado ao vivo",
podendo dar a entender que foi a última apresentação ao vivo do artista).

Lado 1:
1) Abertura: "Trem das Onze" (Adoniran Barbosa)
2) "Já Fui Uma Brasa" (Marcos César/Adoniran Barbosa)
3) "As Mariposa" (Adoniran Barbosa)
4) "Um Samba no Bexiga" (Adoniran Barbosa)
5) "Samba Italiano" (Adoniran Barbosa)
6) "Bom Dia, Tristeza" (Adoniran Barbosa/Vinicius de Moraes)
7) "Apaga o Fogo, Mané" (Adoniran Barbosa)

Lado 2:
8) "Samba do Arnesto" (Alocin/Adoniran Barbosa)
9) "Despejo na Favela" (Adoniran Barbosa)
10) "Uma Simples Margarida (Samba do Metrô)" (Adoniran Barbosa)
11) "Viaduto Santa Efigênia" (Alocin/Adoniran Barbosa)
12) "Iracema" (Adoniran Barbosa)
13) "Rua dos Gusmões" (Adoniran Barbosa)

Direção do show e produção do disco: J. C. Botezelli (Pelão).
Gravado em 10 de março de 1979 no Ópera Cabaré de São Paulo,
com acompanhamento do Grupo Talismã.

16) *Ensaio*
Parte da coleção *A Música Brasileira deste Século*
por seus Autores e Intérpretes, junho de 2000.
CD e livro reproduzindo o programa *Ensaio* da TV Cultura
sobre Adoniran Barbosa, gravado em 29 de novembro de 1972.
Durante a entrevista, Adoniran canta as seguintes músicas:

1) "Saudosa Maloca" (Adoniran Barbosa)
2) "Filosofia" (Noel Rosa)
3) "Dona Boa"* (Adoniran Barbosa/J. Aimberê)
4) "Asa Negra"* (Adoniran Barbosa/Hélio Sindô)
5) "Malvina" (Adoniran Barbosa)
6) "Joga a Chave" (Adoniran Barbosa/Oswaldo França)
7) "Por Onde Andará Maria?" (Adoniran Barbosa/Raguinho)
8) "Mãe, Eu Juro!" (Adoniran Barbosa/Noite Ilustrada)
9) "Samba do Arnesto" (Adoniran Barbosa/Alocin)
10) "Conselho de Mulher" (Adoniran/Oswaldo Molles/João Belarmino dos Santos)
11) "As Mariposa" (Adoniran Barbosa)
12) "Um Samba no Bixiga" (Adoniran Barbosa)
13) "Abrigo de Vagabundos" (Adoniran Barbosa)
14) "Prova de Carinho" (Adoniran Barbosa/Hervê Cordovil)

Adoniran: dá licença de contar...

15) "Vila Esperança" (Adoniran Barbosa/Marcos César)
16) "Mulher, Patrão e Cachaça" (Adoniran Barbosa/Oswaldo Molles)
17) "Despejo na Favela" (Adoniran Barbosa)
18) "Acende o Candieiro" (Adoniran Barbosa)
19) "Dondoca" (Adoniran Barbosa/Hervê Cordovil)
20) "Senta, Senta" (Adoniran Barbosa/Cachimbinho/Pinguim)
21) "Seu Condutor"* (Alvarenga e Ranchinho)
22) "Trem das Onze" (Adoniran Barbosa)

> Nota: Adoniran canta apenas trechos das músicas assinaladas com *, interpretando na íntegra as restantes.

PARTICIPAÇÕES EM DISCOS DE OUTROS ARTISTAS

1) *Histórias das Malocas*, Esterzinha de Souza, Chantecler, CMG-2143, novembro de 1962.
   Notas: A) Estas canções de Oswaldo Molles e Hervê Cordovil foram apresentadas no programa radiofônico *Histórias das Malocas*; Adoniran participa, ao lado da atriz Maria Thereza (que também trabalhava no programa), em breves esquetes humorísticos na introdução de cada faixa. B) Acompanhamento de orquestra regida por Cyro Pereira. C) A faixa "Letra de Samba" foi reeditada no CD *Os Grandes Sambas da História*, Vol. 16 (BMG, 7432153685-2, 1998)

2) *Adoniran Barbosa/Paulo Vanzolini*
Coleção *História da MPB* da Editora Abril, com fascículo e LP.
   Primeira edição, fascículo nº 45, com LP de dez polegadas, lançado em 1972: inclui Adoniran e os Titulares do Ritmo em gravações de "Tocar Na Banda" e "Samba do Arnesto" especiais para este fascículo, feitas em 14 de outubro de 1971; estas gravações estão em mono.
   Segunda edição, fascículo nº 49, com LP de dez polegadas, lançado em 1978.
   Terceira edição, fascículo sem número, com LP de doze polegadas, lançado em 1982: incluem a mesma gravação de "Samba do Arnesto" da primeira edição, mas em estéreo. (Atenção: o fascículo de 1982 inclui a famosa gravação de "Tiro ao Álvaro" com Adoniran e Elis, mas por engano omite o comentário final — o quase tão famoso "saiu bom?" — de Adoniran.)

3) **"Carnaval no Bixiga"** (Sérgio Campanelli/Reginaldo Santos), Demônios da Garoa
Compacto simples com a mesma faixa em ambos os lados, Chantecler, ECS-001, 1974.
   Adoniran participa com o bordão que popularizou em vários comerciais da Antarctica: "Nóis viemo aqui pra bebê ou pra conversá?". No selo do disco, um dos autores saiu creditado incorretamente como "Champsnell". O jingle original foi lançado em disco no LP duplo *40 Anos de Spots e Jingles* (ESPM, 1991) e no CD *Jingles Inesquecíveis* (ESPM, anos 1990), com autoria creditada a Mauro Giorgetti.

4) *Relevo*, Wilson Miranda
Continental, LP, 1-01-404-178, março de 1978.
   Adoniran participa de "Bom Dia, Tristeza", sua parceria com Vinicius de Moraes.

5) *Clementina e Convidados*, Clementina de Jesus
EMI-Odeon, LP, 31C064422846D, agosto de 1979; CD: 823570-2, 1997.
Adoniran canta "Torresmo à Milanesa" ao lado de Clementina e Carlinhos Vergueiro, parceiro de Adoniran na composição. Esta gravação é diferente da lançada no disco *Adoniran e Convidados*, de 1980.

6) *Prova de Carinho*, vários
EMI, 064-794329-1, 1990.
Boa coletânea para marcar o octagésimo aniversário de Adoniran Barbosa. Atenção: "Bom Dia, Tristeza", com o próprio Adoniran, consta como gravada em 11 de julho de 1958; na verdade, é do primeiro LP do artista, gravado em janeiro de 1974.

7) *Elis Regina no Fino da Bossa*, Elis Regina
3 CDs, Velas, 11-V030, 1994.
Esta gravação é a mesma lançada no LP *Documento Inédito* de Adoniran, gravada no programa *O Fino da Bossa* de 12 de julho de 1965.

8) *Histórias Que o Rádio Não Contou*, vários
Negócio Editora, 2 CDs e um livro, HR-01 e HR-02, 1997.
O segundo CD inclui trecho de cerca de 30 segundos de Adoniran no programa *Histórias das Malocas*.

PRINCIPAIS COLETÂNEAS

Reúnem gravações de Adoniran até então inéditas em compacto, LP ou CD.

1) *Saudades de Adoniran*
Continental, 2-01-404-016, abril de 1983.
Lado 1:
1) Entrevista com Adoniran Barbosa
   "No Morro do Piolho" (Peteleco/Jacob de Brito/Carlos Silva), gravação do 78 rpm Todamérica, TA-5850, 1958
2) "Trem das Onze" (Adoniran Barbosa), com os Demônios da Garoa (a gravação original de 1964)
3) Entrevista com Adoniran Barbosa
   "Um Samba no Bixiga" (Adoniran Barbosa), gravação do compacto simples Continental 1-01-101-290, 1978
4) "Samba do Arnesto" (Adoniran Barbosa/Alocin), com os Demônios da Garoa (do LP *Trem das Onze*, 1964)
5) "Bom Dia, Tristeza" (Adoniran Barbosa/Vinicius de Moraes), com Wilson Miranda e Adoniran (do LP *Relevo*, 1-01-404-178, 1978)
6) "Agora Pode Chorar" (Adoniran Barbosa/José Nicolini), primeira gravação de Adoniran (do 78 rpm Columbia, 8171, 1936)

Adoniran: dá licença de contar...

Lado 2:

7) Trecho do programa radiofônico *Histórias das Malocas*, Rádio Record, 1956, com texto de Oswaldo Molles
"Saudade da Maloca (Saudosa Maloca)" (Adoniran Barbosa), primeira gravação da música, do 78 rpm Continental, 16473, 1951

8) "Abrigo de Vagabundos" (Adoniran Barbosa), com os Demônios da Garoa (do LP *Trem das Onze*, 1964)

9) "Praça da Sé" (Adoniran Barbosa), gravação do compacto simples 1-01-101-290, 1978

10) "As Mariposa" (Adoniran Barbosa), com os Demônios da Garoa (do LP *Trem das Onze*, 1964)

11) "Olha a Polícia" (Peteleco/Adindo Silva), gravação do 78 rpm Todamérica, TA-5850, 1958

12) "Iracema" (Adoniran Barbosa), com os Demônios da Garoa (do LP *Trem das Onze*, 1964)

Dois compactos dos Demônios da Garoa: "Apaga o Fogo, Mané", na gravação de 1965, e "Deus Te Abençoe", música lançada originalmente pela Dupla Ouro e Prata em 1957.

IV.
MUSICOGRAFIA DE ADONIRAN BARBOSA
POR OUTROS INTÉRPRETES

COMPOSIÇÕES

Aqui estão todas as composições de Adoniran lançadas por outros intérpretes, listadas da seguinte forma: título, parceria com Adoniran quando houver, ano da composição quando conhecido, intérprete que lançou a música, formato, gravadora, número de catálogo original e ano de lançamento, bem como reedições e regravações (exceto se a música ainda estiver inédita em disco até o momento da edição deste livro).

1) "Abrigo de Vagabundos", Demônios da Garoa, 78 rpm, Odeon, 14387, 1958 (reedição: *Meus Momentos Volume 2*, EMI, 833017-2, 1997)

2) "Abriu a Janela" (com Frederico Rossi), Demônios da Garoa, 78 rpm, Trovador, 0018-A-19, 1954

3) "Adeus, Escola" (com Ary Machado e Nilo Silva), Grupo X, 78 rpm, Columbia, 8245, 1937 (reedição em CD: *Samba da Minha Terra*, Revivendo, CD-019, 1991)

5) "Água de Pote", marcha (com Oswaldo França e Antônio Lopes), Neide Pereira, 78 rpm, Copacabana, 5028, 1952

6) "Um Amor Que Já Passou" (com Eratóstenes Frazão e Malfitano), Déo, 78 rpm, Columbia, 8211, 1937 (reedição em CD: *O Samba Que Eu Queria*, Revivendo, CD-026, 1992)

7) "Apaga o Fogo, Mané", Demônios da Garoa, 78 rpm, Odeon, 14115, 1956

8) "Aqui Mesmo Se Paga" (com Juvenal Fernandes)

9) "Armando o Circo" (com Ariowaldo Pires), 1961

10) "Armistício" (com Eduardo Gudin), 1982, Eduardo Gudin, LP *Ensaio do Dia*, Continental, LP 1-01-404-284, 1984

11) "Arranjei Outro Lugar" (com Raguinho), Demônios da Garoa, 78 rpm, Odeon, 13962, 1956 (gravação incluída também no LP *Demônios da Garoa*, Odeon, MOFB-3422, 1965)

12) "Asa Negra", samba (com Hélio Sindô, não creditado nesta primeira gravação), Hélio Sindô, 78 rpm, Continental, 15488, 1945

13) "Até Amanhã" (com Wilma Camargo)

14) "Bananeira", marcha (com Joca/Geraldo Blota), Dolores Barrios, 78 rpm, Carnaval, 1960

15) "Bares da Vida" (com Portinho)

16) "O Barzinho" (com Renato Luiz Consorte)

17) "Bazares" (com Evandro do Bandolim), Passoca, CD *Passoca Canta Inéditos de Adoniran*, Arteviva, 02, 2000

18) "Bebemorando" (com Wilma Camargo)

19) "Bem Eu Quisera" (com Hilda Hilst), 1970

20) "Bolso de Fora" (com Chico Nepomuceno)

21) "Bom Dia, Tristeza" (com Vinicius de Moraes), Aracy de Almeida, 78 rpm, Continental, 17437, 1957

22) "Cala a Boca, Mulher" (com Moacyr Braga), 1988

23) "O Caminhão do Simão", Djalma Dias, LP *Não Faça Drama... Caia No Samba!*, Som Livre, 4036050, 1974

24) "Camisolão" (com Jota Sandoval e Rômulo Paes), Joel de Almeida, 78 rpm, Odeon, 13925, 1955

25) "A Canoa Virou" (com Raimundo Chaves), Januário de Oliveira, 78 rpm, Columbia, 8344, 1938

26) "Careca Velha" (com Oswaldo Guimarães)

27) "Carolina" (com Marcos César), Sambaquatro, compacto simples, Odeon, 7B-209, 1967

28) "Casamento do Moacir" (com Oswaldo Molles), Demônios da Garoa, LP *Leva Este*, Chantecler, CMG-2486, 1968

29) "Chá de Cadeira", marcha (com Jucata), 1967

30) "Chega..." (com José Marcílio), Déo, 78 rpm, Columbia, 8212, 1936

31) "Chorei! Chorei!" (com J. Nunes e Antônio Rago), Isaura Garcia, 78 rpm, RCA, 80-1541, 1955

32) "Comê e Coçá, É Só Começá" (com Geraldo Blota), 1969

33) "Como Era Bom" (com Sulino)

34) "Como Vai, Doutor Peru?", 1972

35) "Coríntia" (com Juvenal Fernandes)

36) "Currupaco" (com Elzo Augusto), 1979, Passoca, CD *Passoca Canta Inéditos de Adoniran*, Arteviva, 02, 2000

37) "Debaixo da Ponte" (com Sidney Moraes)

38) "Decididamente" (com Benedito Lobo e Marcolino Leme), Duo Brasil Moreno, 78 rpm, Copacabana, 5731, 1957

39) "Deixa de Beber" (com Chuvisco e J. Nunes, não creditados no selo do disco), Oswaldo Rodrigues, 78 rpm, Continental, 17218, 1955

40) "Despejo na Favela", Nerino Silva, compacto duplo *V Festival da Música Popular Brasileira*, RCA, LCD-1213, 1969

41) "Deus Te Abençoe" (creditada a Peteleco), Dupla Ouro e Prata com orquestra regida por Enrico Simonetti, 78 rpm, Polydor, 1957 (reedição: LP *Homenagem À Minha Mãe*, Polydor, LPN-2029, 1957)

42) "Ditado" (com Passoca), 1968/2000, Passoca, CD *Passoca Canta Inéditos de Adoniran*, Arteviva, 02, 2000

43) "Domingo" (com Tito Madi), 1979/1989, Passoca, CD *Passoca Canta Inéditos de Adoniran*, Arteviva, 02, 2000

44) "Dona Boa" (com J. Aimberê), Raul Torres, 78 rpm, Columbia, 8129, 1935

45) "Dondoca" (com Hervê Cordovil), 1972

46) "Dor de 'Catuvelo'" (com Oswaldo Molles), Demônios da Garoa, LP *Pafunça*, Odeon, MOCB-3036, 1959 (reedição: *Meus Momentos Volume 2*, EMI, 833017-2, 1997)

47) "Dormiu no Chão" (com Antônio Rago), Orlando de Alencar, 78 rpm, Star, 414, 1955

48) "Doto Vardemá (Conheço Muito...)" (com Geraldo Blota e Antônio Rago), Paulo Augusto, 78 rpm, RGE, 10081, 1958

49) "Duas Horas da Madrugada" (com Hervê Cordovil)

50) "Dúvidas" (com Isaías de Almeida)

51) "É Cedo", samba (com Totó), lançada em partitura em 1935

52) "É da Banda de Lá" (com Irvando Luiz), Dupla Ouro e Prata, 78 rpm, RGE, 10125, 1958

53) "É Fogo" (com Hervê Cordovil), Léo Romano, compacto simples, Copacabana, M-1057, 1971

54) "Escada da Glória", samba (com Edmundo Cruz), 1963

54) "É Mentira, Sim" (assinada como Peteleco, existe uma gravação em acetato)

55) "A Escola" (com José Toledo)

56) "Eternidade" (com Mário Albanese), 1979/1989, Passoca, CD *Passoca Canta Inéditos de Adoniran*, Arteviva, 02, 2000

57) "Eu Quero Ver Quem Pode Mais" (com Rolando Boldrin), Rolando Boldrin, compacto simples, Tapecar, CSTC-333, 1972

58) "Eu Sou do Amor" (com Manoel Cosentino), 1950

59) "Eu Vou Pro Samba", Demônios da Garoa, LP *Eu Vou Pro Samba*, RCA, BBL-1340, 1965 (reedição em CD: BMG, 7432191313-2, 2001).

60) "Feira Livre" (com Walter Santos)

61) "Fica Mais Um Pouco, Amor", Conjunto Talismã, LP *Vide-Verso*, Scala, 101004, 1976

62) "Filé de Onça" (com Jorge Costa), 1977/1989, Passoca, CD *Passoca Canta Inéditos de Adoniran*, Arteviva, 02, 2000

63) "Fui na Mosca" (com Chico Nepomuceno)

64) "A Garoa Vem Descendo" (com Matilde de Lutiis)

Laïs Marival (nascida Maria Neomésia Negreiros, 1911-2006) gravou cinco discos para a Columbia, nenhum incluindo "Mamaô" (1937), samba com inspiração em motivos de candomblé e uma das mais interessantes composições de Adoniran antes de encontrar seu verdadeiro estilo com "Saudosa Maloca". Laïs, embora tendo cantado até pelo menos os 80 anos de idade, não aceitava sequer ser chamada pelo nome artístico, quanto mais falar sobre a música.

65) "Garrafa Cheia" (com Benedito Lobo e Antônio Rago), Isaura Garcia, 78 rpm, Odeon, 14147, 1957

66) "Gol do Amor (Entrei de Sola)" (com Blota Jr.), Eduardo Nunes, 78 rpm, Século XX, 1953

67) "Grande Bahia" (com O. Silva "Avaré"), Hélio Sindô, 78 rpm, Continental, 5453, 1945

68) "Gulu, Gulu" (com Léo Romano), 1979, Passoca, CD *Passoca Canta Inéditos de Adoniran*, Arteviva, 02, 2000

69) "Iracema", Demônios da Garoa, 78 rpm, Odeon, 14001, 1956, LP *Demônios em Sambas Infernais*, Odeon, MOFB-3229, 1961 (relançado no selo Imperial IMP, 30172, 1969) (reedição em CD: EMI, 833468-2, 1995)

70) "Já Tenho a Solução" (com Clóvis de Lima), Ases da Melodia, compacto simples, Continental, CS-50216, 1965

71) "Joga a Chave" (com Oswaldo França), Demônios da Garoa, 78 rpm, Elite, N-l 120, 1953

72) "Jonjoca", Conjunto Talismã, LP *Vide-Verso*, Scala, 101004, 1976

73) "Lagartixa" (com Paulo Belinatti e Edson José Alves), 1979/1989, Passoca, CD *Passoca Canta Inéditos de Adoniran*, Arteviva, 02, 2000

74) "O Legume Que Ele Quer" (com Manezinho Araújo), Os Modernistas, 78 rpm, Odeon, 14060, 1956

75) "A Louca Chegou" (com Henrique de Almeida e Rômulo Paes), Ruy Rey e Emilinha Borba, 78 rpm, Continental, 1952

76) "Luz da Light", Demônios da Garoa, LP *Eu Vou Pro Samba*, RCA, BBL-1340, 1965 (reedição em CD: BMG, 7432191313-2, 2001)

77) "Mãe, Eu Juro!" (com Noite Ilustrada), Neyde Fraga, 78 rpm, Odeon, 14248, 1957

78) "Malandro Triste" (com Mário Silva), Marly, 78 rpm, Columbia, 8230, 1937

79) "Malvina", Demônios da Garoa, 78 rpm, Elite, N-1065, 1951

80) "Mamaô" (com Paulo Noronha e Raimundo Chaves), 1937. A partitura desta música menciona que ela foi gravada por Laïs Marival em dupla com Adoniran (acompanhados pelo grupo Gente do Rádio) no selo Columbia, mas o disco não foi localizado, e nem é mencionado na *Discografia Brasileira 78 rpm*, provavelmente a gravação ou o lançamento foram cancelados (Marival gravou cinco discos para a Columbia, nenhum incluindo esta música, em dueto com Adoniran ou não).

81) "Marcha do Camelo" (com Celso Negreiros), 1949

82) "As Mariposa", Demônios da Garoa, 78 rpm, Odeon, 13904, 1955 (reedição: *Meus Momentos Volume 2*, EMI, 833017-2, 1997)

83) "Minha Nêga" (com Carlinhos Vergueiro), Carlinhos Vergueiro, LP *Carlinhos Vergueiro*, RCA, 7100688, 1986

84) "Minha Roseira" (com Dedé), Carlos Galhardo, compacto simples, RCA, LC-6255, 1966

Quatro gravações muito raras de músicas de Adoniran lançadas por
outros intérpretes: "Abriu a Janela", com os Demônios da Garoa, de 1954;
"Decididamente", com o Duo Brasil Moreno, de 1957; e duas gravações da
"Italianinha do Brás" Isaura Garcia: "Chorei, Chorei" de 1955 e
"Não Vou Chorar", de *c.* 1957 (inédita, lançada apenas em acetato).

85) "Minha Vida Se Consome" (com Pedrinho Romano e Verídico), lançada em partitura em 1935

86) "Mulher, Patrão e Cachaça" (com Oswaldo Molles), Demônios da Garoa, compacto simples, Chantecler, C-33-6154, 1968

87) "O Mundo Vai Mal" (com Antônio Rago)

88) "Namorados" (assinada como Peteleco), Cascatinha e Inhana, 78 rpm, Todamérica, TA-5819, 1959

89) "Não Precisa Muita Coisa" (com Benito di Paula), Os Três Moraes, compacto duplo *Os Três Moraes*, Continental, 1-01-201-091, 1975

90) "Não Quero Entrar", Demônios da Garoa, LP *Ói Nóis Aqui Tra Veis*, Chantecler, CMG-2525, 1969

90) "Não Vou Chorar" (assinado como Peteleco), *c.* 1957 (há um acetato desta música no Museu Adoniran Barbosa)

91) "Naquele Tempo" (com Serafim Costa Almeida)

92) "Ninguém Pode Negar" (com Portinho)

93) "No Morro da Casa Verde", Aracy de Almeida, 78 rpm, Polydor, 307, 1959

94) "No Silêncio da Noite", samba-canção (com Orlando de Barros), Neyde Fraga, 78 rpm, Elite, N-1047, 1951

95) "A Notícia" (com Lemos do Cavaco)

96) "Nunca Mais Faço Carnaval", Os Maracatins, compacto simples, Fermata, FB-33-156, 1966

97) "Olhando Pra Lua" (com Hervê Cordovil), Djalma Pires, Beverly, 1970

98) "Olhos de Sono" (com Walter Santos), 1979/1989, Passoca, CD *Passoca Canta Inéditos de Adoniran*, Arteviva, 02, 2000

99) "A Partida" (com Alcyr Pires Vermelho)

100) "Pé de Pobre" (com K. Borges e José Roy), Elza Laranjeira (no filme *Carnaval em Lá Maior*), 1955

101) "O Peixe Morre Pela Boca"

102) "Perdoei" (com Antônio Martins), Antônio Martins, 78 rpm, Odeon, 14408, 1958

103) "Pode Chorar" (assinada como Peteleco), 1963

104) "Pode Ir em Paz", marcha-rancho (com Hervê Cordovil), Leny Eversong, 78 rpm, Continental, 16506, 1951

105) "Por Onde Andará Maria" (com Roberto Rago), Roberto Amaral, 78 rpm, Odeon, 14150, 1956

106) "Pra Esquecer" (com José Nicolini), Irmãs Vidal, 78 rpm, Columbia, 1937

107) "Procissão de Amor" (com Maximiliano Parisi)

Ao lado, o samba "Socorro", uma das primeiríssimas músicas de Adoniran Barbosa, que acabou não sendo editada em disco.
A partitura faz menção a "Dona Boa", marcha de Adoniran que, apesar de vencer um concurso de música carnavalesca em 1935, nunca foi de seu agrado.

Abaixo, Adoniran Barbosa e a Dupla Ouro e Prata (que gravou três canções de sucesso do compositor: "Deus Te Abençoe", "É da Banda de Lá" e "Sai, Água da Minha Boca") às voltas com a bela Cidália Meireles, em 1959.

108) "Prova de Carinho" (com Hervê Cordovil), Trio Marayá, 78 rpm, Odeon, 14586, 1960, Trio Marayá, compacto duplo (em 45 rpm) *Trio Marayá*, Odeon, BWB-1123, 1960

109) "Provérbios" (com Rolando Boldrin), Rolando Boldrin, LP *Terno de Missa*, RGE, 3206046, 1989

110) "Puxa o Carro" (com Moacyr Braga)

111) "Quando Te Achei" (com Hilda Hilst), Morgana, 78 rpm, Copacabana, 1956

112) "O Que Foi Que Eu Fiz?", samba (com Oswaldo França), Roberto Amaral, 78 rpm, Elite, N-1121, 1953

113) "Quem Bate Sou Eu", samba (com Arthur Bernardo, creditado somente nas primeiras edições do disco), Demônios da Garoa, 78 rpm, Odeon, 14115, 1956 (reedição: *Meus Momentos Volume 2*, EMI, 833017-2, 1997)

114) "Quem É Vivo Sempre Aparece", samba (com Morais Santos "Corvino"), Demônios da Garoa, LP *Leva Este*, Chantecler, CMG-2486, 1968

115) "Quero Casar" (com José Mendes e Arrelia), Arrelia, 78 rpm, Copacabana, 1958

116) "Receita de Pizza" (com Jorge Costa)

117) "Relógio de Repetição (Gente Curiosa)" (com Elzo Augusto)

118) "Roubaram a Lagosta" (com Tasso Banguel), 1979/1989, Passoca, CD *Passoca Canta Inéditos de Adoniran*, Arteviva, 02, 2000

119) "Sai, Água da Minha Boca" (com Oswaldo Molles), Dupla Ouro e Prata, 78 rpm, RGE, 10149, 1959

120) "Salve, Oh! Gilda!", marcha (com Armando Rosas), 1946

121) "Samba Italiano", Demônios da Garoa, compacto simples, Chantecler, C-33-6092, 1965

122) "Um Samba no Bixiga", Demônios da Garoa, 78 rpm, Odeon, 14049, 1956, LP *Saudosa Maloca*, Odeon, MODB-3065, 1956 (reedição: *Meus Momentos Volume 2*, EMI, 833017-2, 1997)

123) "Samba Quente" (com Zé Keti), 1979/1989, Passoca, CD *Passoca Canta Inéditos de Adoniran*, Arteviva, 02, 2000

124) "Uma Simples Margarida (Samba do Metrô)", Demônios da Garoa, LP *O Samba do Metrô*, Chantecler, 2-08-404-062, 1975

125) "Simples Motivo", 1968

126) "Socorro", samba (com Pedrinho Romano), lançada em partitura em 1935

127) "Só Vivo de Noite" (com Paulinho Nogueira), 1989

128) "Tadinho do Home" (com Roberto Barbosa "Canhotinho"), Demônios da Garoa, CD *Mais Demônios Que Nunca*, T-500-125-2, 2000

129) "Tá Louco" (com Elzo Augusto)

130) "Tá Moiado, Tá", baião (com Rômulo Paes e Dedé), Neyde Fraga, 78 rpm, Elite, N-1027, 1951

131) "Tangolomango" (com Tom Zé), Tom Zé, CD *Com Defeito de Fabricação*, Trama, T500-054-2, 1998

132) "Terreque, Terreque" (com O. Silva "Avaré" e Antônio Rago), Pagano Sobrinho, 78 rpm, Odeon, 14300, 1958

133) "Teu Orgulho Acabou", samba (com Pedrinho Romano), lançada em partitura em 1935

134) "Teu Sorriso", marcha (com J. Moura Vasconcellos "Duque"), lançada em partitura em 1935

135) "Tiririca" (com Manezinho Araújo), Dupla Ouro e Prata, 78 rpm, Elite, N-1083, 1952

136) "Tô com a Cara Torta", cateretê (com Ivo de Freitas), Raul Torres e Florêncio, 78 rpm, RCA Victor, 80-0393, 1946

137) "Trem das Onze", Demônios da Garoa, compacto simples, Chantecler, C-33-6042, 1964

138) "Três Heróis" (com Rolando Boldrin), 1973

139) "Vai-da-Valsa", samba-maxixe (recolhida por Renato Consorte), 1950, Passoca, CD *Passoca Canta Inéditos de Adoniran*, Arteviva, 02, 2000

140) "Vaso Quebrado" (com Oswaldo Guilherme)

141) "Velho Rancho" (com René Luiz), Orlando Ribeiro, 78 rpm, Odeon, 14324, 1958

142) "Vem, Amor" (com Geraldo Blota), Carlos Gonzaga, 78 rpm, RCA, 1962

143) "Vem, Garota" (com Sambará), Arnaldo Pescuma, lançada em partitura

144) "Vem, Morena" (com Antônio Rago), Carlos Galhardo

145) "Vida Agitada" (com Chico Nepomuceno)

146) "Vila Esperança" (com Marcos César), Demônios da Garoa, compacto simples, Chantecler, 1968

147) "Voar" (com Arquimedes Messina), 1979/1989, Passoca, CD *Passoca Canta Inéditos de Adoniran*, Arteviva, 02, 2000

148) "Você é a Melhor do Mundo" (com Raimundo Chaves), Januário de Oliveira, 78 rpm, Columbia, 8344, 1937

149) "Você Me Deixou" (com Mário Sena), Alfredo Simonei, 78 rpm, Continental, 16461, 1951

150) "Você Tem Um Jeitinho" (com José Nicolini), Januário de Oliveira, 78 rpm, Columbia, 8286, 1937

151) "Zé Baixinho" (com Lemos do Cavaco), 1979, Passoca, CD *Passoca Canta Inéditos de Adoniran*, Arteviva, 02, 2000

REGRAVAÇÕES

Esta lista de regravações de músicas de Adoniran pode não ser completa, mas serve para demonstrar a perenidade do melhor de sua obra, que inclusive se presta a interpretações nos mais diferentes estilos. Todas as gravações são brasileiras, salvo indicação.

"Abrigo de Vagabundos"
> Demônios da Garoa; LP *Trem das Onze*, Chantecler, CMG-2293, 1964; CD *55 Anos de Garoa*, RGE, 7612-2, 1997
> Grupo Talismã; LP *Talismã Canta Adoniran Barbosa*, Premier/RGE, 3073368, 1979
> Grupo Peteleco; CD *Adoniran Barbosa em Pagode*, Movieplay, BR-1005, 1996
> Eduardo Gudin; CD *Adoniran 100 Anos*, Lua Music, Lua 360, 2010
> Demônios da Garoa; CD *Zeca Pagodinho*, Universal, 789143008112, 2007

"Abriu a Janela"
> Portinho e Sua Orquestra; LP *Sambas do Adoniran*, Philips, P63270SL, 1964

"Acende o Candieiro"
> Marlene; LP *Adoniran Barbosa, O Poeta do Bixiga*, Som Livre, 4070039, 1990
> Paulo Neto; CD *Adoniran 100 Anos*, Lua Music, Lua 360, 2010

"Aguenta a Mão, João" (com Hervê Cordovil)
> Demônios da Garoa; LP *Aguenta a Mão, João*, Chantecler, CMG-2546, 1971
> Grupo Fundo de Quintal; LP *Adoniran Barbosa, O Poeta do Bixiga*, Som Livre, 4070039, 1990
> Virgínia Rosa; CD *Adoniran 100 Anos*, Lua Music, Lua 360, 2010

"Apaga o Fogo, Mané"
> Portinho e Sua Orquestra; LP *Sambas do Adoniran*, Philips, P63270SL, 1964
> Clara Sandroni; LP *Daqui*, Boas, 992556-1, 1987
> Demônios da Garoa; compacto simples Chantecler, C-33-6126, 1965; CD *Mais Demônios Que Nunca*, Trama, T-500/125-2, 2000
> Conjunto Talismã; LP *Vide-Verso*, Scala, 101004, 1976
> Grupo Catavento; CD *Adonirando*, Movieplay, BS-290, 1997
> Leci Brandão (com participação dos Demônios da Garoa); CD *Leci Brandão e Convidados*, Trama, T200/497-2, 2001
> Cristina Buarque; CD *Adoniran 100 Anos*, Lua Music, Lua 360, 2010

"Asa Negra"
> Portinho e Sua Orquestra; LP *Sambas do Adoniran*, Philips, P63270SL, 1964
> Demônios da Garoa; LP *Samba do Metrô*, Chantecler, 2-08-404-062, 1975

"Armistício"
> Fabiana Cozza e Mateus Sartori; CD *Adoniran 100 Anos*, Lua Music, Lua 360, 2010

"Bom Dia, Tristeza" (com Vinicius de Moraes)
> Mauricy Moura; 78 rpm Odeon, 14239, 1957
> Sylvia Telles; LP *Sylvia*, Odeon, MOFB-3034, 1958
> Maysa; LP *Convite Para Ouvir Maysa*, RGE, XRLP-5013, 1958; LP *Maysa*, Elenco, ME-8, 1963
> Altemar Dutra; LP *Sentimental Demais*, Odeon, MOFB-3414, 1965

Waleska; LP *A Fossa*, Copacabana, COLP-11948, 1974

Eliseth Cardoso; LP *Retrato da Noite*, Copacabana, CLP-11026, 1958 (reedição em CD: Copacabana/EMI, 524534-2, 1999); LP *Eliseth, A Cantadeira do Amor*, Copacabana, COLP-12335-6, 1978

Milton Banana Trio; LP *Ao Meu Amigo Vinicius: Samba É Isso, Volume 5*, RCA, 1030405, 1981

Isaura Garcia; LP *O Fino da Fossa*, Cristal/WEA, 33095, 1981

Marcia; LP *Eu Só Queria Ser...*, Pointer, EP003, 1983

Elis Regina; LP *Adoniran Barbosa — Documento Inédito*, Eldorado, 86840437, 1984

Luciana e Hermeto Paschoal; LP *Adoniran Barbosa, O Poeta do Bixiga*, Som Livre, 4070039, 1990

Grupo Catavento (com participação de Jane Duboc); CD *Adonirando*, Movieplay, BS-290, 1997

Leonardo [cantor carioca, irmão de Michael Sullivan]; CD *Leonardo Canta Altemar Dutra — Ao Mestre, com Carinho*, Polydisc/Sony, 415001, 1997

Alzira Espíndola; CD *Ninguém Pode Calar*, Dabliú, DB-0079, 2000

Ernesto Aun; CD *Serestas Brasileiras*, Atração, ATR-21007, 1997

Maria Odette; CD *Um Dia*, CDP, 082A, 1996

Cauby Peixoto e Dominguinhos; CD *Adoniran 100 Anos*, Lua Music, Lua 360, 2010

"Casamento do Moacir"
Grupo Talismã; LP *Talismã Canta Adoniran Barbosa*, Premier/RGE, 3073368, 1979

"Chora na Rampa" (com Oswaldo Molles)
Demônios da Garoa; compacto simples Chantecler, C-33-6401, 1970

"Conselho de Mulher" (com José B. Santos e Oswaldo Molles)
Portinho e Sua Orquestra; LP *Sambas do Adoniran*, Philips, P63270SL, 1964
Demônios da Garoa; 78 rpm Odeon, 13904, 1955 (reedição: *Meus Momentos Volume 2*, EMI, 833017-2, 1997); LP *Trem das Onze*, Chantecler, CMG-2294, 1964; LP *O Samba Continua*, Chantecler, 2-07-405-204, 1980 (a música está com título "Pogréssio"); CD *Mais Demônios Que Nunca*, Trama, T-500125-2, 2000
Grupo Peteleco; CD *Adoniran Barbosa em Pagode*, Movieplay, BR-1005, 1996
Demônios da Garoa; CD *Adoniran 100 Anos*, Lua Music, Lua 360, 2010

"Despejo na Favela"
Titulares do Ritmo; LP *Titulares dos Troféus*, CBS, 104197, 1971
Beth Carvalho; CD *Beth Carvalho Canta o Samba de São Paulo*, Velas, 11 V024, 1993
Markinhos Moura; CD *Adoniran 100 Anos*, Lua Music, Lua 360, 2010

"Deus Te Abençoe"
Demônios da Garoa; compacto simples RCA Victor, LC-6162, 1965

"É da Banda de Lá" (com Irvando Luiz)
Demônios da Garoa; LP *Pafunça*, Odeon, MOCB-3036, 1959
Corporação Musical Arthur Giambelli; LP *A Banda de Lá*, Odeon, MOFB-3086, 1959

"Fica Mais Um Pouco, Amor"
> Demônios da Garoa; CD *Mais Demônios Que Nunca*, Trama, T-500125-2, 2000
> Graça Braga; CD *Adoniran 100 Anos*, Lua Music, Lua 360, 2010

"Iracema"
> Portinho e Sua Orquestra; LP *Sambas do Adoniran*, Philips, P63270SL, 1964
> Luiz Wanderley (creditada a João Rubinato); 78 rpm Polydor, 220, 1957
> Demônios da Garoa; LP *Más Demônios Que Nunca!*, Music Hall, 12152, 1961 (Argentina); LP *Trem das Onze*, Chantecler, CMG-2293, 1964; LP *O Samba Continua*, Chantecler, 2-07-405-204, 1980
> Seis do Samba; LP *Seis do Samba*, Musicolor/Continental, LPK-20180, 1969
> Serginho; LP *Camisa 9*, ESB, 803024, 1983
> Maurílio Costa; LP *Te Amo Demais*, Jangada/EMI, 31C 03422634, 1987
> Jards Macalé; LP *Adoniran Barbosa, O Poeta do Bixiga*, Som Livre, 4070039, 1990
> Beth Carvalho; CD *Beth Carvalho Canta o Samba de São Paulo*, Velas, 11-V024, 1993
> Grupo Peteleco; CD *Adoniran Barbosa em Pagode*, Movieplay, BR-1005, 1996
> Grupo Catavento; CD *Adonirando*, Movieplay, BS-290, 1997
> Demônios da Garoa: CD *Demônios da Garoa 60 Anos*, Dabliú, AA0004000-UNI 43, 2004; CD *Ao Vivo No Olympia*, Unimar Music, 7898394792068, 2005
> Tetê Espíndola; CD *Adoniran 100 Anos*, Lua Music, Lua 360, 2010

"Jabá Sintético"
> Thobias da Vai-Vai; CD *Adoniran 100 Anos*, Lua Music, Lua 360, 2010

"Já Tenho a Solução"
> Fabiana Cozza e Mateus Sartori; CD *Adoniran 100 Anos*, Lua Music, Lua 360, 2010

"Já Fui Uma Brasa" (com Marcos Cesar)
> Demônios da Garoa; LP *Leva Este*, Chantecler, CMG-2486, 1968; CD *Mais Demônios Que Nunca*, Trama, T-500125-2, 2000
> Grupo Catavento; CD *Adonirando*, Movieplay, BS-290, 1997

"Joga a Chave"
> Demônios da Garoa; LP *Demônios da Garoa*, Odeon, MOCB-3023, 1958 (relançado no selo Imperial, IMP-30146, 1969; CD *Mais Demônios Que Nunca*, Trama, T-500125-2, 2000
> Fabiana Cozza e Mateus Sartori; CD *Adoniran 100 Anos*, Lua Music, Lua 360, 2010

"A Louca Chegou" (com Henrique de Almeida e Rômulo Paes)
> Elza Laranjeira; 78 rpm Copacabana, 5027, 1953
> Marília Pêra; LP *Elas Por Ela*, EMI-Odeon, 164794034-1, 1990

"Luz da Light"
> Sambaquatro; compacto simples Odeon, 7B-209, 1967
> Dora Vergueiro; CD *Leve*, MCA/Universal, MCAD-51005, 1996
> Demônios da Garoa; CD *Mais Demônios Que Nunca*, Trama, T-500125-2, 2000
> Vânia Bastos; CD *Adoniran 100 Anos*, Lua Music, Lua 360, 2010
> Passoca com o violonista Edson Alves; CD *Serenata na UMES 5*, vários intérpretes, UMES, 018, 1999

Quatro interessantes regravações do cânone adonirânico:
"Iracema" com Luiz Wanderley (creditada a João Rubinato); "Tiro ao Álvaro"
com Os Maracatins; "Plac-Ti-Plac" com Miriam Batucada e o "Samba Italiano"
("Che Tempo Fa, Gigi?") com o conjunto italiano I Romans.

"Mãe, Eu Juro!" (com Noite Ilustrada)
Célia; LP *Célia*, Continental, 1-01-404-167, 1977
Márcia Castro; CD *Adoniran 100 Anos*, Lua Music, Lua 360, 2010

"Malvina"
Demônios da Garoa; LP *Demônios da Garoa*, Odeon, MOCB-3023, 1958 (relançado no selo Imperial, IMP-30146, 1969); CD *Mais Demônios Que Nunca*, Trama, T-500125-2, 2000
Portinho e Sua Orquestra; LP *Sambas do Adoniran*, Philips, P63270SL, 1964
Grupo Peteleco; CD *Adoniran Barbosa em Pagode*, Movieplay, BR-1005, 1996
Maurício Pereira; CD *Adoniran 100 Anos*, Lua Music, Lua 360, 2010

"As Mariposa"
Don Marino Barreto Jr.; LP *Don Marino Barreto Jr.*, Philips, P 10660R (Itália)
Portinho e Sua Orquestra; LP *Sambas do Adoniran*, Philips, P63270SL, 1964
Demônios da Garoa; LP *Trem das Onze*, Chantecler, CMG-2294, 1964; LP *O Samba Continua*, Chantecler 2-07-405-204, 1980
Grupo Talismã; LP *Talismã Canta Adoniran Barbosa*, Premier/RGE, 3073368, 1979
Grupo Peteleco; CD *Adoniran Barbosa em Pagode*, Movieplay, BR-1005, 1996
Mart'nália; CD *Adoniran 100 Anos*, Lua Music, Lua 360, 2010

"Mulher, Patrão e Cachaça"
Banda de Música da Polícia Militar do Estado do Paraná; LP RCA Camden, CALB-5198, 1968 (reedição: CD *A Banda*, Revivendo, RVCD-099, 1996)
Demônios da Garoa; CD *Mais Demônios Que Nunca*, Trama, T-500125-2, 2000
Quinteto em Branco e Preto; CD *Adoniran 100 Anos*, Lua Music, Lua 360, 2010

"Nêgo Serafim"
Conjunto Talismã; LP *Vide-Verso*, Scala, 101004, 1976

"No Morro da Casa Verde"
Demônios da Garoa; 78 rpm Odeon, 14472, 1959; LP *Pafunça*, Odeon, MOCB-3036, 1959; LP *O Samba Continua*, Chantecler, 2-07-405-204, 1980; CD *55 Anos de Garoa*, RGE, 7612-2, 1997
Portinho e Sua Orquestra; LP *Sambas do Adoniran*, Philips, P63270SL, 1964
Milena; LP *Sorriso Aberto*, Odeon SMOFB-3885, 1975
Premê; LP/CD *Alegria dos Homens*, Eldorado, CD7-078, 1991
Leci Brandão; CD *Adoniran 100 Anos*, Lua Music, Lua 360, 2010

"Nóis Não Usa as Bleque Tais" (com Gianfrancesco Guarnieri)
Grupo Catavento (com participação de Gianfrancesco Guarnieri); CD *Adonirando*, Movieplay, BS-290, 1997
Verônica Ferriani; CD *Adoniran 100 Anos*, Lua Music, Lua 360, 2010

"Nóis Viemo Aqui Pra Quê?"
Laert Sarrumor & Ayrton Mugnaini Jr.; CD *Adoniran 100 Anos*, Lua Music, Lua 360, 2010

"Olha a Polícia" (com Arlindo Pinto)
Nhá Barbina; compacto simples CBS, 33367, 1965, e LP *Nhá Barbina no Rancho Fundo*, Premier, PRLP-1129, 1970 (gravações diferentes)
Ayrton Mugnaini Jr.; CD *Sine Quais-Quais-Quais Non*, independente, 2004

"Pafunça" (com Oswaldo Molles)

    Demônios da Garoa; 78 rpm Odeon, 14387, 1958; LP *Pafunça*, Odeon, MOCB-3036, 1959; LP *Eu Vou Pro Samba*, RCA, BBL-1340, 1965 (reedição em CD: BMG, 7432191313-2, 2001); LP *Eu Sou de Lá*, Chantecler, CMGS-9046, 1972

    Grupo Peteleco; CD *Adoniran Barbosa em Pagode*, Movieplay, BR-1005, 1996

    Passoca; CD *Adoniran 100 Anos*, Lua Music, Lua 360, 2010

"Plac-Ti-Plac" (com Waldemar Camargo)

    Miriam Batucada; compacto simples Rozenblit, 7012, 1967

    Maria Alcina; CD *Adoniran 100 Anos*, Lua Music, Lua 360, 2010

"Por Onde Andará Maria"

    Demônios da Garoa; LP *Abre a Gira*, Chantecler, CMGS-9068, 1973

"Prova de Carinho" (com Hervê Cordovil)

    Demônios da Garoa; LP *Trem das Onze*, Chantecler, CMG-2294, 1964; CD *Mais Demônios Que Nunca*, Trama, T-500125-2, 2000

    Vânia Carvalho; LP *Vânia*, CBS, 138082, 1978

    Grupo Peteleco; CD *Adoniran Barbosa em Pagode*, Movieplay, BR-1005, 1996

    Diogo Poças; CD *Adoniran 100 Anos*, Lua Music, Lua 360, 2010

"Quando te Achei"

    Cida Moreira; CD *Adoniran 100 Anos*, Lua Music, Lua 360, 2010

"Quem Bate" (com Arthur Bernardo)

    Demônios da Garoa; LP *Eu Sou de Lá*, Chantecler, CMGS-9046, 1972

"Rua dos Gusmões"

    Grupo Talismã; LP *Talismã Canta Adoniran Barbosa*, Premier/RGE, 3073368, 1979

"Samba do Arnesto" (com Alocin)

    Demônios da Garoa; 78 rpm Odeon, 13855, 1955; LP *Trem das Onze*, Chantecler, CMG-2294, 1964; LP *O Samba Continua*, Chantecler, 2-07-405-204, 1980; LP *Sampa*, Eldorado, 28-80-0339, 1980; LP *Esses Divinos Demônios da Garoa*, Copacabana, 613050, 1990

    Robledo e Seu Conjunto de Boate; LP *Robledo e Seu Conjunto de Boate*, Columbia, LPCB 35024, 1956

    Portinho e Sua Orquestra; LP *Sambas do Adoniran*, Philips, P63270SL, 1964

    Don Marino Barreto Jr.; LP *Don Marino Barreto Jr.*, Philips, P 10660R (Itália)

    Os Originais do Samba; LP *Pra Que Tristeza*, RCA, 1030100, 1974

    Conjunto 2001; LP *2001, Uma Odisseia no Samba*, Girasom, SAGLP-1517, 1974

    Banda do Canecão; LP *Big Banda do Canecão nº 10*, Polyfar/PolyGram, 2494537, 1974

    Os Caretas; LP Polydor, 1974

    Grupo Talismã; LP *Talismã Canta Adoniran Barbosa*, Premier/RGE, 3073368, 1979

    Rita Lee; LP *Adoniran Barbosa, O Poeta do Bixiga*, Som Livre, 4070039, 1990

    Little Quail & The Mad Birds; CD *Lirou Quêiol En DeMéd Bârds*, Banguela/Warner, M-997729-2, 1994

    Grupo Peteleco; CD *Adoniran Barbosa em Pagode*, Movieplay, BR-1005, 1996

    Grupo Catavento; CD *Adonirando*, Movieplay, BS-290, 1997

    Simone; CD *Brasil, O Show*, Mercury/Universal, 536511-2, 1997

Quarteto em Cy; CD *Brasil em Cy*, CID, 00220-2, 1996

Demônios da Garoa: CD *Demônios da Garoa 60 Anos*, Dabliú, AA0004000-UNI 43, 2004; CD *Ao Vivo No Olympia*, Unimar Music, 7898394792068, 2005

Wanderléa e Thomas Roth; CD *Adoniran 100 Anos*, Lua Music, Lua 360, 2010

"Samba Italiano"

I Romans (com título "Che Tempo Fa, Gigi?" e letra revisada por Leo Chiosso); compacto simples Miura, 1968 (Itália)

Demônios da Garoa; LP *O Samba Continua*, Chantecler, 2-07-405-204, 1980; CD *Mais Demônios Que Nunca*, Trama, T-500125-2, 2000

Patrícia [depois Patricia Marx]; LP *Adoniran Barbosa, O Poeta do Bixiga*, Som Livre, 4070039, 1990; CD *Neoclássico*, Camerati, JHO-CM-7007, 1992 (a mesma gravação em ambos os discos)

Grupo Peteleco; CD *Adoniran Barbosa em Pagode*, Movieplay, BR-1005, 1996

Grupo Catavento; CD *Adonirando*, Movieplay, BS-290, 1997

Banda Paralela; CD independente

Célia; CD *Adoniran 100 Anos*, Lua Music, Lua 360, 2010

"Um Samba no Bixiga"

Portinho e Sua Orquestra; LP *Sambas do Adoniran*, Philips, P63270SL, 1964

"Saudosa Maloca"

Demônios da Garoa; 78 rpm Odeon, 13855, 1955; mesma gravação: LP *Demônios em Sambas Infernais*, Odeon, MOFB-3229, 1961 (relançado no selo Imperial, IMP-30172, 1969, e em CD: EMI, 833468-2, 1995); LP *Más Demônios Que Nunca!*, Music Hall, 12152, 1961 (Argentina); LP *Trem das Onze*, Chantecler, CMG-2294, 1964; LP *O Samba Continua*, Chantecler, 2-07-405-204, 1980; LP *Esses Divinos Demônios da Garoa*, Copacabana, 613050, 1990; CD *55 Anos de Garoa*, RGE, 7612-2, 1997

Ruth Eli; CD *Clássicos da Música Brasileira*, Eldorado

Robledo e Seu Conjunto de Boate; LP *Robledo e Seu Conjunto de Boate*, Columbia, LPCB 35024, 1956

Marlene; 78 rpm Sinter, 00-00425, 1955 (reedição: CD *Marlene, Meu Bem*, Revivendo, RVCD-107, 1996)

Hortêncio e Seu Acordeão; Continental, 1955

Portinho e Sua Orquestra; LP *Sambas do Adoniran*, Philips, P63270SL, 1964

Maestro Peruzzi; compacto promocional Odeon, DP-383, 1967

Titulares do Ritmo; LP *Titulares dos Troféus*, CBS, 104197, 1971

Os Originais do Samba; LP *É Preciso Cantar*, RCA, 1030075, 1973

Conjunto Nosso Samba; LP *Samba pra 100 Milhões*, Ôbal/CID, s.n., 1974

Conjunto 2001; LP *2001, Uma Odisseia no Samba*, Girasom, SAGLP-1517, 1974

Os Caretas; LP Polydor, 1974

Elis Regina; LP *Transversal do Tempo*, Philips, 6349384, 1978

Grupo Talismã; LP *Talismã Canta Adoniran Barbosa*, Premier/RGE, 3073368, 1979

João Bosco; LP *Adoniran Barbosa, O Poeta do Bixiga*, Som Livre, 4070039, 1990

Beth Carvalho; CD *Beth Carvalho Canta o Samba de São Paulo*, Velas, 11-V024, 1993

Maria João e Mário Laginho; CD *Danças*, Verve/PolyGram, 527070-2, 1994 (Portugal)

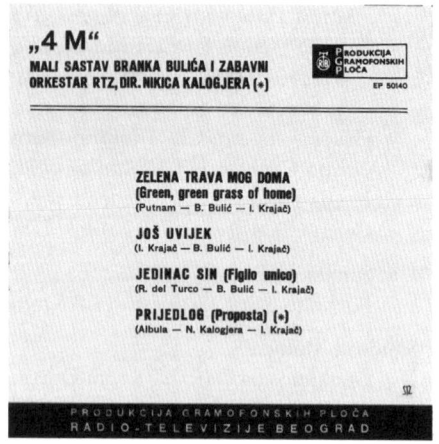

Duas gravações de "Trem das Onze" (ou "Filho Único") lançadas em 1967 no exterior: acima, frente e verso da capa do compacto duplo da banda iugoslava 4M (faixa 3: "Jedinac Sin", com crédito de autoria para Riccardo Del Turco, autor da versão em italiano); à esquerda, o compacto simples do cantor catalão Juan Erasmo Mochi lançado na Espanha (título em espanhol: "Hijo Único").

Grupo Peteleco; CD *Adoniran Barbosa em Pagode*, Movieplay, BR-1005, 1996

Grupo Catavento; CD *Adonirando*, Movieplay, BS-290, 1997

Elymar Santos; CD *Elymar Santos Ao Vivo*, Som Livre, 2276-2, 2000

Vésper (grupo vocal feminino paulistano); CD *FlorD'Elis*, Dabliú, 897181-210723, 1998

Simone; CD *Brasil, O Show*, Mercury/Universal, 536511-2, 1997

Renato Vargas; CD *O Som dos Barzinhos 4*, Universal, 3259 110113-2, 2001

Demônios da Garoa: CD *Demônios da Garoa 60 Anos*, Dabliú, AA0004000-UNI 43, 2004; CD *Ao Vivo No Olympia*, Unimar Music, 7898394792068, 2005

Jair Rodrigues; CD *Adoniran 100 Anos*, Lua Music, Lua 360, 2010

"Uma Simples Margarida (O Samba do Metrô)"

Conjunto Talismã; LP *Vide-Verso*, Scala, 101004, 1976

Demônios da Garoa; CD *Mais Demônios Que Nunca*, Trama, T-500125-2, 2000

"Tiro ao Álvaro" (com Oswaldo Molles)

Os Maracatins; compacto simples Fermata, 1966

Demônios da Garoa; LP *Esses Divinos Demônios da Garoa*, Copacabana, 613050, 1990; LP/CD *Demônios da Garoa 50 Anos*, Continental, 996756-1, 1994

Raça Negra; LP *O Mapa da Mina*, Som Livre, 4070136, 1993

Grupo Catavento; CD *Adonirando*, Movieplay, BS-290, 1997

Demônios da Garoa: CD *Demônios da Garoa 60 Anos*, Dabliú, AA0004000-UNI 43, 2004; CD *Ao Vivo No Olympia*, Unimar Music, 7898394792068, 2005

Zélia Duncan; CD *Adoniran 100 Anos*, Lua Music, Lua 360, 2010

"Tocar na Banda"

Demônios da Garoa; LP *Aguenta a Mão, João*, Chantecler, CMG-2546, 1971

Djalma Dias; LP *Destaque*, Som Livre, SSIG-1030, 1973

Garra Brasileira; Som Livre, 1973

Elenco Premier; LP *Sambas Nota W*, Premier/RGE, 307319, 1974

Portinho e Sua Orquestra; LP *Fogo nos Metais*, RCA, 1030102, 1974

Dora Vergueiro; CD *Leve*, MCA/Universal, MCAD-51005, 1996

Carlinhos Vergueiro; CD *Adoniran 100 Anos*, Lua Music, Lua 360, 2010

Garra Brasileira; LP *Garra Brasileira*, Som Livre, 4036038, 1973

"Torresmo à Milanesa" (com Carlinhos Vergueiro)

Maria Alcina; LP *Plenitude*, Copacabana, COLP-12496, 1979

Grupo Talismã; LP *Talismã Canta Adoniran Barbosa*, Premier/RGE, 3073368, 1979

Carlinhos Vergueiro e Mestre Marçal; LP *Carlinhos Vergueiro e Convidados*, Ideia Livre, 837582-1, 1988

Carlinhos Vergueiro; CD *Samba e Futebol — Contra-Ataque*, independente, MAI-0001, 1999

Paula; LP *Adoniran Barbosa, O Poeta do Bixiga*, Som Livre, 4070039, 1990

Grupo Catavento; CD *Adonirando*, Movieplay, BS-290, 1997

Osvaldinho da Cuíca; CD *Adoniran 100 Anos*, Lua Music, Lua 360, 2010

"Trem das Onze"

Conjunto CBS; LP *As 14 Mais, Volume 15*, CBS, 1964

Riccardo del Turco (em italiano, "Figlio Unico", versão de Riccardo del Turco), compacto simples CGD, N-9627, 1966 (Itália)

4M (em iugoslavo, "Jedinac Sin", "Filho Único"), compacto duplo *Zelena Trava Mog Doma*, PGP-RTB, 50140, 1967 (Iugoslávia) (com crédito de autoria original apenas para Riccardo Del Turco, autor da versão em italiano)

Erasmo Mochi (em espanhol, "Hijo Único"); compacto duplo Novola, NV-121, 1967 e compacto simples promocional Novola, P-15, 1967 (Espanha) (com crédito de autoria original apenas para Adoniran)

Ceumar Rios (em espanhol, "Tren de las Once"); compacto simples (Argentina)

A Nossa Turma; LP *Embalo Moderno*, Parlophone/Odeon, PBA-13015, 1969

Pedrinho Rodrigues e Os Nacionais; LP *Estão Voltando os Bons Tempos*, Equipe, EQC-5077, 1973

Os Batuqueiros e As Mulatas; LP *O Couro Come*, RCA Camden, 1070175, 1974

Filó; LP *Catedral do Samba*, Polyfar, 2494520, 1973

Zimbo Trio; LP *Zimbo Trio FM Stereo*, Philips, 6349109, 1974

Banda Rio Copa; LP

Demônios da Garoa; LP *O Samba Continua*, Chantecler 2-07-405-204, 1980; CD *Casa de Samba* (em dueto com Ivete Sangalo), Mercury/PolyGram, 532500-2, 1996; CD *O Samba Cura*, Velas, 11-V220, 1997; CD *55 Anos de Garoa*, RGE, 7612-2, 1997

Grupo Talismã; LP *Talismã Canta Adoniran Barbosa*, Premier/RGE, 3073368, 1979

Os Corujinhas; LP *Os Corujinhas*, Continental, 1-07-405-203, 1980

Seis do Samba; LP *Seis do Samba*, Musicolor/Continental, LPK-20180, 1969

Gal Costa; LP *Phono 73, Volume 3*, Philips, 6349075, 1973

Os Caretas; Polydor, 1974

Renzo Arbore; LP *Renzo Arbore Presenta New Pathetic "Elastic" Orchestra In "Quelli Della Notte"*, Fonit/Cetra, LPX-143, 1985 (Itália) (Adoniran aparece creditado com seu verdadeiro nome, "J. Rubinato")

Matti Caspi (em hebraico, "Afilu Daka", "Nem Mais Um Minuto"), LP *Eretz Tropit Meshaga'at*, NMC, 1987 (Israel)

Guilherme Arantes; LP *Via Paulista*, Columbia/Sony, 231274-2, 1992

Tetê Espíndola; LP *Adoniran Barbosa, O Poeta do Bixiga*, Som Livre, 4070039, 1990

Rumo; CD *Rumo Ao Vivo*, Camerati, TCD-1003-2, 1992

Beth Carvalho; CD *Beth Carvalho Canta o Samba de São Paulo*, Velas, 11-V024, 1993

Klaunus & Pletskaia (em inglês macarrônico, "The Eleven's Train"); CD *Tangos & Tragédias*, Sbornia, s.n., 1994

Grupo Peteleco; CD *Adoniran Barbosa em Pagode*, Movieplay, BR-1005, 1996

Grupo Catavento; CD *Adonirando*, Movieplay, BS-290, 1997

Elymar Santos; CD *Elymar Santos Ao Vivo*, Som Livre, 2276-2, 2000

Renato Vargas; CD *O Som dos Barzinhos 4*, Universal, 3259 1100113, 2001

Arnaldo Antunes e Edgard Scandurra; CD *Adoniran 100 Anos*, Lua Music, Lua 360, 2010

Mônica Salmaso; CD *Alma Lírica Brasileira*, Biscoito Fino, BF-371, 2011.

Demônios da Garoa; CD *Demônios da Garoa 60 Anos*, Dabliú, AA0004000-UNI 43, 2004; CD *Fundo de Quintal Ao Vivo Convida*, Indie, 2004; CD *Ao Vivo No Olympia*, Unimar Music, 7898394792068, 2005

"Um Samba no Bixiga"
Maria Alcina; CD *Adoniran 100 Anos*, Lua Music, Lua 360, 2010

"Velho Rancho"
Grupo Talismã; LP *Talismã Canta Adoniran Barbosa*, Premier/RGE, 3073368, 1979

"Véspera de Natal"
Demônios da Garoa; LP *Samba do Metrô*, Chantecler, 2-08-404-062, 1975
Exaltasamba; CD *Samba de Natal*, EMI, 854867, 1996
Grupo Catavento; CD *Adonirando*, Movieplay, BS-290, 1997
Ivan Lins; CD *Um Novo Tempo*, Abril Music, 1107019-2, 1999

"Viaduto Santa Ifigênia"
Grupo Talismã; LP *Talismã Canta Adoniran Barbosa*, Premier/RGE, 3073368, 1979

"Vide Verso Meu Endereço"
Conjunto Talismã; LP *Vide-Verso*, Scala, 101004, 1976
Itamar Assumpção; LP *Às Próprias Custas S/A*, Baratos Afins, 1983
Grupo Catavento; CD *Adonirando*, Movieplay, BS-290, 1997

"Vila Esperança"
Grupo Peteleco; CD *Adoniran Barbosa em Pagode*, Movieplay, BR-1005, 1996
Grupo Catavento; CD *Adonirando*, Movieplay, BS-290, 1997
Milena; CD *Adoniran 100 Anos*, Lua Music, Lua 360, 2010

Charutinho, Zé Conversa, Mata-Ratos, Moisés Rabinovitch,
Dr. Sinésio Trombone, Dom Segundo Sombra, Jean Rubinet,
Barbosinha Mal-Educado da Silva, Mr. Richard Morris,
Giuseppe Pernafina, Mané Mole, Chico Belo, Dominguinho, Firmino...
e Adoniran Barbosa: os mil personagens de João Rubinato.

V.
PARTICIPAÇÕES DE ADONIRAN BARBOSA EM FILMES E TELENOVELAS

FILMES

Pif-Paf (1945)
Comédia musical carnavalesca
Argumento e roteiro: Ademar Gonzaga
Direção: Luís de Barros e Ademar Gonzaga
Produção: Ademar Gonzaga/Cinédia (Rio de Janeiro)
Elenco: Marlene, Chocolate, Walter D'Ávila, Alvarenga e Ranchinho, Adoniran Barbosa
 e outros
Sinopse: Esculhambação com o sobrenatural e a cartomancia, novidade entre as classes
 mais altas no Brasil da época. Foi neste filme que Adoniran Barbosa lançou seu per-
 sonagem em que caricatura o judeu. E, segundo o crítico Sérgio Augusto, Adoniran e
 Marlene roubam todas as cenas em que aparecem.

Caídos do Céu (1946)
Comédia musical carnavalesca
Argumento e direção: Luís de Barros
Produção: Cinédia (Rio de Janeiro)
Elenco: Dercy Gonçalves, Walter D'Ávila, Linda Batista, Adoniran Barbosa, Trio de
 Ouro e outros
Sinopse: Casal morre prematuramente e consegue voltar à Terra para cumprir sua missão
 — imitação carnavalizada de *Que Espere o Céu* (*Here Comes Mr. Jordan*), dirigido
 por Alexander Hall em 1941. Adoniran comparece no papel de Moisés Rabinovitch,
 além de cantar "Cortando Pano", de Luiz Gonzaga, Miguel Lima e Jeová Portela.

A Vida é uma Gargalhada (1950)
Comédia
Direção: Mário Santos
Um dos raros filmes dirigidos pelo ator/diretor paulista Mário Santos, um dos pioneiros
 do cinema falado brasileiro.

Nadando em Dinheiro (1952)
Comédia
Direção: Abílio Pereira de Almeida
Elenco: Mazzaropi, Ludy Velloso, Nieta Junqueira, Vicente Leporace, Adoniran Barbosa
 e outros.
Sinopse: Caipira descobre ser o único herdeiro de um industrial multimilionário; o enri-
 quecimento súbito lhe traz problemas.
Lançado em videocassete e DVD

O Cangaceiro (1953)
Exibido no exterior com título *The Bandit*
Drama
Argumento, roteiro e direção: Lima Barreto
Diálogos: Rachel de Queiroz
Produção: Vera Cruz (São Paulo), distribuído mundialmente por Columbia Pictures
Elenco: Alberto Ruschel, Marisa Prado, Milton Ribeiro, Vanja Orico, Ricardo Campos, Adoniran Barbosa, Neusa Veras, Zé do Norte e outros
Sinopse: Cangaceiro, agindo contra a vontade de seu "capitão", resolve libertar uma professorinha aprisionada por seus capangas e foge com ela; o chefe não perdoa e os persegue. Adoniran interpreta o cangaceiro Mané Mole.
Lançado em videocassete e DVD

Candinho (1954)
Comédia
Argumento, roteiro e direção: Abílio Pereira de Almeida
Elenco: Mazzaropi, Marisa Prado, Ruth de Souza, John Herbert, Adoniran Barbosa, Nieta Junqueira e outros
Sinopse: Adaptação tropicaipira do *Cândido* de Voltaire.
Lançado em videocassete e DVD

Os Três Cangaceiros (1954)
Direção: Victor Lima
Elenco: Ankito, Neide Aparecida, Ronald Golias, Adoniran Barbosa, Wilson Grey, Átila Iório, Nelly Martins, Grande Otelo

A Carrocinha (1955)
Direção: Agostinho Marques Pereira
Produção: Jaime Prades, para Brasil Filmes (São Paulo)
Elenco: Mazzaropi, Dóris Monteiro, Adoniran Barbosa, Kleber Macedo e outros
Sinopse: O prefeito da cidade quer se livrar da cachorrinha de sua esposa. Jacinto, encarregado de fazer o serviço da "carrocinha", se indispõe contra todos da cidade e acaba se apaixonando por uma linda caipira que adora cachorros.
Lançado em videocassete e DVD

Esquina da Ilusão (1954)
Produção: Vera Cruz
Argumento, roteiro e direção: Ruggero Jacobi
Elenco: Alberto Ruschel, Luiz Calderaro, Ilka Soares, Nicete Bruno, Adoniran Barbosa e outros

Os Três Garimpeiros (1955)
Melodrama rural
Produção: Fama Filmes
Roteiro e direção: Gianni Pons
Elenco: Milton Ribeiro, Alberto Ruschel, Hélio Souto, Anselmo Duarte, Adoniran Barbosa e outros

Mulher de Verdade (1955)
Exibido no exterior com o título *Woman of Truth*
Drama
Argumento: Alberto Cavalcanti
Roteiro: Miroel Silveira e Oswaldo Molles
Direção: Alberto Cavalcanti
Produção: Kino Filmes (São Paulo)
Elenco: Inezita Barroso, Colé, Raquel Martins, Adoniran Barbosa, Carla Neli, Carlos Araújo e outros
Sinopse: Enfermeira casa-se com malandro que se torna bombeiro. Só que o regulamento do hospital onde ela trabalha não permite enfermeiras casadas, então ela finge ser solteira. Mas logo acaba se casando com outro, e passa a levar vida dupla. A casa do "outro" pega fogo e o bombeiro ex-malandro salva a mulher e o amante.

Carnaval em Lá Maior (1955)
Comédia musical
Roteiro: Ademar Gonzaga, Oswaldo Molles
Direção: Ademar Gonzaga
Produção: Maristela/Emissoras Unidas (São Paulo)
Elenco: Walter D'Ávila, Randal Juliano, Sandra Amaral, Renata Fronzi, Durval de Souza, Genésio Arruda, Adoniran Barbosa, Elísio de Albuquerque, Aparecida Baxter, Blota Jr., Elsa Laranjeira e outros
Sinopse: Uma emissora de rádio paulistana. Adoniran mais uma vez vive o vendedor de móveis judeu, e Elza Laranjeira canta "Pé de Pobre", parceria de Adoniran com K. Borges e José Roy.

A Pensão de Dona Estela (1956)
Comédia
Baseado na peça teatral homônima de Gastão Barroso
Direção: Alfredo Palácios e Perene Fekete
Produção: Maristela/Cinebrás (São Paulo)
Elenco: Jaime Costa, Maria Vidal, Liana Duval, Randal Juliano, Adoniran Barbosa, Lola Brah, Márcia Vasconcelos, Os Modernistas, Carmélia Alves e outros

A Estrada (1956)
Drama
Argumento, roteiro e direção: Oswaldo Sampaio
Elenco: Miro Gemi, Salvador Daki, Paulo Geraldo, Vera Sampaio, Pagano Sobrinho, Adoniran Barbosa, Carlos Tovar e outros
Sinopse: Nada menos que o primeiro filme brasileiro a tratar da vida dos caminhoneiros.

Bruma Seca (1961)
Roteiro: Mário Brasini
Direção: Mário Civelli
Elenco: Mário Brasini, Adoniran Barbosa, Ruth de Souza, Maria Dilnah e Luigi Picchi
Disponível em VHS, DVD e CD

A Super-Fêmea (1973)
Pornochanchada
Argumento: Aníbal Massaini Neto, Lauro César Muniz, Adriano Stuart, Alexandre Pires
Roteiro: Aníbal Massaini Neto e Adriano Stuart
Direção: Aníbal Massaini Neto
Produção: Aníbal Massaini Neto/Cinedistri (São Paulo)
Elenco: Vera Fischer, Perry Salles, Walter Stuart, Geórgia Gomide, John Herbert, Adoniran Barbosa, Libero Ripoli e outros
Sinopse: Pura exploração do sucesso de Vera Fischer, ex-Miss Brasil; no filme, ela interpreta a garota-propaganda de um anticoncepcional — embora as enormes plateias não tenham se importado muito com detalhes como roteiro ou a presença de Adoniran.
Lançado em DVD

Elas São do Baralho (1977)
Pornochanchada
Argumento: Rubens Ewald Filho, Adriano Stuart, Roberto Silveira, Sílvio de Abreu
Direção: Sílvio de Abreu
Produção: Aníbal Massaini Neto/Cinedistri
Elenco: Nuno Leal Maia, Cláudio Corrêa e Castro, Sônia Mamede, Antônio Fagundes, Esmeralda Barros, Adoniran Barbosa, Hugo Bidet, Sérgio Ropperto

Eles Não Usam Black-Tie (1981)
Drama
Roteiro: Leon Hirszman e Gianfrancesco Guarnieri, baseado na peça teatral homônima de Gianfrancesco Guarnieri
Direção: Leon Hirszman
Elenco: Fernanda Montenegro, Gianfrancesco Guarnieri, Carlos Alberto Ricceli, Bete Mendes, Milton Gonçalves, Rafael de Carvalho, Lélia Abramo e outros
Música de Radamés Gnatalli e Adoniran Barbosa
Sinopse: Jovem operário, de temperamento passivo e egoísta, vive em choque com o pai, dirigente social anarquista, e a noiva, que espera um filho dele. O rapaz rompe de vez com a família quando uma greve sofre violenta repressão policial. Mas a mãe do rapaz anseia por dias melhores.
Lançado em DVD

TELENOVELAS

Os Quatro Homens Juntos (fevereiro a julho de 1965, TV Record)
Direção: Armando Couto
Texto: Marcos César e Péricles do Amaral
Elenco: José Vasconcelos, Ronald Golias, Chocolate, Zilda Cardoso, Anilza Leone, Adoniran Barbosa, Jacira Silva, Monsueto, Borges de Barros e outros
Nota: As telenovelas começavam a pegar embalo, e a Record, que já tinha tradição em programas musicais e humorísticos, não tinha elenco de atores "sérios" para encenar suas próprias novelas e concorrer diretamente com a Tupi, Excelsior e outras emisso-

Adoniran: dá licença de contar...

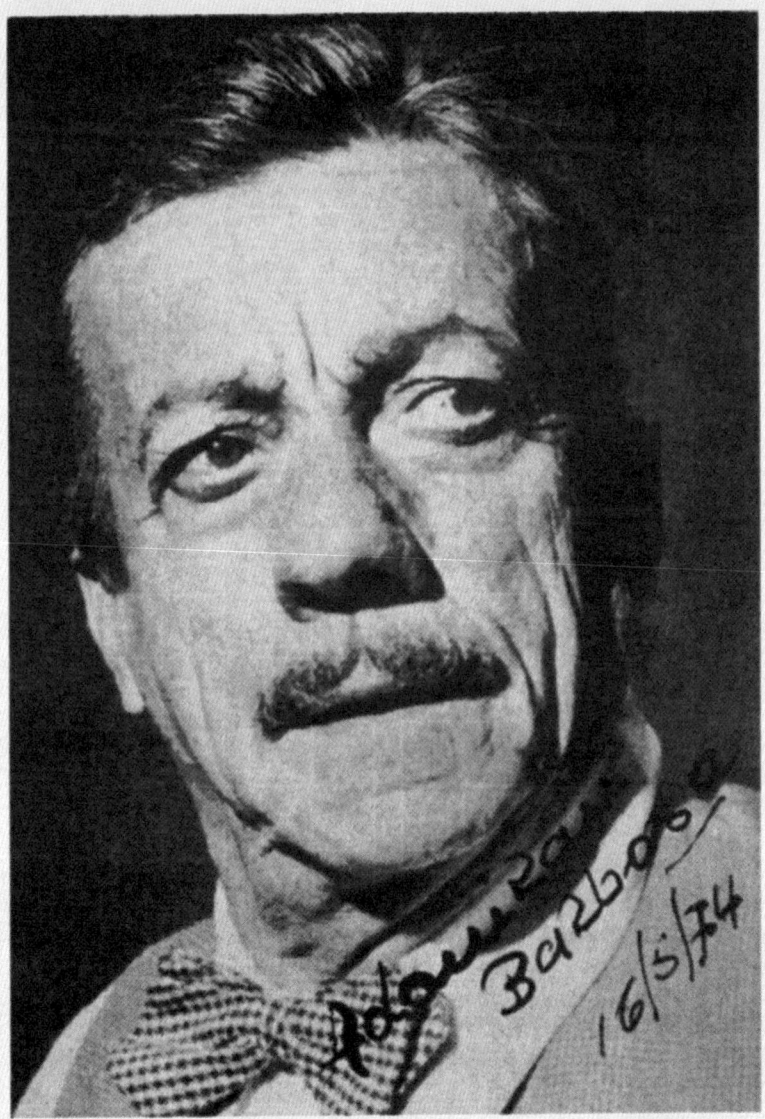

OS INOCENTES

Diàriamente 19,40 horas
TV Tupi - Canal 4

Adoniram Barbosa | vive o papel de Dominguinho

Uma das inúmeras atuações de Adoniran como ator foi na telenovela *Os Inocentes*, de Ivani Ribeiro, em 1974.

ras. A solução foi um ovo de Colombo: montou-se a primeira telenovela humorística brasileira, que, por sinal, satirizou o seriado *Os Quatro Homens Justos*, com Vittorio de Sica, Jacy Hawkins, Dan Dailey e Richard Conte, sucesso no Brasil em 1963.

Ceará Contra 007 (TV Record, julho a setembro de 1965)
Texto: Marcos César
Elenco: Jô Soares, Cidinha Campos, Adoniran Barbosa, Renato Corte Real, Consuelo Leandro, Carmen Verônica, Simplício e outros
Nota: Mais uma sátira da Record; desta vez o alvo foi o filme *Moscou Contra 007*. Adoniran, além de interpretar o personagem Comendador, compôs uma música-tema, "Jabá Sintético", cuja fórmula era avidamente disputada na novela.

Quem Bate? (TV Record, 1966)
Nota: Esculhambação com o seriado de TV *Combate*.

Mãos Ao Ar (TV Record, 1966)
Texto: Marcos César
Elenco: Adoniran Barbosa, Consuelo Leandro, Ronald Golias, Zilda Cardoso, Otelo Zeloni, Durval de Souza

Seu Único Pecado (TV Record, outubro de 1969)
Texto: Dulce Santucci
Elenco: Lia de Aguiar, Susana Vieira, Rolando Boldrin, Íris Bruzzi, Walter Stuart, Adoniran Barbosa, Edi Cem
Nota: Bem resumiu o "telenovélogo" Ismael Fernandes: "Quem viu esta novela de dez capítulos? Nem a promessa da volta de Lia e alguns nomes de destaque deram expressão a este lançamento".

Tilim (TV Tupi, 31 de agosto a 31 de dezembro de 1970)
Texto: Dulce Santucci
Direção: Wanda Kosmo
Elenco: Júlio César Cruz, Fernando Baleroni, Adoniran Barbosa, Sebastião Campos, Antonio Carlos, Wilma Chandler, Adriana Lídia Costa, Célia Coutinho, Júlio César Cruz, Thilde Francheschi, Flora Geny, Lídia Suzana Gonçalves, Célia Helena, Wanda Kosmo, Nádia Lippi, Cristina Edmundo Lopes, Valery Martins, Miriam Mehler, Kadu Moliterno, Rosa Ratz, Clécio Ribeiro e outros

O Príncipe e o Mendigo (TV Tupi, 4 de janeiro a 9 de abril de 1972)
Texto: Marcos Rey, baseado no romance homônimo de Mark Twain
Direção: Dionísio Azevedo
Elenco: Kadu Moliterno, Fernando Baleroni, Ademir Rocha, Perry Salles, Suzana Gonçalves, Nádia Lippi, Adoniran Barbosa, Lídia Costa, Júlio César Cruz e outros

Mulheres de Areia (TV Tupi, 26 de março de 1973 a 5 de fevereiro de 1974)
Texto: Ivani Ribeiro
Direção: Edison Braga

Elenco: Eva Wilma, Carlos Zara, Gianfrancesco Guarnieri, Cláudio Corrêa e Castro, Carminha Brandão, Newton Prado, Adoniran Barbosa, Antônio Fagundes e outros

Notas: Chico Belo, o personagem de Adoniran, é um velho pescador que passa o tempo cantando sambas e batucando numa mesa de bar. Pelão desmente a informação divulgada pela TV Tupi de que foi este desempenho de Adoniran que o motivou a produzir seus discos seguintes.

Os Inocentes (TV Tupi, 5 de fevereiro a 7 de setembro de 1974)
Texto: Ivani Ribeiro
Direção: Edison Braga
Elenco: Cleide Yaconis, Cláudio Corrêa e Castro, Serafim Gonzales, Rolando Boldrin, Gianfrancesco Guarnieri, Carminha Brandão, Luiz Gustavo, Tony Ramos, Adoniran Barbosa e outros
Nota: O personagem de Adoniran é Dominguinho.

Ovelha Negra (TV Tupi, julho a setembro de 1975)
Texto: Walter Negrão e Chico de Assis
Direção: Henrique Martins
Elenco: Rolando Boldrin, Cleide Yaconis, Wanda Stefânia, Geórgia Gomide, Kate Hansen, Joana Fomm, Lia de Aguiar, Adoniran Barbosa, Ewerton de Castro, Carlos Augusto Strazzer e outros

Xeque-Mate (TV Tupi, 29 de março a 2 de outubro de 1976)
Texto: Walter Negrão e Chico de Assis
Direção: David Grimberg
Elenco: Maria Isabel de Lizandra, Lilian Lemmertz, Enio Gonçalves, Raul Cortez, Adoniran Barbosa, Rodolfo Mayer, Edney Giovenazzi, Lia de Aguiar e outros
Nota: O personagem de Adoniran é Firmino.

ÍNDICE ONOMÁSTICO

Adoniran: dá licença de contar...

Adoniran: dá licença de contar...

112-3, 194, 224, 227, 232-4
Pancetti, José, 164
Paraguassu (Roque Ricciardi), 30, 34, 38, 164, 189
Parisi, Maximiliano, 141, 231
Passoca, 117, 126, 171, 203, 226-7, 229, 231, 233-4, 237, 240
Paula, Benito di, 138, 231
Paulelli, Ernesto (Arnesto), 86
Peixoto, Joseval, 123
Pelão (ver Botezzeli, J. C.)
Peruzzi, 30
Pescuma, Arnaldo, 30
Peteleco (cachorro), 81, 111-4, 124, 147, 194
Peteleco, Grupo, 173
Petit (violão), 39
Piccinini, Décio, 153
Pingo (pandeiro), 39
Pinheirinho (cavaquinho), 39
Pinheiro, Dilermando, 29
Pinheiro, Mário, 163
Pires, Cornélio, 118
Pittigrilli, 163
Pixinguinha, 173
Poly, 30, 133
Popó, 61
Portinho, 30, 225
Premê (Grupo Premeditando o Breque), 169, 174
Preminger, Otto, 92
Puccini, Giacomo, 163-4
Quarteto em Cy, 96
Quatro Azes e Um Coringa, 96
Rago, Antônio, 30, 32-3, 87, 126, 209-10, 226-7, 229
Ramenzoni, Dante, 161

Regina, Elis, 59, 76, 140, 146, 200, 217, 219, 222
Reis, Mario, 30, 32, 42, 74
Ribeiro, Roberto, 140, 142, 217
Rielli, José, 164
Rios, Ceumar, 95
Roberto Carlos, 104-6, 110, 174
Robledo, 11, 240-1
Rodrigues, Lupicínio, 7, 74, 106
Rogério (percussão), 133
Romano, Pedrinho, 35, 231, 233-4
Rosa, Claudio, 96
Rosa, Noel, 7, 14, 29, 32, 42, 73-4, 87, 107, 115-7, 119, 121, 175, 187, 191, 194, 219-20
Rosas, Armando, 233
Rossi, Frederico, 95, 225
Roy, José, 30, 231, 249
RPM, 80
Rubinato, Emma Ricchini (mãe), 13-6, 70, 106, 191
Rubinato, Fernando ou Francesco (pai), 13, 15, 17, 106, 192, 205
Rubinato, Sérgio, 87, 93, 100, 106, 109, 114, 119, 127, 149, 153, 174, 192
Rubinstein, Luis, 109
Ruccione, Mario, 92
Sá, Teophilo de Almeida, 47
Sagan, Françoise, 92
Salgado, Eurico Corrêa, 71
Sangirardi, Estevam, 82, 169
Santos, Adauto, 154
Santos, Viriato dos, 35

Seberg, Jean, 92
Seixas, Raul, 11
Sergi, Antonio, 30
Siles (clarinete), 87
Silva, Francisco D., 112
Silva, Ismael, 32, 136
Silva, Moreira da, 6, 20, 30, 116, 151
Silva, Orlando, 38, 109-10
Silveira, Orlando, 87
Simone, 140, 240, 243
Simonetti, Enrico, 30, 227
Simplício, 51
Sindô, Hélio, 30, 43, 118, 220, 225, 229
Sinhô, 74
Soares, Alf, 89
Soares, Jô, 68
Sobrinho, Pagano, 6, 50, 154, 203, 234, 249
Soriano, Waldik, 110
Souza, Tárik de, 117
Stanislaw Ponte Preta, 6, 96-7
Stockler, Olmir "Alemão", 154
Sulino, 117, 226
Talismã, 124, 140-1, 200, 217, 220, 227, 229, 235-6, 239, 240-1, 243-5
Tinhorão, José Ramos, 125
Tom Zé, 124, 163, 234
Toninho (Demônios da Garoa), 76, 94, 107, 116, 154
Toquinho, 93
Torres, Raul, 32, 39, 118, 189, 227, 234
Trigêmeos Vocalistas, 164
Trindade, Alfredo Ignácio, 54, 56
Turco, Riccardo del, 94, 196, 242-4

BIBLIOGRAFIA

LIVROS

ÂNGELO, Assis. *Pascalingundum! Os eternos Demônios da Garoa*. São Paulo: GTT Trends, 2009.

ANDREATO, Elifas. *Impressões/Impressions*. Curitiba: Grupo Bamerindus, 1993.

ANYSIO, Chico. *Sou Francisco*. Rio de Janeiro: Rocco, 1992.

AUGUSTO, Sérgio. *Este mundo é um pandeiro: a chanchada de Getúlio a JK*. São Paulo: Companhia das Letras, 1989.

BORGNA, Gianni. *Storia della canzone italiana*. Milão: Mondadori, 1992.

BOTEZELLI, J. C. (PELÃO) e PEREIRA, Arley. *A música brasileira deste século por seus autores e intérpretes*, volume 1. São Paulo: SESC, 2000.

BRONSON, Fred. *The Billboard Book of Number One Hits*. EUA: Billboard, 1988.

CAMPOS Jr., Celso. *Adoniran: uma biografia*. São Paulo: Globo, 2010 (segunda edição).

COELHO NETO e outros. *Lello Universal*. Porto: Lello & Irmão, c. 1960.

GOMES, Breno. *Adoniran Barbosa: um sambista diferente*. Rio de Janeiro: Funarte, 1988.

GONTIER, Bernard. *Bexiga*. São Paulo: Pontes/Mundo Impresso, 1990.

GONZAGA, Alice e AQUINO, Carlos. *Gonzaga por ele mesmo: memórias e escritos de um pioneiro do cinema brasileiro*. Rio de Janeiro: Record, 1989.

KELLER, Helen Rex. *The Dictionary of Dates*. EUA: MacMillan, 1934.

KRAUSCHE, Valter. *Adoniran Barbosa*. São Paulo: Brasiliense, 1985.

LIRA, Carlinhos. *O último trem das onze*. S.l., s.n., 1989.

MARCONDES, Marcos (org.). *Enciclopédia da música brasileira erudita, folclórica e popular*. São Paulo: Art Editora, edições de 1977 e 1998.

MIRANDA, Luiz F. A. *Dicionário de cineastas brasileiros*. São Paulo: Art Editora, 1990.

MOLLES, Oswaldo. *Piquenique classe C*. São Paulo: Boa Leitura, 1963.

MUGNAINI Jr., Ayrton. *Enciclopédia das músicas sertanejas*. São Paulo: Letras & Letras, 2001.

NIGRI, André, e MOURA, Flávio. *Adoniran: se o senhor não tá lembrado*. São Paulo: Boitempo, 2002.

PAIVA, Salvyano Cavalcanti de. *História ilustrada dos filmes brasileiros, 1929-1988*. Rio de Janeiro: Francisco Alves, 1989.

PIRES FERREIRA, Jurandir (org.). *Enciclopédia dos municípios brasileiros*. Rio de Janeiro: IBGE, 1958.

PIRES, Cornélio. *Sambas e cateretês*. São Paulo: Unitas, 1935.

PONCIANO, Levino. *São Paulo: 450 bairros, 450 anos*. São Paulo: Editora Senac, 2004 (segunda edição).

RAGO, Antônio. *A longa caminhada de um violão*. São Paulo: Iracema, 1986.

RAMOS, Fernão (org.). *História do cinema brasileiro*. São Paulo: Art Editora, 1990.

RENATO SÉRGIO. *Dupla exposição: Stanislaw Sérgio Ponte Preta*. Rio de Janeiro: Ediouro, 1998.

SACHETTO, João. *Bixiga: pingos nos is*. São Paulo: SODEPRO, 2001.

SEVERIANO, Jairo *et alii*. *Discografia brasileira 78 rpm*. Rio de Janeiro: Funarte, 1983.

SEVERIANO, Jairo, e HOMEM DE MELLO, Zuza. *A canção no tempo: 85 anos de músicas brasileiras*, 2 volumes. São Paulo: Editora 34, 1997-1998.

VÁRIOS AUTORES. *Grande Enciclopédia Larousse Cultural*. São Paulo: Nova Cultural, 1998.

VÁRIOS AUTORES. *Dicionário biográfico universal*. São Paulo: Editora Três, 1984.

WHITBURN, Joel (org.). *Pop Memories 1890-1954: The History of American Popular Music*. EUA: Billboard, 1986.

JORNAIS

O Pasquim, Folha de S. Paulo, O Estado de S. Paulo, Jornal da Tarde, Folha da Tarde

REVISTAS

Sete Dias na TV, São Paulo na TV, Intervalo, Melodias, Rádiomelodias, Foco, Astros, Radiolar, Revista do Rádio, IstoÉ, Veja, Manchete, História da Música Popular Brasileira (Editora Abril, edições iniciadas em 1970, 1975 e 1982)

PÁGINAS DA INTERNET

http://us.imdb.com (Internet Movie Database)

http://www.cliquemusic.com.br

http://www.vagalume.com.br/adoniran-barbosa

http://letras.mus.br/adoniran-barbosa

http://ims.uol.com.br/Radio/D438

Adoniran: dá licença de contar...

AGRADECIMENTOS:
"ÓI, TURMA, NÃO DEU PRA ESPERAR!"

Para começar, este livro deve muito às pessoas que entrevistei, ligadas de alguma forma ao artista Adoniran Barbosa ou ao cidadão João Rubinato: sua filha Maria Helena Rubinato Rodrigues de Souza, seu sobrinho Sérgio Rubinato, seu editor Juvenal Fernandes, pessoas parceiras e amigas como Ernesto Paolelli, Hilda Hilst, Passoca, Pepe Ávila e Tom Zé, companheiros como Antônio Rago, Braz Baccarin, Mário Chamie, Noite Ilustrada, Pelão e Randal Juliano, não esquecendo, claro, os Demônios da Garoa, com quem conversei sobre Adoniran em várias ocasiões.

Agradeço também aos que me possibilitaram tais contatos e que têm muito a dizer sobre Adoniran e sua obra: Amarilis Gibeli, Kid Vinil, Marco Antonio Bernardo, Tony Campello e Wagner Amorosino. "Grazie mille" também a pesquisadores e colecionadores da MPB que, privilegiados por terem privado de contato pessoal ou de mais longa data com o mestre ou sua obra, franquearam-me seus arquivos ou informações importantes: Abel Cardoso Jr., Elaine Servo e Museu Adoniran Barbosa, Instituto Moreira Salles, J. L. Ferrete, José Luiz Mora Fuentes, José Ramos Tinhorão, Leon Barg & Revivendo, Museu da Imagem e do Som de São Paulo, Roberto Gambardella & Casa Lomuto, Walter Teixeira Alves. Não esquecendo Edson Lima e O Autor Na Praça, José Nogueira e Clube do Rádio, Luiz Kawall e Museu da Voz, Márcio de Paula, Mônica Jefferson e Rádio Gazeta, Peky e Trama, Renato Leite e Som Livre, todos na USP FM, Vera Lúcia dos Santos Coelho e SADENBRA, além de Aarão Perlov, Assis Ângelo, Carlinhos & Solution Informática, Carmen Flores, Clube Caiubi de Compositores, Fábio Siqueira, Flora Vaz Pereira, Isaac César Santos, José Luiz Herencia, Osman Vieira, Silvia Steiger, Thaïs Matarazzo, Thiago Marques Luiz, Tom Gomes, Vera Mendes, Verônica Tamaoki, Walter Caira, "Sweet" Walter da Silva e lojas Baratos Afins, Cilo, Joia Rara, Jovem Guarda, Júpiter, Nuvem Nove, Relicário, Ventania e o fotógrafo José Rangel. Agradeço ainda a profissionais de imprensa ou rádio que me deram ensejo para pesquisar e escrever sobre Adoniran, incluindo Alberto Helena Jr., Deborah Isola, Edianez Parente, Edson Paes (*Jornal da Tarde*), Edson Paes (revista *Música do Brasil*), Franco de Rosa, Gai Sang, Homero Querido, José Eduardo Mendonça, Ligia Trigo, Marcos Pennacchi e Maria Izildinha Bernardo.

Igualmente importantes são pessoas mais próximas, que não só ajudaram na concepção e nascimento deste livro, mas ainda deram o maior apoio para que este autor continuasse na labuta: Dilza Tricta Mugnaini, Cynthia & Luc Quoniam e Lélia Tonso Barbosa. Sem falar, é claro, em Tárik de Souza, Alberto Martins e a equipe da 34, sem os quais-quais-quais...

Permitam-me ainda dedicar este livro ao Ivo, meu primeiro filho, desde sempre grande companheiro de "maloca" e que nasceu junto com este livro; agora ele, além de bom desenhista, já gosta de canções de Adoniran como "Samba do Arnesto" e "As Mariposa".

Ayrton Mugnaini Jr.

CRÉDITOS DAS IMAGENS

Abril Imagens, pp. 108a, 178

Arquivo pessoal Ayrton Mugnaini Jr., pp. 33, 36, 37, 40d, 49, 59, 61a, 61b, 65, 69, 72, 75a, 75b, 88a, 88b, 108b, 111, 122b, 136, 139a, 139b, 142a, 142b, 144a, 144b, 146a, 146b, 157c, 165a, 165b, 170a, 188, 213a, 213b, 216a, 216b, 218a, 218b, 218c, 224a, 224b, 232b, 238a, 238b, 238c, 238d, 242a, 242b, 242c, 242d

Arquivo pessoal Leon Barg, pp. 85b, 85c

J. Ferreira da Silva/Abril Imagens, p. 206

Museu Adoniran Barbosa, pp. 8, 15a, 15b, 21, 24, 28, 31, 40a, 40b, 40c, 44, 46a, 46b, 52a, 52b, 53a, 53b, 53c, 55a, 55b, 58, 63, 67, 77, 83a, 83b, 85a, 91, 98, 101a, 101b, 101c, 103a, 103b, 103c, 113a, 113b, 115a, 115b, 122a, 129a, 129b, 132, 148, 150, 152a, 152b, 152c, 152d, 152e, 157a, 157b, 162, 168, 170b, 172, 177, 190, 193, 195, 197, 199a, 199b, 201, 211a, 211b, 211c, 211d, 228, 230a, 230b, 230c, 230d, 232a, 246, 251, capa (todas as reproduções do acervo do museu são de autoria de José Rangel)

Todos os esforços possíveis foram feitos para se determinar a autoria das fotos usadas neste livro. Uma vez localizados os fotógrafos, a editora imediatamente se dispõe a creditá-los nas próximas edições.

Adoniran: dá licença de contar...

SOBRE O AUTOR:
"RIDERE DI QUESTO INFELICE QUI"

Nascido em São Paulo em 30 de agosto de 1957, Ayrton Mugnaini Jr. é jornalista, compositor e pesquisador de música popular. Durante os anos 1980 foi integrante do conjunto Língua de Trapo, e de 1998 a 2004 foi contrabaixista e compositor do grupo Kid Magazine, de Kid Vinil. Atualmente integra A Banda, liderada por Tato Fischer, e lidera o grupo de humor musical Tosqueira Ou Não Queira. Tem músicas gravadas ou sampleadas por Falcão (em parceria), Nasi & Os Irmãos do Blues, Pato Fu e outros, e é um dos diretores do Clube Caiubi de Compositores. É um dos produtores do Rádio Matraca, programa de música, humor e informação, na USP FM de São Paulo.

Desde 1983, Mugnaini vem colaborando para diversas publicações, incluindo *Jornal da Tarde*, *Folha da Tarde*, *Somtrês*, *Bizz/Showbizz*, *Dynamite*, *Cães & Companhia*, *20/20*, *Senhor F*, *Cruzeiro do Sul* (Sorocaba) e *O Pasquim* (Rio), além do portal da internet Yahoo Brasil e de *Brazilian Music Uptodate*, primeira página da internet sobre música brasileira. Em 1985 pesquisou e redigiu o primeiro grande levantamento sobre festivais de música, publicado pelo citado jornal *Cruzeiro do Sul*. Em 2009 realizou e publicou a primeira grande pesquisa sobre música e circo, a pedido do Centro de Memória do Circo (São Paulo). É o curador do Arquivo do Rock Brasileiro, o maior projeto multimeios já realizado sobre o assunto, com produção da Associação Cultural Dynamite. Em 1993 lançou-se como escritor, tendo mais de dez livros publicados, entre eles obras sobre artistas como Raul Seixas, Roberto Carlos, Elis Regina, Chiquinha Gonzaga, Rita Lee, John Lennon e o primeiro livro em português sobre o grupo inglês Queen. Em 1996 participou de *100 Anos de Música*, primeiro CD-ROM brasileiro sobre música. Em 2001 lançou a primeira enciclopédia dedicada à música sertaneja em geral.

Atualmente, Mugnaini concilia as atividades de jornalista, compositor, músico, pesquisador musical, radialista e tradutor à de pai de família.

ESTE LIVRO FOI COMPOSTO EM SABON,
PELA BRACHER & MALTA, COM CTP DA
NEW PRINT E IMPRESSÃO DA GRAPHIUM
EM PAPEL ALTA ALVURA 90 G/M² DA CIA.
SUZANO DE PAPEL E CELULOSE PARA A
EDITORA 34, EM DEZEMBRO DE 2013.